TAILANDÉS PARA

HISPANOHABLANTES

Juan José Sánchez Pérez
Es el autor de otros libros:
-Diccionarios Español-Tailandés y Tailandés-Español
-Libros de frases Español-Inglés, Español-Tailandés y Tailandés-Español
-Libros de bolsillo Español-Tailandés y Tailandés-Español

HAN COLABORADO EN LA PRESENTE EDICIÓN

El Sr. Pichet Auppajan (Bangkok) licenciado de la Universidad Complutense de Madrid y la srta. Thanita Sirinit, licenciada en la Universidad de Chulalongkorn (Bangkok), la más prestigiosa de Tailandia. Actualmente trabaja como traductora (tailandés & español) en la Comunidad de Madrid.

- Diseño, portada y maquetación
  Marcos Rabassa Portillo (Mataró-Barcelona)

- Foto del autor
  Luis del Amo (Mahón/Bangkok)

- Autor del libro
  Juan José Sánchez Pérez (Terrassa-Barcelona)

Primera edición: Mayo de 2016
ISBN: 978-87-615-1761-9

Juan José Sánchez Pérez, es un catalán de origen andaluz que cursó sus estudios en la ciudad universitaria de Terrassa (Barcelona-España).

Su andadura por el sudeste asiático comenzó en el año 1987, actualmente reside en la capital de Tailandia, Bangkok.

Hasta la fecha, y con la colaboración de la Srta. Thanita Sirinit traductora de español-tailandés (licenciada en la Universidad de Chulalongkorn) ha publicado 8 libros destinados al aprendizaje; 5 de la lengua tailandesa, 2 de la española y un libro de frases Español-Inglés con más de 25.000 frases en cada idioma.

IDIOMA TAILANDÉS / ภาษาไทย

El idioma tailandés data del siglo V antes de Cristo. La escritura tiene sus orígenes en el sur de la India. El tailandés se caracteriza por estar dividido en 4 dialectos principales. En el Sur, se habla tailandés del Sur, en el Norte, el tailandés del Norte o Muang, en el Noreste, el Isan y en Tailandia central, el tailandés central o siamés.

El tailandés es un idioma tonal. No hay artículos, ni letras mayúsculas, ni plural, ni conjugaciones verbales, ni se usa verbo delante de los adjetivos. Se escribe de izquierda a derecha, y normalmente no hay espacios entre palabras en las frases, aunque hay algunas excepciones *(ver pág.20)*, como por ejemplo cuando hay un nombre propio (últimamente van poniendo algún espacio más para que la lectura sea más ágil). Cuando hay algún espacio, viene a ser como un punto y aparte. En este libro separamos las palabras para una mejor comprensión.

En los países vecinos de Camboya y Laos tienen algunas vocales, consonantes e incluso palabras, que son exactamente iguales.

Cada día son más los hispanohablantes que viajan a los países emergentes del sudeste asiático y sobretodo a uno de sus principales motores, Tailandia.

Este libro pretende ser una ayuda para aquellos que quieran comunicarse con sus congéneres. Es muy práctico y fácil de consultar.

Con el libro TAILANDÉS PARA HISPANOHABLANTES usted podrá tener los conocimientos básicos para iniciar una conversación, y adentrarse en el idioma tailandés sin necesidad de saber inglés, al incluir una guía básica de pronunciación con la transcripción de todas las vocales, consonantes, diptongos y triptongos tailandeses, !pero con nuestras vocales!

En nuestra transcripción, para cada palabra en tailandés se ha elegido la mejor aproximación empleando los sonidos del español para facilitar al máximo su pronunciación. Esta equivalencia de sonidos es consistente en todos nuestros libros, permitiendo no solo identificar la palabra original en tailandés a partir de su escritura en caracteres latinos, sino estableciendo unas reglas coherentes para, en fases posteriores de estudio, poder identificar también la grafía original a partir de los sonidos en nuestro idioma.
Se incluyen varias páginas con todas las letras del alfabeto punteadas para que pueda practicar la escritura. tailandesa.

PARTÍCULAS DE CORTESÍA / คำลงท้ายแสดงความสุภาพ

Al hablar en tailandés debemos tener en cuenta que una frase que no acabe con la partícula KRÁB (si la dice un hombre) o KHâ./KHá (si es mujer), se puede llegar a considerar de mala educación. Es una norma que *no hay que olvidar.*

ครับ	KRÁB

¨Kráb (ครับ)¨
Es una partícula masculina, que se dice al final de la frase para que suene más educada. Contra más formal y seria sea la conversación, más veces se usará el ¨Kráb¨. En una conversación educada no puede faltar nunca dicha partícula al final de cada frase.

ค่ะ / คะ	KHâ. / KHá

¨KHâ (ค่ะ)¨
Ambas partículas se dicen al final de la frase para que la frase suene más educada. Estas dos partículas (KHâ. / KHá) solo las dicen las mujeres.

Las mujeres usan la partícula "KHá (คะ)" (con tono alto) solo para preguntar.

COMPRENSIÓN / ความเข้าใจ

Lo más importante para que un tailandés pueda comprender a un extranjero hablando el idioma tailandés es la pronunciación. Si pronuncia bien será mucho más fácil de que le entiendan, aunque la frase no la haya formado correctamente.

TRANSCRIPCIÓN / การถอดเสียง

Todas las palabras que hemos usado para hacer nuestros libros están escritas con la transcripción fonética más aproximada posible. Al haber varios tipos de consonantes iguales (T, P, S, N, L, etc.), en nuestra transcripción, a cada letra tailandesa le hemos asignado un signo diferente a cada consonante para que se pueda identificar fácilmente, y así poder recordar con mayor facilidad el tipo de consonante (y vocales también) con la que se escribe en tailandés.

ÍNDICE / สารบัญ

ÍNDICE / สารบัญ

ALFABETO TAILANDÉS / พยัญชนะในภาษาไทย

El alfabeto tailandés consta de 44 consonantes y 32 vocales. Se escribe de izquierda a derecha y sin espacios en la frase, aunque hay algunas excepciones *(Ver pág. 20)*.
Debido a que el alfabeto tailandés es muy extenso, hemos puesto una serie de signos y símbolos para que el lector pueda distinguir el tipo de letra tailandesa: Ĵ - Ņ - Đ - Ł - Ń - n - Ň - Ť..., pero no se asuste porque los signos que hay en algunas consonantes no tienen ningún valor vocálico, la letra Ĵ es una J normal, la letra Ņ es una N, la letra Ł es una L, la letra Ń es una N, etc.

NOMBRE DE LAS CONSONANTES

Cuando en el idioma español queremos decir el nombre de las consonantes, le agregamos una "E" para poder pronunciarlas, por ejemplo:

"BE" (de beca), "CE" (de cabeza), "DE" (de dado), "GE" (de Gerona/Girona), "PE" (de Paco), o "TE" (de Tenerife). En el alfabeto tailandés la vocal que se utiliza invariablemente en estos casos es la "OO" larga, que siempre va acompañada de la consonante en cuestión y de un nombre "recordatorio":

SÍMBOLO	LETRA	SONIDO	COMPOSICIÓN	EJEMPLO
น	N	Noo-nhŭu	N+OO+Ejem.	Rata
ล	L	Loo-ling	L+OO+Ejem.	Mono
ฟ	F	**Pp**oo-**Pp**aan *	P+OO+Ejem.	Bandeja

Las vocales hay que pronunciarlas tal cual vienen escritas en la transcripción, no hay que hacer ninguna conversión mental al inglés.
La pronunciación de las vocales es tan importante como la de los tonos, es por ello que hemos hecho un gráfico con la duración aproximada de las vocales.
(Ver pág. 49).

*Cuando una consonante es aspirada muchos de los libros de inglés representan la letra "P" seguida de una "H" (PH), nosotros no ponemos la "H", nosotros la representamos como una doble "PP" para que de esta manera no haya confusión a la hora de pronunciarla.

Los hispanohablantes a las Islas Phi Phi normalmente, y erróneamente, las llaman "Islas FI-FI" (pensando en inglés), en vez de decir "Islas PPI-PPI" (เกาะพีพี), que es lo correcto.

LAS 32 VOCALES SEGÚN EL ALFABETO TAILANDÉS

SÍMBOLO	LETRA
◌ะ	a
◌า	AA
◌ิ	i
◌ี	II
◌ึ	U
◌ื	UU
◌ุ	u
◌ู	UU
เ◌ะ	e
เ◌	EE
แ◌ะ	æ

SIMBOLO	LETRA
แ◌	Æ
โ◌ะ	o
โ◌	OO
เ◌าะ	o
◌อ	Oo
◌ัวะ	üa
◌ัว/ว	ÜA*
เ◌ียะ	ïa
เ◌ีย	ÏA
เ◌ือะ	üa
เ◌ือ	ÜUA

SIMBOLO	LETRA
เ◌อะ	œ
เ◌อ	Œ
◌ำ	AM
ใ◌	ÄI
ไ◌	ÄI
เ◌า	ÄO*
ฤ	RÛ *
ฤๅ	RUU *
ฦ	LÛ *
ฦๅ	LUU *

El alfabeto tailandés en nuestra transcripción al español está compuesto de 44 consonantes, 23 vocales, 32 diptongos, 9 triptongos y 4 vocales (sílabas) obsoletas que provienen del sánscrito (las 4 últimas que están marcadas con un asterisco exterior, a la derecha del cajetín).

* El diptongo ◌ัว/ว (ÜA) es "largo" de duración, nosotros lo clasificamos en un nivel 5 en nuestra tabla llamada "duración de las vocales" *(Ver pág. 49).*
*El diptongo ÄO se pronuncia con un tipo de "O" más cerrada que la nuestra.

¡Ojo! no confunda ÜA (◌ัว) con ÄŮ (เ◌า).

Cuando una palabra lleve el signo de enlace entre 2 sílabas (≈), significa que ambas sílabas se deben leer muy seguidas (pero sin olvidarse de los tonos que lleven marcados).

LAS 44 CONSONANTES POR ORDEN ALFABÉTICO (de la ก a la ฮ) CON SUS RESPECTIVOS NOMBRES

SÍMBOLO	INICIAL	PRONUNCIACIÓN	SIGNIFICADO	FINAL	CLASE
ก	C (G)	Coo-Cäi.	Pollo	-k	Media
ข	QH (K)	Qhŏo-Qhäi.	Huevo	-k	Alta
ฃ	KH (K)	Qhŏo-Qhüad. (esta consonante la han sustituido por la ข)	Botella	-k	Alta
ค	KH (K)	Khoo-Khuäai	Búfalo de agua	-k	Baja
ฅ	KH (K)	Khoo-Khoon (esta consonante la han sustituido por la ค)	Persona	-k	Baja
ฆ	KH (K)	Khoo-Rá≈khang	Campana templo	-k	Baja
ง	NG	Ngoo-Nguu	Serpiente	-ng	Baja
จ	LL	LLoo-Llaan	Plato	-t	Media
ฉ	CH	Chŏo-Ching.	Platillo musical	-	Alta
ช	CH (X)	Choo-Ċháang	Elefante	-t	Baja
ซ	S	Soo-Šôo.	Cadena para animales	-s	Baja
ฌ*	CH	Choo-Ca≈chœ	Árbol pequeño	-t	Baja
ญ	Y	Yoo-Yhĭng	Mujer	-n	Baja
ฎ	D	Doo-Chá≈daa	Sombrero de danza tailandesa	-t	Media

* La consonante ฌ se usa muy poco, en nuestros libros no hay ninguna palabra con dicha letra.

Las consonantes transcritas como KH, TH, o PP son consonantes aspiradas. Los signos que hay en estas letras son solamente para diferenciarlas entre ellas.

SÍMBOLO	INICIAL	PRONUNCIACIÓN	SIGNIFICADO	FINAL	CLASE
ฎ	ĐT (T)	ĐToo-Padtäķ.	Arpón / Jabalina	-t	Media
ฐ	Ŧh (T)	Ŧhŏo-Ŧhăan	Base / Pedestal	-t	Alta
ฑ	t (T)	Thoo-Monthöo	Personaje literario	-t	Baja
ฒ	Dt (T)	Too-PPûu-Dtâo.	Anciano(-na)	-t	Baja
ณ	Ņ (N)	Ņoo-Ņeen	Novicio budista	-ŋ (n)	Baja
ด	D	Doo-Deķ.	Niño(-ña)	-t	Media
ต	T	Too-Täo.	Tortuga	-t	Media
ถ	Ťh (T)	Ťhŏo-Ťhŭng	Bolsa	-t	Alta
ท	Th (T)	Thoo-Thá≈jăan	Soldado	-t	Baja
ธ	Ʈh (T)	Ʈhoo-Ʈhong	Bandera	-t	Baja
น	N	Noo-Nhŭu	Ratón	-n	Baja
บ	B	Boo-Bäi≈máai	Hoja	-p	Media
ป	P (BP)	Poo-Plaa	Pescado / Pez	-p	Media
ผ	PP (P)	**Pp**ŏo-**Pp**ûng	Abeja	-	Alta
ฝ	F	Fŏo-Ꞙăa	Tapa	-	Alta
พ	PP	Ppoo-Ppaan	Bandeja (honda)	-p	Baja

La letra ป (POO-PLAA) es un tipo de "P" suave, su sonido está entre la "B" y la "P".
Véase la pág. 19.

SÍMBOLO	INICIAL	PRONUNCIACIÓN	SIGNIFICADO	FINAL	CLASE
ฟ	F	Foo-Fan	Diente	-p	Baja
ภ	pp (P)	ppoo-săm≈ppäo	Tipo de barco chino	-p	Baja
ม	M	Moo-Máa	Caballo	-m	Baja
ย	¥ (Y)	¥oo-¥áķ	Gigante	(vocal I)	Baja
ร	R	Roo-Rüua	Barco	-n	Baja
ล	L	Loo-Ling	Mono	-n	Baja
ว	U / W	Uöo-Huæĕn	Anillo	(vocal)	Baja
ศ	Ş (S)	Sŏo-Şăa≈laa	Refugio / Pabellón	-t	Alta
ษ	s (S)	Sŏo-Ruu≈sĭi	Ermitaño	-t	Alta
ส	S	Sŏo-Sŭua	Tigre	-t	Alta
ห	J	Jŏo-Jiib.	Baúl / Caja	-	Alta
ฬ	Ł (L)	Łoo-Llułäa	Cometa	-n	Baja
อ	O	Oo-Aang.	Pila / Tina / Jofaina	(vocal Oo)	Media
ฮ	Ĵ (J)	Ĵoo-Nóķ≈ĵûuķ	Buho	-	Baja

Recordemos que "inicial" es como sonaría cuando aparece la consonante al principio de la palabra, y "final" como sonaría la misma letra si la encontramos al final. El apartado "significado" no es más que el acrofónico que se usa como ejemplo para cada consonante.

CONSONANTES (44) / พยัญชนะ

Consonantes con acentos y signos varios

Ĵ Đ Ņ Ł Ń Ň Ɏ Ś Ş Š Ť Ŧ Ţ

Los acentos, signos de tonos, rayas y en definitiva todo lo que va encima, debajo, al lado o en medio de una consonante lógicamente no tiene ningún valor vocálico, son simplemente para diferenciar las 44 consonantes tailandesas.

En las 3 tablas de consonantes que hay en las páginas 33, 89 y 130, mostramos el signo en tailandés, el fonema correspondiente, el nombre o pronunciación del signo y el fonema correspondiente cuando se convierte en letra final de la palabra.

Seguidamente daremos una pequeña explicación del sonido, equiparándolo a palabras españolas, para poder pronunciarlas correctamente. Para explicar los distintos fonemas de las consonantes seguiremos el orden alfabético de nuestro idioma, de la consonante B a la Z, para que nos sea más fácil localizar una letra cuando la busquemos.

Fonema "B" (1)

บ	B	BOO-BĂİ≈MÁAI	-p

El sonido de esta consonante es bilabial. Como la "B" de "bueno". Cuando la letra "B" (บ) la encontremos al final de una palabra, se debe pronunciar como una "P". La transcribimos como lo que es, una B, para que al memorizarla podamos saber cómo se escribe.

Fonema "C"

Ver fonema "K" en la página 16.

Fonema "CH / ĊH" (3)

ช	ĊH / X	ĊHOO-ĊHÁANG	-t

Es una consonante prelatal aspirada y fricativa. Fonema parecido al de la "X" catalana de "Xavi" o de "xoriso". El sonido fonético es parecido a una "CH" suave, entre la "CH" y la "LL". Esta letra "CH" la diferenciamos poniéndole un puntito sobre la "C" (ĊH). Cuando la letra ช (ĊH/X) la encontremos al final de una palabra, entonces se debe pronunciar como una "T" corta.

ฉ	CH	CHŎO-CHING.	Nunca es final de palabra

Esta consonante es prelatal, aspirada y fricativa. El sonido es parecido al de la "CH" de "chinchar"

ฌ	CĦ	CĦOO-CĦŒ	-t

El sonido de esta letra es parecido al de la "CH" de "chino". Apenas se usa, en nuestros libros no hay ninguna palabra con esta letra. Cuando la letra ฌ se encuentre al final de una palabra, entonces se debe pronunciar como "T".

Fonema "D" (2)

ด	D	DOO-DEK̨.	-t

Esta letra es oclusiva. Parecida a la "D" de "dedo". Siempre que la letra ด (D) sea final de la palabra se debe pronunciar como una "T" corta. En nuestra transcripción la representamos como lo que es, una "D", para así poder diferenciarla de otras "T" finales.

ฎ	Đ	ĐOO-ĊHáĐÄA	-t

Esta letra es oclusiva aveolar sonora, parecida al de la "D" de "dolor".

Cuando la letra ฎ se encuentra al final de la palabra, entonces su sonido es una "T" (final).

Fonema "F" (2)

ฟ	F	FOO-FAN	-p

Es una consonante aspirada y fricativa, parecida al de la "F" de "falsa".

Cuando la letra ฟ la encontramos al final de la palabra, entonces su sonido es una "P" (final).

ฝ	Ғ	ҒŎO-ҒĂA	ฝ-Nunca es final de palabra

Es una consonante aspirada y fricativa. El sonido de esta letra es parecido al de la "F" de la palabra "faja".

*Los dos tipos de "F" (ฟ/ฝ) de la escritura tailandesa, los diferenciamos en la transcripción poniéndole a la segunda "F" (ฝ) la rayita del medio algo más centrada con la linea vertical (Ғ).

Fonema "J" (2)

ฆ	J	KHOO-RáKHÄNG	ฆ-Nunca es final de palabra

Esta letra es oclusiva, aspirada y fricativa, el sonido es parecido al de nuestra "J" en el idioma tailandés (sí, no nos hemos equivocado, es un tipo de K). La consonante ฆ !es la letra con la que representan la ¨J¨ en todos los libros de texto de todas las universidades Tailandesas!

ฮ	Ĵ	ĴŎO-NÓĶ≈ĴÛUĶ	ฮ-Nunca es final de palabra

Es una consonante aspirada y fricativa. El sonido es parecido al de la "J" de "Juan" pronunciada por un sudamericano.

Fonema "K" (6)

ก	C / Ķ (G)	COO-CÄI. o ĶOO-ĶÄI.	-k

Es una letra oclusiva velar. Su fonema está entre la "C" de "Candelaria" y la "G" de "gato". El sonido es más cercano a la "G" que a la "K/C".
La letra ก viene representada como una "C" (CAN, CUN, COoN. etc.), pero cuando la letra ก (C) es la consonante final de una palabra y también cuando va seguida de una vocal -E, o de una vocal -I. entonces usamos la letra "Ķ" con cedilla (para diferenciarla), ejemplos: DEĶ / ĶES / ĶIN.
Cuando la letra ก la encontramos al final de la palabra, entonces su sonido es una "K" (corta).

ข	QH	QHŎo-QHÄI.	-k

Esta es una consonante aspirada oclusiva, parecida a la "KH" inglesa. Las consonantes aspiradas vienen representadas con doble consonante (PP, PP pp), o con consonante ¨K¨ o ¨Q¨ seguida de una ¨H¨ (KH, QH).
Cuando la letra ข la encontramos al final de la palabra, entonces su sonido es una ¨K¨ corta.

ค	KH	KHOO-KHUÄAI	-k

La consonante ค es aspirada y fricativa, parecida a la "KH" inglesa.

Fonema "K" (6) (continuación)

ฆ	KH	KHOO-Rá≈KHANG	-k

La consonante ฆ es una "K" aspirada y fricativa, parecida a la "KH" inglesa. El sonido de esta letra es parecido al de la "K" de "kilo". Es una letra de poco uso. En nuestra transcripción viene representada como una "KH".

ฃ	QH	QHŎO-QHÜAD.	-k

Es una consonante obsoleta. La han sustituido por la letra ข (qhŏo-qhäi.)

ฅ	KH	KHOO-KHON	-k

Es una letra obsoleta. La han sustituido por la consonante ค (khoo-khuäai)

Fonema "L" (2)

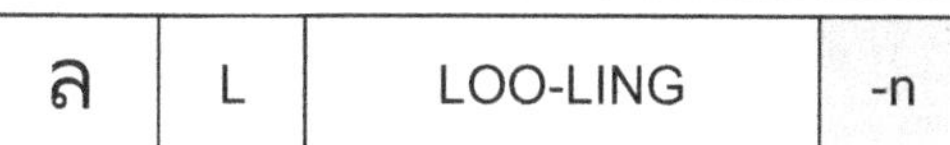

ล	L	LOO-LING	-n

Es un fonema alveolar, su sonido es parecido a la "L" de "Lola" o de "Litus". Cuando la letra ล la encontramos al final de una palabra, entonces su sonido es una "n". Está en minúscula para diferenciarla de la las otras "enes" (น/ณ).

ฬ	Ł	ŁOO-LLuŁÄA	-n

El sonido de esta letra es parecido al de la "L" de "Luisa". Se usa muy poco . Cuando la letra ฬ la encontramos al final de una palabra, entonces su sonido es una "N" (final).

Fonema "LL" (1)

จ	LL	LLOO-LLAAN	-t

Es una consonante prepalatal sorda, no es aspirada. No es exactamente una "LL". La pronunciación más cercana de la letra จ (LL) estaría en boca de un argentino con su típico acento pronunciando "lluvia" o "llave". Consonante entre la "LL" y la "CH". Parecida también a la de la palabra inglesa "joy". Cuando la letra จ (LL) la encontramos al final de la palabra, entonces su sonido pasa a ser una "T" (final).

Fonema "M" (1)

ม	M	MOO-MÁA	-m

Esta letra es sonora y bilabial nasal, el sonido es parecido al de la "M" de "Melodie" o de la palabra "manipulada".

Fonema "N" (2)

น	N	NOO-NHŬU	-n*

La consonante น tiene un fonema alveolar, parecido al de la "N" de "novia".

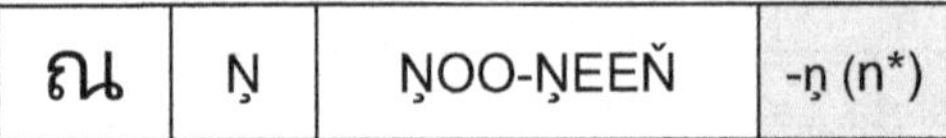

ณ	N̥	N̥OO-N̥EEŇ	-n̥ (n*)

Fonema alveolar. Su sonido es parecido a la "N" de "no".

* La letra "n" en minúscula al final de una palabra es una "N" normal.

Fonema "NG" (1)

ง	NG	NGO-NGUU	-ng

La letra ง es un tipo de consonante nasal velar, probablemente sea la consonante tailandesa más difícil de pronunciar.
El sonido de esta letra es parecido a la "NG" de "toNGo" pero sin pronunciar ni la "t", ni la "o".

Fonema "O" (1)

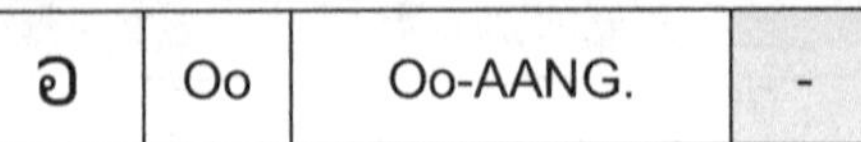

อ	Oo	Oo-AANG.	-

Es una consonante glotal. La vocal-consonante llamada "Oo-AANG." es un tipo de vocal "Oo" larga cuando va acompañada de una consonante (จอ ขอ ฟอ etc.). Pero la misma vocal-consonante "Oo-AANG." también puede servir de "apoyo" para otras vocales, las cuales pueden ir a cualquier lado de dicha letra, unas veces van a la izquierda, otras a la derecha y también pueden ir encima, debajo o rodeando dicha letra por varios lados. En este caso último, yendo con vocales, la letra อ es muda (เอ อา อี อู เอีย etc.).

Fonema "P" (4)

ป	P	POO-PLAA	-p

El sonido de esta consonante es bilabial sordo (no es aspirado), es parecido al de la "P" de "pan".

พ	PP	PPOO-PPAAN	-p

Esta letra es oclusiva aspirada y fricativa, parecida a la "P" de "piso". Fonema bilabial. Viene representada con doble "PP".

ผ	PP	PPŎO-PP<u>Û</u>NG	ผ-Nunca es final de palabra

La consonante ผ es bilabial, oclusiva y aspirada, parecida a la "P" de "¡pum!". Viene representada con una doble "PP" inclinada levemente hacia la izquierda para diferenciarla de la P anterior.

ภ	pp	ppOO-SĂM≈ppÄO	-p

Es una "P" aspirada y fricativa (bilabial). El sonido de esta letra es parecido a la "P" de "palo". Viene representada doble y en minúscula (pp) para diferenciarla de las otras "pes".

Fonema "R" (1)

ร	R	ROO-R<u>ÜU</u>A	-n

La letra ร tiene un fonema vibrante. El sonido de esta letra es sonoro parecido al de la "R" de "Raquel".

Fonema "S" (4)

El fonema "S" se encuentra en 4 tipos de letras, pero si le sumamos las otras 3 variantes de "eses" que están al final de este apartado, entonces son 7 en total.

Para poder identificarlas, hemos doblado una "S" (SS), otra de ellas la hemos puesto en minúscula (s) y las otras llevan algún tipo de signo en la misma letra "S" (Š, Ş, Ŝ).

ส	S	SŎO-S<u>ŬU</u>A	-t

Consonante aspirada fricativa y alveolar. Sonido parecido a la "S" de "solo".

ซ	Š	ŠOO-ŠÔO.	-s (*)

(*) Terminación sólo en palabras extranjeras

Es una consonante aspirada fricativa y alveolar. Parecida a la "S" de "saco"

ศ	Ş	ŞǑO-ŞĂA≈LAA	-t

Es una consonante aspirada fricativa y alveolar. Sonido parecido a la "S" de "suma". La transcribimos con este tipo de Ş para diferenciarla.

ษ	s	sǑO-R<u>UU</u>-sǏÍ	-t

Es una consonante fricativa alveolar. Sonido parecido a la "S" de "silla". Esta letra ษ llamada "sǑO-R<u>UU</u>-sǏÍ" viene representada en minúscula para diferenciarla de las otras ¨eses¨.

Fonema "S" (4) (+3) (continuación)

Hay otras 3 "eses" irregulares, formadas por dos consonantes juntas que se pronuncian como una "S".
Las tres tienen el valor fonético "S".

สร	SR	Viene representada con una doble "**Ss**".
ศร	ŞR	Viene representada con una "**Ş**" con cedilla.
ทร	TR*	Viene representada como "**Ś**".

En la escritura tailandesa normalmente no hay espacios, pero se pueden encontrar espacios en blanco en los siguientes casos:

Entre un nombre propio y el apellido.

Delante de algunas conjunciones y algunos pronombres relativos y de las conjunciones เพราะว่า (porque) / เพราะ (porque) / หรือ (o) / และ (y) / แต่ (pero) cuando enumeran varios elementos.

Delante y detrás de las comillas, de palabras de otro idioma, de una interjección, de una de las palabras que significan "ejemplo/por ejemplo" (เช่น ประเทศอังกฤษ = chêen prathëet-Angrit. = por ejemplo: Inglaterra), en los títulos de alguna impresión (folleto, diario, revista, etc.) y delante y detrás de los números.

Detrás del signo de repetición (ๆ "mái-yá mók"), del signo de "etc." (ฯ/ฯลฯ), detrás de una coma, de un interrogante, detrás de la preposición ณ (ná), detrás de la palabra ว่า (uăa.) que precede a una oración, detrás de una frase u oración, detrás de algunos pronombres relativos, y detrás de una frase u oración (como punto y aparte).

Fonema "T" (8)

Hay 8 tipos distintos de letras "T", para poder diferenciarlas hemos "doblado" algunas y otras vienen con algún tipo de guion o símbolo, o con una "D" (muda) delante de la "T", o una "H" detrás. Por ejemplo: TH, ŢH, ŦH, ŤH, DT, Dt, ĐT.

ต	T	TOO-TÄO.	-t

La letra "too-täo." es oclusiva. El sonido es parecido al de la "T" de "Tomás".

ฏ	ĐT	ĐTOO-PaĐTÄĶ.	-t

El sonido de esta letra es parecido al de la "T" de "tornado". Esta "T" viene representada como "ĐT".

Cuando una letra Đ (D) va delante de una "T" (la letra Đ) siempre es muda.

ท	TH	THOO-THá≈JĂAŇ	-t

Es una consonante aspirada y fricativa, sonoramente más fuerte que la "T" de "tío". Esta "T" viene representada con una "H" detrás de la "T" porque es una consonante aspirada (TH).

(*) En algunos casos las letras ทร cuando van seguidas se pronuncian como "S" y en otros casos se transcriben como lo que son, letras "TR", ejemplo:

แทรกเตอร์ // ทรัพย์	TRÆÉĶ-TŒ^ // ŚÁP	Tractor // Propiedad

ถ	ŤH	ŤHŎO-ŤHüNG	-t

Consonante aspirada y fricativa. Sonido parecido a la "T" de "toro".
Esta " Ť " viene transcrita con un símbolo encima y con una "H" detrás de la "T" porque es una consonante aspirada (ŤH).

ธ	ŢH	ŢHOO-ŢHONG	-t

Es una consonante aspirada y fricativa. Sonido parecido a la "Ţ" de "todo". Esta "Ţ" la transcribimos con "cedilla" y con una "H" detrás de la "Ţ" porque es una consonante aspirada (ŢH).

ฒ	Dt*	DtOO-PPÛU-DtÂO.	-t

Es una consonante oclusiva alveolar, aspirada. Parecida a la "T" de "tiza".
** Siempre que la letra "D" vaya delante de una "t" minúscula es muda.*

ฐ	ŦH	ŦHŎO-ŦHĂAN	-t

Es una consonante aspirada. Sonido parecido a la "T" de "tonto". Esta " Ŧ " viene representada con una rayita horizontal en medio y va seguida de una ¨H¨ porque es una consonante aspirada (ŦH).

ฑ	th	thOO-MOŅ≈thOO	-t

Es una consonante oclusiva velar. Sonido parecido a la "T" de "timo". La transcribimos en minúscula. Y con una "H" detrás de la "T" porque es una consonante aspirada. Las 2 consonantes están transcritas en minúsculas (th).

Fonema de consonante con fonema "U" (1)

ว	U / Ů	UÖO-HUÆĚN	-

La consonante llamada "UÖO-HUÆĚN" es aproximante velar. Viene a ser como la "W" inglesa en la palabra "walker".
Cuando la consonante "ว" va al principio de una palabra viene representada una "U", pero si la "ว" va al final el sonido es como una "Ů" cerrada. Cuando la ¨U¨ lleva un redondelito encima de ella su sonido está entre la "U" y la "O".

Fonema "X"

Ver el apartado de la "CH".

Fonema "Y" (2)

ญ	Y	YOO-YHĬNG	ญ-Nunca es final de palabra

Consonante aproximante palatal. Es una consonante pero su fonema es parecido a la "I" del inicio de la palabra "hiena".

ย	Ɏ	ɎOO-ɎÁĶ	Cuando es final de palabra es una "I"

Consonante aproximante palatal. Es una consonante pero su fonema es parecido a la "I" del inicio de la palabra "hierro". Esta consonante viene representada con una rayita en medio de la letra ¨Y¨ griega.

TIPOS DE PRONUNCIACIÓN DE LAS CONSONANTES

ALVEOLAR La consonante alveolar se pronuncia acercando la lengua a los alvéolos de los incisivos superiores.

APROXIMANTE Es un sonido articulado por la aproximación entre los órganos vocales sin llegar a interrumpir totalmente la corriente del aire.

ASPIRADA Es un tipo de consonante que se pronuncia emitiendo un sonido con una cierta fuerza en la garganta.

BILABIAL La consonante bilabial se pronuncia con los dos labios.

FRICATIVA La consonante fricativa se articula dejando una salida continua del aire emitido, produciendo una cierta fricción en los órganos bucales.

GLOTAL La consonante glotal es la que se articula en la parte de la glotis.

OCLUSIVA Esta consonante se articula con los órganos de la palabra formando en algún punto del canal vocal un contacto que irrumpe la salida del aire espirado.

PALATAL La consonante palatal se pronuncia acercando el dorso de la lengua a la parte del paladar duro.

PREPALATAL La consonante prepalatal se pronuncia acercando el dorso de la lengua a la parte anterior del paladar.

VIBRANTE Esta última se pronuncia con un rápido contacto entre los órganos de la articulación.

SÍMBOLOS DEL SÁNSCRITO / สัญลักษณ์สันสกฤต

Los siguientes 4 símbolos provienen del sánscrito y tienen muy poco uso.

ฦๅ	LUU	ฦ	LÛ

El sánscrito es la antigua lengua de los brahmanes y sigue siendo la lengua sagrada del Indostán (región de la India).

ฤๅ	RUU	ฤ	RÛ(*)

(*) La letra ฤ de la palabra "inglés" es una excepción, se pronuncia "RI".

อังกฤษ	angRIt.	Inglés

LO MÁS IMPORTANTE PARA COMPRENDER ESTE LIBRO / คำแนะนำในการใช้หนังสือเล่มนี้

LINGค์ / LINGก์

La letra o letras tailandesas que aparecen situadas siempre al final de una palabra con la transcripción ya hecha, nos indica que la palabra en tailandés lleva una o dos letras "mudas" (se escriben, pero no se pronuncian). Esto les vendrá muy bien a los que tengan buena retentiva, porque aprenderán antes a escribir correctamente. Ejemplos:

1-LING = ลิง = Mono
2-LINGค์ = ลิงค์ = Género (origen del sánscrito)
3-LINGก์ = ลิงก์ = Enlace (web)

a, e, i, o, u, A, E, I, O, U, AA, EE, II, OO, UU...

Las vocales se deben pronunciar tal cual vienen escritas en la transcripción, no hay que hacer ninguna conversión al inglés. La pronunciación de las vocales es tan importante como la de los tonos, es por ello que el libro contiene un gráfico con la duración de las vocales.

PÄI

La diéresis sobre una vocal nos indica dónde recae el acento tónico. En este caso recae sobre la A.

MÂI.

El punto final de una sílaba o palabra indica que lleva el tono "bajo", pero si en la misma sílaba hay un símbolo de cualquier tono (ascendente, descendente, alto, etc.) sobre una letra, como en el caso de MÂI. (ไม่) que lleva el tono descendente, entonces prevalece el tono. El punto lo ponemos cuando la escritura tailandesa lleva el signo "mái eek." (่) (ไม้เอก) para así poder recordar cómo se escribe correctamente en tailandés.

CÂAŮ

Las vocales dobles, como por ejemplo la AA, son "largas". La "Ů" con redondelito se pronuncia entre una O y una U.

PRó

Las vocales representadas en minúscula son vocales "cortas".

PáNÄK

En las palabras compuestas por varias sílabas, normalmente la vocal que más suena es la mayor., la más larga.

PPŎM

Las consonantes dobles son para diferenciarlas de otras letras, en este caso de las otras "pes".

IILÉK

El sonido de las vocales dobles (AA, EE, II, OO, UU...) son más largas que las mayúsculas (A, E, I, O, U., y estas a su vez son un poquitín más largas que las vocales minúsculas (a, e, i, o , u).

Lección 1

Contenido:

Alojarse / Residir	พัก / พัก อาศัย	PPÁĶ / PPÁĶ≈AAŞĂI
Año	ปี	PII
Aproximadamente	ประ มาณ	PRaMÄAŅ
Apuntar / Anotar	จด	LLOD.
Aquí	ที่ นี่	THÍÌ.≈NÍÌ.
Aún / Todavía	ยัง	¥ANG
Con	กับ	CAB.
Correo electrónico (E-mail)	อี เมล์	IIMEEล์ / IIMEEL
¿Cuál...? / ¿Qué...?	...ไหน	...NHĂI
¿Cuándo?	เมื่อ ไหร่	MHÛUA.≈RÄI.
Cuánto(-ta/-tos/-tas)	เท่า ไหร่	THÄO.≈RÄI.
Cuánto(-ta/-tos/-tas)	กี่	ĶII.
De / Del	ของ	QHŎoNG
Dónde	ที่ ไหน / ตรง ไหน	THÍÌ.≈NHĂI / TRONG≈NHĂI
Duradero(-ra)	นาน	NAAN
Edad	อายุ	AA¥ú
Edificio	ตึก / อาคาร	TUĶ / AAKHAAŇ
Encontrar / Ver	พบ // เจอ	PPÓB (f. formal) // LLŒ
Estar	อยู่	¥UU.
Gracias	ขอบ คุณ ครับ/ค่ะ	QHOoB.≈KHuŅ-KRÁB/KHâ.
Guapa / Bonita	สวย	SŬAI
Hermana mayor	พี่ สาว	PPÍÌ.≈SAAŮ
Hola // Buenos días	สวัส ดี ครับ/ค่ะ	SaUÄT.≈DII-KRÁB/KHâ.
KRÁB / KHâ. (Partículas)	ครับ / ค่ะ	KRÁB / KHâ.
Mi / Mío	ของ ฉัน / ของ ผม	QHŎoNG≈CHÁN/PPŎM
Mucho(-cha) / Muy	มาก	MÂAĶ
No	ไม่	MÂI.

No lo sé / Ni idea	ไม่ รู้	MÄI.≈RÚU
Nombre	ชื่อ	ĊHÛU.
Novio	แฟน / แฟน ผู้ ชาย	FÆEN / FÆEN-PPÛU≈ĊHÄAI
Número	หมาย เลข	MHĂAI≈LÊEQ
O	รู้	RHŬU
Otra vez / Más	อีก	IIĶ.
Otro(-tra)	อื่น	UUN.
Padres	พ่อ แม่	PPÔo.≈MÆÊ.
Partícula enfatizadora	เลย	LÖOI
Persona	คน	KHON
Piso / Planta	ชั้น	CHÁN
Poder / Ser capaz	ได้	DÂAI
Que...	ว่า...	UÂA. ...
Qué / Cuál	อะไร	aRÄI
Quién	ใคร	KRÄI
Saber / Conocer (algo)	รู้ // ทราบ	RÚU // ŚÂAB* (*forma pulida)
Ser	เป็น / คือ	PEN / KHUU
Solo(-la)	เดียว	DÏAŮ
Teléfono	โท ร ศัพท์	THOORáŞÄPท์ (*)
Tener	มี	MII
Tercero(-ra)	ที่ สาม	THÎI.≈SĂAM
Tú / Usted	คุณ	KHuŅ
Uno(-na)	หนึ่ง	NHUNG.
Veinticuatro	ยี่ สิบ สี่	¥ÎI.≈SIB.≈SII.
Yo (masculino) // Pelo	ผม	PPŎM
Yo (fem.) // Yo (unisex)	ดิ ฉัน//ฉัน	DI≈CHÁN / CHÁN // CHÁN

* Cuando una palabra con caracteres latinos, acaba con una letra tailandesa (THOORáŞÄPท์) significa que esa letra es muda, se escribe pero no se pronuncia.

CONVERSACIÓN (ME LLAMO MELODIE)

Pepe- Hola
สวสดี ครับ
SaUĂT.≈DII-KRÁB

Melodie- Hola
สวสดี ค่ะ
SaUĂT.≈DII-KHâ.

Los tailandeses acostumbran a decir SaUĂT.≈DII-KRAB (hola) a cualquier hora del día, aunque hay otras formas de saludar dependiendo de si es por la tarde, noche, mediodía o por la mañana

Pepe- ¿Cuál es tu nombre? / ¿Cómo te llamas?
คุณ ชื่อ อะไร
KHuŅ-ĊHÛU-aRÄI

Los jóvenes acostumbran a decir PEN≈NGÄI (เป็นไง) que viene a ser como decir ¿cómo te va? / ¿qué tal?

Melodie- Me llamo Melodie
ฉัน ชื่อ เมโลดี
CHÁN-ĊHÛU-MELODIE

La palabra DÂAI normalmente se pronuncia larga en las palabras que su significado es "poder", pero en otras palabras su sonido es "medio". Por ejemplo en la palabra DÂI≈¥IN (oír)

Pepe- Eres muy guapa
คุณ สวย มาก
KHuŅ-SŬAI≈MÂAĶ

Melodie- Gracias / Muchas gracias
ขอบ คุณ ค่ะ / ขอบ คุณ มาก ค่ะ
QHOoB.≈KHuŅ-KHâ. // QHOoB.≈KHuŅ-MÂAĶ-KHâ.

P- ¿Qué edad tienes? / ¿Cuántos años tienes?
คุณ อายุ เท่า ไหร่
KHuŅ-AA¥ú-THÄO.≈RÄI.

THÄO.≈RÄI. เท่าไหร่ se usa en preguntas de algo incontable: "¿CUÁNTO CUESTA?".
ĶII. กี่ significa lo mismo, "¿CUÁNTO(-S)?" pero en este caso ĶII. siempre va seguido de un clasificador:
ĶII.KHON = กี่ คน = ¿CUÁNTAS PERSONAS?

M- Yo tengo (24) años กี่
ฉัน/ผม อายุ (ยี่สิบสี่) ปี
CHÁN/PPŎM-AA¥ú (¥ÍI.≈SIB.SII.) PII

P- ¿Dónde vives?
คุณ พัก อยู่ ที่ ไหน
KHuŅ-PPÁĶ-¥UU.THÍI.≈NHĂI

En la escritura tailandesa normalmente no hay espacios, nosotros los ponemos en este libro para una mejor comprensión

M- Yo vivo en la tercera planta del edificio....
ฉัน อยู่ ชั้น สี่ ที่ ตึก...
CHÁN-¥UU.CHÁN≈ SII.THII.TUĶ ...

P- 1-¿Con quién vives? / 2-¿Vives con alguien o vives solo(-la)?
1-คุณ พัก อาศัย อยู่ กับ ใคร /
2-คุณ พัก อาศัย อยู่ กับ คน อื่น หรือ ว่า อยู่ คน เดียว
1-KHuŅ-PPÁĶ≈AAŞÄI-¥UU.CAB.≈KRÄI
2-KHuŅ-PPÁĶ≈AAŞÄI-¥UU.CAB.KHON≈UUN.RHUU-UÂA.¥UU.KHON≈DÏAŮ

M- (Yo) Vivo con... // *(Yo) estoy en el hotel....*
ฉัน พัก อาศัย อยู่ กับ... // *ฉัน อยู่ ที่ โรง แรม....*
CHÁN-PPÁĶ≈AAŞÄI-¥UU.CAB. ... // *CHÁN-¥UU.THÍÌ.ROONG≈RÆEM...*

...mi novio / ...mis padres /... mi hermana (peq.)
...แฟน (*) ของ ฉัน/...พ่อ แม่ ของ ฉัน/...พี่ ของ ฉัน/...น้อง สาว ของ ฉัน
... FÆEN (*) QHŎoNG≈CHÁN /... PPÔo.≈MÆÊ.QHŎoNG≈CHÁN /... PPÍÌ.QHŎoNG≈CHÁN / ...NÓoNG≈SÂAŮ

* FÆEN (แฟน) es una palabra que puede significar "novio(-via), marido, mujer, pareja".

P- ¿Cuál es tu número de teléfono/correo electrónico?
หมายเลข โทรศัพท์ ของ คุณ คือ อะไร / อีเมล์ ของ คุณ คือ อะไร
MHĂAI≈LÊEQ-THOORáSÄPท์-QHŎoNG≈KHuŅ-KHUU≈aRÄI / IIMEEล์-QHŎoNG≈KHuŅ-KHUU≈aRÄI

M- Mi teléfono es.... / Mi correo electrónico es...
หมายเลข โทรศัพท์ ของ ฉัน คือ... / อีเมล ของ ฉัน คือ...
MHĂAI≈LÊEQ-THOORáSÄPท์-QHŎoNG≈CHÁN-KHUU... / IIMEEL-QHŎoNG≈CHÁN-KHUU...

P- ¿Cuándo te puedo volver a ver? (เจอ/LLŒ = encontrar/hallar)
ฉัน จะ เจอ คุณ ได้ อีก เมื่อ ไหร่
CHÁN-LLa.LLŒ-KHuŅ-DÂAI-IIĶ.MHÛUA.≈RHÄI

* La palabra "encontrar/ver" se puede decir de 2 formas: LLŒ y PPÓB, la segunda es la más formal.

M- Apúntate mi número de teléfono
คุณ จด หมายเลข โทรศัพท์ ของ ฉัน
KHuŅ-LLOD.MHĂAI≈LÊEQ-THOORáSÄPท์-QHŎoNG-CHÁN

P- ¿Cuánto vas a quedarte aquí?
คุณ จะ อยู่ ที่ นี่ นาน เท่า ไหร่
KHuŅ-LLa.¥UU.THÍÌ.≈NÍÌ..NAAN-THÂO.≈RHÄI.

El pronombre personal se acostumbra a omitir cuando en el contexto de la frase se puede dar por entendido de quién se trata.

M1- No tengo ni idea aún // *R2- Un año aproximadamente // Yo no lo sé*
(ผม/ฉัน) ยัง ไม่ รู้ เลย // *ประมาณ หนึ่ง ปี // ไม่ รู้*
PP*ŎM/CHÁN-¥ANG-MÂI.≈RÚU-LÖOI* // *PRaMÄAŅ-NHUNG.≈PII // MÂI.≈RÚU*

TONOS / เสียงวรรณยุกต์

Si alguna vez usted ha dicho alguna palabra o frase en tailandés y no le han entendido, es muy probable que no haya pronunciado el tono correcto. Una vez que haya leído este apartado podrá practicar los tonos con las tablas que hay en las páginas 56, 154 y 204.

El tailandés es un idioma tonal, tiene 5 tonos distintos; alto, bajo, medio, ascendente y descendente.

Es muy importante el pronunciar bien los tonos, porque aunque la frase no esté bien construida será mucho más fácil hacerse entender si (los tonos) se han pronunciado correctamente.

1/ TONO MEDIO

El tono medio llamado "MÁI-SǍA≈MAN" ไม้สามัญ es el que no se marca, es llano, el que en una conversación no tiene altibajos.

คุณ เป็น คน ไทย	KHuŅ-PEN-KHON-THǍAI,	Tú eres tailandés(-esa)

2/ TONO BAJO ◌่ (Representac. gráfica) Símbolo ◌่, en la transcripción " . "

El tono bajo (ˈ) llamado "MÁI-EEĶ." ไม้สามัญ en nuestra transcripción lo representamos con un punto al final de la palabra. Cuando en una palabra la vocal "corta" (va en minúscula) la que no lleva ningún tono, significa que lleva el tono bajo.

Cuando una vocal corta lleva el tono bajo y va seguida de una sílaba, no le ponemos el punto al final de la sílaba para hacer más fácil la lectura de la palabra, por ejemplo:

แสดง	SaDÆËNG	Enseñar / Mostrar

Cuando en una misma sílaba de nuestra transcripción se encuentre el símbolo de tono descendente ^ y al final de la misma sílaba o palabra haya también el punto de "tono bajo" siempre prevalece el tono marcado sobre la vocal (antes que el punto de tono bajo. En estos casos el punto lo marcamos solamente para los que tengan buena memoria, para que se acuerden que esa palabra va escrita con el tono "mái eek.". Como por ejemplo en los siguientes casos, donde el tono que se debe pronunciar es el tono descendente:

THÎI. ที่ / KRÛUANG. เครื่อง / NÂA. น่า

3/ TONO DESCENDENTE (representación gráfica) (Símbolo ◌้ transcrito como ^ en vocal simple o ´` en vocal doble)

El tono descendente (ˇ) llamado "MÁI-THOO." (ไม้โท) es el que empieza alto y va disminuyendo.

Representación del tono descendente sobre vocal simple:
Â, Ê, Î, Ô, Û,

Representación del tono descendente sobre vocal larga:
ÂA, ÊE, ÆÊ, ÎÌ, ÔO, Ôo, ÛU

ไม่	MÂI.	No
เชื่อ	ĊHÛUA.	Creer
โรค	RÔOK	Enfermedad
ที่	THÍÌ.	Lugar / Lo que / En

4/ TONO ALTO (Símbolo ◌๊ en la transcripción)

El tono "MÁI-TRII" (๊) ไม้ตรี es parecido a nuestro acento. Este tono viene representado con el acento oblícuo derecho (´).

คิด	KHÍD	Pensar
ทุก	THúĶ	Todo(-da) / Entero(-ra)

La duración del sonido es un poco más largo en las vocales largas.

รู้	RÚU	Saber

5/ T. ASCENDENTE (la represent. gráfica del símbolo ◌๋, viene con el símbolo ˇ sobre vocal corta o media, y con el símbolo ˋˊ sobre v. larga)

El símbolo del tono descendente (˙) se llama "MÁI-LLAT.=TaUÄA" (ไม้จัตวา). Este tono es el que empieza bajo y ba aumentando. Lo representamos con el símbolo en forma de "v" sobre una vocal, y si la vocal es la "II" larga entonces el lleva un acento hacia cada lado (ÌÍ).

Representación del tono ascendente sobre vocal simple:
Ǎ, Ě, Æˇ, Ǐ, Ǒ, Ǔ

Representación del tono ascendente sobre vocal larga:
ǍA, ĚE, ÆEˇ, ÌÍ, ǑO, Ǒo, Œˇ, ǓU

TONO ASCENDENTE (continuación)

ไหม	MHĂI	Seda
หมาย	MHĂAI	Orden judicial
ผล	PPŎn	Resultado / Fruto

TONOS / Practicar la entonación

La palabra "MAI" tiene 5 tonos y 5 significados distintos dependiendo del tono que lleve.
Con la palabra "MAI" se puede formar la siguiente frase:

En español	La madera nueva no arde, ¿verdad?
En tailandés	ใหม่ ไม้ ไม่ ไห ไหม้ ไหม
Fonéticamente	Mhäi. máai mâi. mhâi mhái
Traducción literal	Nueva-madera-no arder-partíc. interrogativa

También se puede practicar la entonación con esta otra frase

En español	¿Quién vende huevos de gallina?
En tailandés	ใคร ขาย ไข่ ไก่
Fonéticamente	Kräi qhăai qhäi. cäi.
Traducción literal	¿Quién-vende-huevo-gallina?

El símbolo que indica el tono se debe marcar sobre la consonante y en el caso de que lleve dos consonantes seguidas (como en la palabra "CLÛAI/ PLÁTANO") entonces se debe marcar en la segunda:

กล้วย	CLÛAI	Plátano

Las partículas KRÁB/KHâ. son dos partículas formales que se usan al final de cada frase para hacerla más formal. Estas partículas también se usan para preguntar o para afirmar algo, en este caso último viene a ser como un "sí".

LAS CONSONANTES (grupos) / พยัญชนะ (กลุ่ม)

Las 44 consonantes del idioma tailandés están divididas en 3 grupos; 24 de ellas son del grupo de consonantes llamadas "bajas", 9 son del grupo de consonantes llamadas "medias" y las 11 restantes son las consonantes "altas".
Para poder articular las consonantes a todas ellas se les añade una "OO" larga.

Tonos / Factores que determinan el tipo de tono

Los factores que determinan el tono:

1- El tipo de consonante (si es media, corta o larga)
2- El símbolo que indica el tono (el que va encima de la consonante)
3- Si el tipo de consonante es "consonante final" o es " consonante " sonora".
4- El tipo de vocal, si es "vocal corta" o si es "vocal larga".

TABLA DE CONSONANTES "MEDIAS" (9)

Conson.	Sonido	Nombre de la consonante	Significado	Transcripción	Tailandés
ก	C / G	COO-CÄI.	Pollo	CÄI.	ไก่
จ	LL	LLOO-LLAAN	Plato	LLAAN	จาน
ฎ	D	ĐOO-CHAĐAA	Sombrero (*)	CHAĐAA	ชฎา
ฏ	T	ĐTOO-PAĐTAĶ.	Arpón / Jabalina	PAĐTAĶ.	ปฏัก
ด	D	DOO-DEĶ.	Niño(-ña)	DEĶ.	เด็ก
ต	T	TOO-TÄO.	Tortuga	TÄO.	เต่า
บ	B	BOO-BÄI≈MÁAI	Hoja	BÄI≈MÁAI	ใบไม้
ป	P	POO-PLAA	Pez / Pescado	PLAA	ปลา
อ	(muda)	Oo-AANG.	Pila / Tina	AANG.	อ่าง

Hemos clasificado la tabla en 4 columnas:
- Por el símbolo en tailandés, por su pronunciación, por la palabra de la que se sirven para pronunciarlo y cómo se escribe dicha palabra en tailandés.

(*) Sombrero usado en la danza tailandesa

Consonantes "dobles" PP / Ss

Para poder diferenciar la grafía tailandesa hemos doblado algunas consonantes "pp" y "ss". Y otras letras tienen algún símbolo/signo añadido a la misma letra. Estas consonantes dobles se deben pronunciar como si fueran "p" y "s".

8 Consonantes "finales" que ayudan a saber dónde acaba la palabra

En la escritura no hay espacios, pero hay 8 consonantes llamadas "finales" que ayudan a saber cuál es la letra final (de una palabra), son las siguientes:

Explosiva	ก	COO-CÄI.	Pollo	ไก่
Explosiva	ด	DOO-DEĶ.	Niño(-ña)	เด็ก
Explosiva	บ	BOO-BÄI≈MÁAI	Hoja	ใบ ไม้
Sonora	ม	MOO-MÁA	Caballo	ม้า
Sonora	น	NOO-NHUU	Rata	หนู
Sonora	ง	NGOO-NGUU	Serpiente	งู
Sonora	ย	¥OO-¥ÁĶ	Gigante	ยักษ์
Sonora	ว	HUÖO-HUĔEN	Anillo	แหวน

Las consonantes "finales" se dividen en dos grupos:

1- Consonantes finales sonoras largas (hay 5)

La duración de estas consonantes largas es parecida a la de la exclamación ¡Boom!

ม	น	ง	ย *	ว *

* Las consonantes ย / ว cuando son "finales" se pronuncian como "I" / "Ů" respectivamente.

2- Consonantes finales cortas y explosivas (hay 3)

La duración de estas 3 consonantes cortas finales es parecida a la "d" de "Davi<u>d</u>".

ก	ด	บ

REGLAS DE LOS TONOS

Para saber las reglas de los tonos, antes hay que saber qué son las sílabas "muertas" y las sílabas "vivas".

Sílabas muertas

Se llaman sílabas "muertas" las que acaban en:

1- Vocal corta, ejemplos

La	Te	Ti	Co	Tu	etc.

2- Consonante final corta

ก = K	ด = T	บ = P

Sílabas vivas

Se llaman sílabas "vivas" las que acaban en....

1- Vocal larga

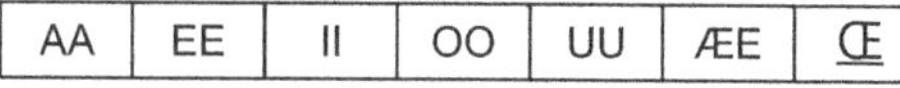

AA	EE	II	OO	UU	ÆE	Œ

2-...o las que acaban con una de las cinco consonantes "finales sonoras":

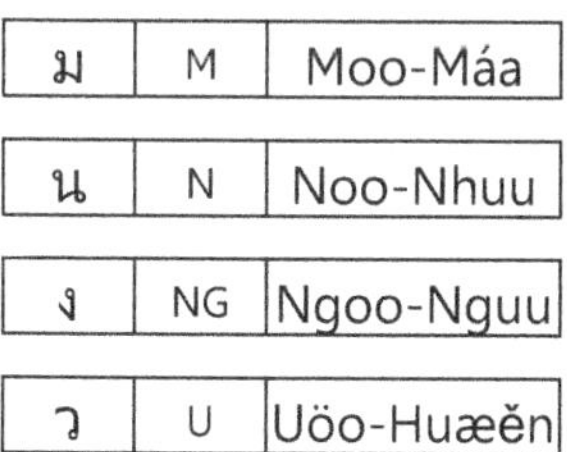

ม	M	Moo-Máa
น	N	Noo-Nhuu
ง	NG	Ngoo-Nguu
ว	U	Uöo-Huæěn

Cuando la letra "ว" (Uöo-Huæěn) acompaña a las vocales เ/แ/า...

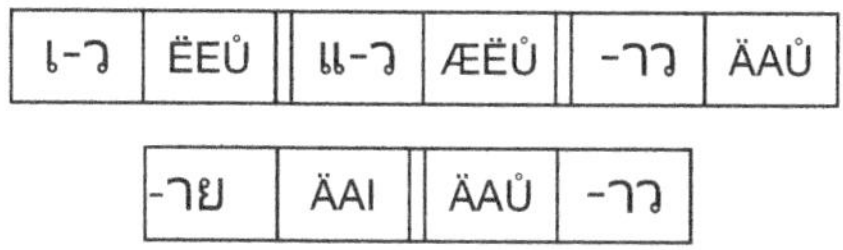

เ-ว	ËEŮ	แ-ว	ÆËŮ	-าว	ÄAŮ
-าย	ÄAI	ÄAŮ	-าว		

...y cuando la letra "ย" (¥oo-¥áķ) va detrás de la vocal "า" (AA) tiene un final largo (-าย). Cuando la misma letra (ย= ¥oo-¥áķ) va detrás de la vocal โ (OO) también tiene un sonido largo (ÖOI/โ-ย)

Reglas de los tonos en consonantes medias

Consonante "media" + vocal "larga" (sílaba viva), lleva el tono "medio".

ป	+	ู	P + UU	PUU	Cangrejo
บ	+	ไ	B + ÄI	BÄI	Hoja
อ	+	า	อ + AA	AA	Tío (familiar)

La letra อ oo-aang." aparte de ser un tipo de vocal "Oo" larga, también sirve de "apoyo" de otras vocales.

Consonante "media" + vocal "corta" (sílaba muerta), lleva el tono "bajo".

จ	+	ะ	LL + a	LLa.	Voluntad // Partícula que indica futuro
ด	+	ุ	D + u	Du.	Feroz
ก	+	เ◌าะ	C + o	Co.	Isla

El sonido de la consonante ก "coo-cäi." es más cercano a la letra "g" que a la "c".

Tonos sobre las consonantes "medias"

Símbolo	Ejemplo	Nombre del tono	Tono
◌่	่	MÁI≈EEĶ.	Bajo
◌้	้	MÁI≈THOO	Descendente
◌๊	๊	MÁI≈TRII	Alto
◌๋	๋	MÁI-LLaT.≈TaUÄA.	Ascendente

VOCABULARIO (YA NO ME ACUERDO)

Acordarse	จำ	LLAM
Bar	บาร์	BAAร์
Bueno / De acuerdo / Vale	ก็ ได้	CÔO≈DÂAI
Casa	บ้าน	BÂAN
Cansado(-da)	เหนื่อย	NHÜUAI.
Cuchara	ช้อน	CHÓoN
Cuchillo // Tenedor	มีด // ส้อม	MÍÍD. // SÔoM
De verdad / Realmente	จริงๆ	LLINGร≈LLINGร
Decir	พูด	PPÛUD
Ellos(-llas)	พวก เขา	PPÛAĶ≈QHÁO
Entender	เข้า ใจ	QHÂO≈LLÄI
Esa / Ese / Eso (adj./pron.)	นั่น / นั้น	NÂN. / NÁN
Hacer	ทำ	THAM
Ir	ไป	PÄI
Mentir	โกหก	COO≈JOĶ.
No tienes nada/No te pasa nada	ไม่ เป็น อะไร	MÂI.≈PEN≈aRÄI
No poder	ไม่ ได้	MÂI.≈DÂAI
No importa / No pasa nada / Está bien /	ไม่ เป็น ไร	MÂI.PEN≈RÄI
País / Nación	ประเทศ/เมือง	PRaTHÊET / MÜUANG
(Partícula que indica futuro)	จะ	LLa.
Pedir/Ordenar // Pedir/Solicitar	สั่ง // ขอ/ขอ ให้	SANG. // QHŎo / QHŎo-JÂI
Porque	เพราะ / เพราะว่า	PRó / PRó≈UÂA.
Prosperar / Desarrollado // Progresar	เจริญ // พัฒนา	LLaRËEŃ // PÁDt=DtáNÄA
Querer.... (verbo auxiliar)	อยาก	¥AAĶ.
Ser	เป็น / คือ	PEN / KHUU
También	ด้วย	DÛAI
Ya	แล้ว	LÆEŮ

CONVERSACIÓN (YA NO ME ACUERDO)

P- Ya no me acuerdo de dónde está el bar
-ฉัน/ผม จำ ไม่ ได้ แล้ว ว่า บาร์ อยู่ ตรง ไหน
-CHÁN/PPŎM-LLAM-MÂI.≈DÂAI-LǼEŮ-UÂA.BAAŚ-ɎUU.TRONG≈NHĂI

R- No importa, (nosotros) iremos a otro bar a comer (vale/bueno)
-ไม่ เป็น ไร เรา ไป กิน ที่ บาร์ อื่น ก็ ได้
-MÂI.≈PEN≈RÄI-RÄO-PÄI≈ĶIN-THÎÌ.≈BAAŚ-UUN.CÔO≈DÂAI

P- ¿Dónde están la cuchara, el tenedor y el cuchillo?
-ช้อน ส้อม มีด อยู่ ที่ ไหน
-ĊHÓoN-SÔoM-MÎÌD-ɎUU.THÎÌ.≈NHĂI

R- Estoy muy cansado(-da) realmente
-ฉัน/ผม เหนื่อย มาก จริงๆ
-CHÁN/PPŎM-NHÜUAI.≈MÂAĶ-LLINGs≈LLINGs

* RHOoK (หรอก) es una partícula que normalmente se utiliza para contradecir.

P- No mientas // No importa // !No te vas a morir! (!no tienes nada!)
-อย่า โก หก // ไม่ เป็น ไร // คุณ ไม่ เป็น อะไร หรอก *
-ɎAA.COO≈JOĶ-. // MÂI.≈PEN≈RÄI // KHuŅ-MÂI.≈PEN≈RÄI-RHOoK *

R- No digas eso // -Yo también estoy cansado(-da)
-อย่า พูด อย่าง นั้น // -ฉัน/ผม ก็(*) เหนื่อย เหมือน กัน
-ɎAA.PPÛUD-ɎAANG.≈NÁN // -CHÁN/PPŎM-CÔO-NHÜUAI.MHŬUAN≈CAN

P- Voy a pedir (solicitar) que (ellos) me hagan...
-ฉัน/ผม จะ ขอ ให้ พวก เขา...
-CHÁN/PPŎM-LLa.QHŎo-JÂI-PPÛAĶ≈QHÁO...

R- Quiero hacerme una casa en Tailandia porque es un país (ya) desarrollado// próspero
-ฉัน/ผม อยาก มี บ้าน อยู่ ที่ เมือง ไทย เพราะ เป็น ประเทศ ที่ พัฒนา แล้ว/เจริญ แล้ว
-CHÁN/PPŎM-ɎAAĶ.MII-BÂAN-ɎUU.THÎÌ.MÜUANG-THÄAI,PRó-PEN-PRaTHÊET-THÎÌ.PPÁDt-DtáNÄA-LǼEŮ // LLaRËEŃ-LǼEŮ

* La palabra CÔO (ก็) dependiendo del contexto puede significar "también" o "entonces/por lo tanto":
1- Si tú comes, yo también como / ŤHÄA-KHuŅ-ĶIN-CHÁN-CÔO-ĶIN / ถ้าคุณกินฉันก็กิน
2- Entonces (yo) lo dejaré que se vaya / CHÁN-CÔO-LLa.ɎOoM-PLÖoI.QHÁO-PÄI / ฉันก็จะยอมปล่อยเขาไป

TEST
Practicar la escritura con las consonantes "medias"

Coo-Cäi. (C / G)	ก	
Lloo-Llaan (LL)	จ	
Doo-Chá≈daa * (D)	ฎ	
Ɖtoo-Paɗtak̦. * (T)	ฏ	
Doo-Dek̦. (D)	ด	
Too-Täo. (T)	ต	
Boo-Bäi≈máai (B)	บ	
Poo-Plaa (P)	ป	
Oo-Aang. (O) (y también sirve de "apoyo" de otras vocales)	อ	

* Estas letras tienen muy poco uso

La mayor parte de las letras tienen un circulito en la parte izquierda y algunas otras en la parte central, es desde ahí, desde la parte interior del circulito donde se debe empezar a escribir. Las letras "ร / ว" tienen el circulito a la derecha.
La letra "ห" (joo-jiib.) tiene dos circulitos, uno a cada lado.

Para aprenderse las reglas de los tonos, antes se tienen que haber memorizado en qué grupo están todas las consonantes.

Tailandia usa el calendario budista (543 años más que en el calendario cristiano), por lo tanto en este momento ellos !viven en el siglo 26!

TEST
Enlazar los números de la columna 1 con las palabras que correspondan

1	Aquí	=	A	THÍÌ.≈NÍÌ.	ที่ นี่
2	Quién	=	B	SŬAI	สวย
3	Gracias	=	C	THÍÌ.≈NHĂI	ที่ ไหน
4	Teléfono	=	D	PPÔo.≈MÆÊ.	พ่อ แม่
5	Padres	=	E	MÂAĶ	มาก
6	Hola	=	F	MHĂAI≈LÊEQ	หมาย เลข
7	Aún / Todavía	=	G	KHON	คน
8	Novio	=	H	THOORáSÄPห์	โท ร ศัพท์
9	Mucho(-cha)	=	I	KHuŅ	คุณ
10	Con	=	J	KRÄİ	ใคร
11	Nombre	=	K	NH<u>U</u>NG.	หนึ่ง
12	Dónde	=	L	LL<u>Œ</u>	เจอ
13	Número	=	M	CAB.	กับ
14	¿Cuánto(-ta)?	=	N	THÄO.≈RÄI.	เท่า ไหร่
15	Guapa	=	Ñ	NAAN	นาน
16	Uno	=	O	PII	ปี
17	Año	=	P	FÆEN	แฟน
18	Tú / Usted	=	Q	SaUÄT.≈DII-KRÁB	สวัส ดี ครับ
	-	=	R	ĊH<u>ÛU</u>.	ชื่อ
	(Soluciones en p. 311)	=	S	¥ANG	ยัง
	-	=	U	PRaMÄAŅ	ประมาณ
	-	=	V	QHOoB.≈KHuŅ	ขอบ คุณ

Lección 2

Contenido:

NÚMEROS CARDINALES / เลขจำนวนนับ

Estos son los números tailandeses correlativos del 0 al 9 (el cero es redondo).

๐	๑	๒	๓	๔	๕	๖	๗	๘	๙

0	๐	ศูนย์	Şŭun
1	๑	หนึ่ง	Nhu̲ng.
2	๒	สอง	Sŏong
3	๓	สาม	Săam
4	๔	สี่	Sii.
5	๕	ห้า	Jâa
6	๖	หก	Joķ.
7	๗	เจ็ด	Lled.
8	๘	แปด	Pæed.
9	๙	เก้า	Câao
10	๑๐	สิบ	Sib.

11	๑๑	สิบ เอ็ด	Sib.≈ed.
12	๑๒	สิบ สอง	Sib.≈sŏong
13	๑๓	สิบ สาม	Sib.≈săam
14	๑๔	สิบ สี่	Sib.≈sii.
15	๑๕	สิบ ห้า	Sib.≈jâa
16	๑๖	สิบ หก	Sib.≈joķ.
17	๑๗	สิบ เจ็ด	Sib.≈lled.
18	๑๘	สิบ แปด	Sib.≈pæed.
19	๑๙	สิบ เก้า	Sib.≈câao
20	๒๐	ยี่ สิบ	¥íì.≈sib.
21	๒๑	ยี่ สิบ เอ็ด	¥íì.≈sib.≈ed.
22	๒๒	ยี่ สิบ สอง	¥íì.≈sib.sŏong
23	๒๓	ยี่ สิบ สาม	¥íì.≈sib.săam
24	๒๔	ยี่ สิบ สี่	¥íì.≈sib.sii.
41	๔๑	สี่ สิบ เอ็ด	Sii.≈sib.ed.
42	๔๒	สี่ สิบ สอง	Sii.≈sib.sŏong

Los tailandeses cuando dicen algún número con decenas hay veces que lo abrevian.
Por ejemplo:
El número 24, dicen sólo ¥ÍÌB.SII., en vez de decir ¥ÍÌ.≈SIB.≈SII.

Para pedir gasolina de 91 o 95 octanos, no pida gasolina de "noventa y uno" o de "noventa y cinco octanos", pida "CÂAO-NHU̲NG. o CÂAO-JÂA" (nueve-uno/nueve-cinco)

50	๕๐	ห้าสิบ	Jâa≈sib.
54	๕๔	ห้า สิบ สี่	Jâa≈sib.sii.
65	๖๕	หก สิบ ห้า	joķ.≈sib.jâa
70	๗๐	เจ็ด สิบ	Lled.≈sib.
76	๗๖	เจ็ด สิบ หก	Lled.≈sib.joķ.
87	๗	แปด สิบ เจ็ด	Pæed.≈sib.lled.
95	๙๕	เก้า สิบ ห้า	Câao≈sib.jâa
98	๙๘	เก้า สิบ แปด	Câao≈sib.pæed.
100	๑๐๐	หนึ่ง ร้อย	Nhu̲ng. róoi
140	๑๔๐	(หนึ่ง) ร้อย สี่ สิบ	(Nhu̲ng.) róoi-sii.≈sib.
200	๒๐๐	สอง ร้อย	Sŏong-róoi
211	๒๑๑	สอง ร้อย สิบ เอ็ด	Sŏong≈róoi-sib.≈ed.
300	๓๐๐	สาม ร้อย	Săam≈róoi
456	๔๕๖	สี่ ร้อย ห้า สิบ หก	Sii.≈róoi-jâa≈sib.joķ.
520	๕๒	ห้า ร้อย ยี่ สิบ	Jâa≈róoi-¥íì.≈sib.
667	๖๖๗	หก ร้อย หก สิบ เจ็ด	Joķ.≈róoi-joķ.≈sib.lled.
796	๗๙๖	เจ็ด ร้อย เก้า สิบ หก	Lled.≈róoi-câao≈sib.joķ.
813	๘๑๓	แปด ร้อย สิบ สาม	Pæed.≈róoi-sib.≈săam

1000	๑๐๐๐	หนึ่ง พัน	Nhung.≈ppan
2000	๒๐๐๐	สอง พัน	Sŏong-ppan
2500	๒๕๐๐	สอง พัน ห้า ร้อย	Sŏong-ppan-jâa≈róoi
3000	๓๐๐๐	สาม พัน	Săam-ppan
10000	๑๐๐๐๐	หนึ่ง หมื่น	Nhung.≈mhuun.
20000	๒๐๐๐๐	สอง หมื่น	Sŏong-mhuun.
30000	๓๐๐๐๐	สาม หมื่น	Săam-mhuun.
70.000	๗๐๐๐๐	เจ็ด หมื่น	Lled.≈mhuun.
90.000	๙๐๐๐๐	เก้า หมื่น	Câao-mhuun.
100.000	๑๐๐๐๐๐	หนึ่ง แสน	Nhung.≈sæĕn
200.000	๒๐๐๐๐๐	สอง แสน	Sŏong-sæĕn
500.000	๕๐๐๐๐๐	ห้า แสน	Jâa≈sæĕn
1.000.000	๑๐๐๐๐๐๐	หนึ่ง ล้าน	Nhung.≈láan
2.000.000	๒๐๐๐๐๐๐	สอง ล้าน	Sŏong-láan
10.000.000	๑๐๐๐๐๐๐๐	สิบ ล้าน	Sib.≈láan
20.000.000	๒๐๐๐๐๐๐๐	ยี่ สิบ ล้าน	¥íì.≈sib.láan
100.000000	๑๐๐๐๐๐๐๐๐	หนึ่ง ร้อย ล้าน	Nhung.≈róoi-láan

CIFRAS / ตัวเลข

Primero se dicen las centenas, luego las decenas, después "CAB." (y/con) y por último las unidades (la palabra CAB. la omiten a menudo)

๕๖๕	Jâa-róoi / joķ.≈sib. / cab. / jâa	Cinco cien / seis diez / y / cinco

¿Cómo se forman LOS NÚMEROS ORDINALES? / เลขลำดับที่

Se forman poniendo la partícula "THÎI." delante del número.

1º	Primero(-ra)	ที่ หนึ่ง	Thîi.≈nhung.
2º	Segundo(-da)	ที่ สอง	Thîi.≈sŏong
3º	Tercero(-ra)	ที่ สาม	Thîi.≈săam
4º	Cuarto(-ta)	ที่ สี่	Thîi.≈sii.
5º	Quinto(-ta)	ที่ ห้า	Thîi.≈jâa
6º	Sexto(-ta)	ที่ หก	Thîi.≈jok.
7º	Séptimo(-ma)	ที่ เจ็ด	Thîi.≈lled.
8º	Octavo(-va)	ที่ แปด	Thîi.≈pæed.
9º	Noveno(-na)	ที่ เก้า	Thîi.≈câao
10º	Décimo(-ma)	ที่ สิบ	Thîi.≈sib.

Para decir el número ordinal "(1º) primero", se puede usar indistintamente THÎI.≈NHUNG.(ที่หนึ่ง) o RÆÊK (แรก = primero/inicial).

La partícula THÎI. otras veces se usa para describir el lugar:
1- THÎI.≈NOoN (ที่นอน/sitio para dormir) / 2- THÎI.≈LLOoD. (sitio para aparcar)

Las 5 vocales que nosotros llamamos "medias" (cortas II) están clasificadas como vocales "cortas" en el alfabeto tailandés.

A los tailandeses les puede sorprender que sus vocales las clasifiquemos en 3 grupos, así como a los hispanohablantes nos sorprende que ellos transcriban en sus libros nuestra letra "J" como una "K".

VOCABULARIO (¿quién es ese?)

Amigo(-ga)	เพื่อน	PPÛUAN.
Buscar // Buscar trabajo	หา // หา งาน	JĂA / JĂA≈NGAAN
Claro que sí / Sí, claro	ได้ สิ	DÂAI≈SI.
Comer / Tomar	กิน	ĶIN
Compañero(-ra) de trabajo	เพื่อน ร่วม งาน	PPÛUAN.RÛAM≈NGAAN
Este(-ta) // Éste	นี้ / นี่ // อัน นี้	NÍÍ / NÍÌ // AN≈NÍÍ
Hacer Turismo	ท่อง เที่ยว	THÔoNG.≈THÎAŮ.
Hotel	โรง แรม	ROONG≈RÆEM
Hoy	วัน นี้	UÄN≈NÍÍ
Ir	ไป	PÄI
Libre / Disponible	ว่าง	UÂANG.
Lugar // Puesto // Zona	ที่	THÍÌ.
Número de teléfono (coloquial)	เบอร์ โทร / เบอร์ โทรศัพท์	BŒร์≈THOOร / BŒร์≈THOORáSÄPท์
Un (Una) poco(-ca) / Un (Una) poquito(-ta)	นิด หน่อย	NÍD≈NHÖoI.
Pedir / Solicitar / Requerir	ขอ	QHŎo
¿Por qué?	ทำไม	THAM≈MÄI
Probar / Degustar	ชิม	ĊHIM
¿Se puede...? / ¿Puedo?	...ได้ ไหม	DÂAI≈MHÁI
Sí	ใช่	ĊHÂI.
Tailandia	ประเทศ ไทย / เมือง ไทย	PRaTHÊET-THÄAI, / MÜUANG-THÄAI,
Trabajar	ทำ งาน	THAM≈NGAAN
Venir / LLegar	มา ถึง	MAA≈ŤHŬNG

CONVERSACIÓN (quién es ese?)

P- ¿Quién es ese? / นั่น ใคร / NÂN.≈KRÄI
R-Este(-ta) es... / นี่ คือ... / NÎI.≈KHUU...

... mi amigo(-ga) / ... mi compañero(-ra) de trabajo
...เพื่อน ของ ฉัน/ผม//...เพื่อนร่วมงาน ของ ฉัน/ผม
PPUÛAN.QHŎoNG≈CHÁN/PPŎM //...PPÛUAN.RÛAM.≈NGAAN-QHŎoNG≈CHÁN/PPŎM

P- ¿Por qué has venido a Tailandia?
ทำไม คุณ ถึง มา ประเทศ ไทย
THAM≈MÄI-KHuN-ŤHŬNG≈MAA-PRaTHÊET-THÄAI,

* La palabra "QHŎo/ขอ" (solicitar/requerir/pedir) ya lleva implícita la solicitud "por favor".

R1- (Yo) Vengo por trabajo // (Yo) Vengo de turismo
ผม/ฉัน มา ทำงาน // ผม/ฉัน มา ท่องเที่ยว
PPŎM/ *CHÁN-MAA-THAM≈NGAAN* //PPŎM/ *CHÁN-MAA-THÔoNG.≈THÎAŮ.*

R2- (Yo) He venido aquí a buscar trabajo
ผม/ฉัน มา หา งาน ทำ ที่ นี่
PPŎM/*CHÁN-MAA-JĂA-NGAAN-THAM-THÎI.≈NÎI..*

PPŎM tiene 2 significados distintos:
1- Yo
2- Pelo (de la cabeza)
(El vello del cuerpo se dice "QHŎN / ขน")

P- ¿Puedes darme tu número de teléfono/correo electrónico?, por favor
(Yo-pido-número-teléfono-tú-poder-mhái =part. interrog.)
1-ผม/ฉัน ขอ* เบอร์ โทร คุณ ได้ไหม / 2-ผม ขอ* อีเมล์ (ของ) คุณ ได้ไหม
1- PPŎM/CHÁN-QHŎo-BOOร์≈THOOร-KHuN-DÂAI≈MHÁI
2- PPŎM-QHŎo-IIMEEล์-QHŎoNG≈KHuN-DÂAI≈MHÁI

*R- Claro que sí / ได้สิ / Dâai*si.*
R- Sí, claro. Hoy estoy libre
ได้ สิ วัน นี้ ฉัน ว่าง*
- DÄAI≈SI. UÄN≈NÍI-CHÁN-UÂANG.

* ĊHÂI. significa "sí", pero los tailandeses lo usan poco. Ellos acostumbran a contestar con el mismo verbo con el que han sido preguntados. (DÂAI. = poder)

"Buenos días" se traduce como อรุณสวัสดิ์ ARüN≈SaUÄTดิ. o สวัสดีตอนเช้า SaUÄT≈DII-TOoN≈ĊHÁAO, pero los tailandeses apenas usan las dos formas anteriores, es más común decir สวัสดีครับ SaUÄT.≈DII-KRÁB/Kâ. a cualquier hora del día.

¿Eso qué es?
นั่น อะไร
NÂN.≈aRÄI

¿Esto qué es?
นี่ อะไร
NÎÌ.≈aRÄI

Eso es un teléfono
นั่น โทรศัพท์
NÂN.THOORáSÄPท์

No, esto no es un correo eléctrónico
ไม่ ใช่ นี่ ไม่ ใช่ อีเมล์
MÂI.≈ĊHÂİ. NÎÌ.MÂI.≈ĊHÂİ.IIMEEล์

¿Esto es pollo o (es) pescado?
นี่ ไก่ หรือ ปลา
NÎÌ.CÄI.RHŬU-PLAA

En el idioma tailandés (normalmente) no hay espacios, entre sílabas, nosotros las separamos para una mejor comprensión.

¿Quieres comer (¿verdad?)?
อยาก กิน ใช่ ไหม
¥AAĶ.≈ĶIN-ĊHÂİ.≈MHÁI.

¿Puedo probarlo? / ¿Se puede probar?
ชิม ได้ ไหม
ĊHIM-DÂAI.≈MHÁI

Quiero saber ¿cuándo....?
อยาก รู้ ... เมือ ไหร่
¥AAĶ.≈RÚU... MHÛUA.≈RÄI.

Estimado Sr./Srta.,
Si ha comprado usted alguno de nuestros libros envíenos un correo electrónico a espanolentailandia@hotmail.com y le enviaremos gratis un enlace con la pronunciación de las vocales, diptongos y triptongos tailandeses con nuestra transcripción.

VOCALES (y tabla de duración de las vocales) / สระ

Hay 2 tipos de vocales; "cortas" y "largas", aunque debido a la pronunciación en conversaciones informales, nosotros las clasificamos en 3 grupos:

1.- Las vocales "cortas", son las que representamos en minúscula.
Estas vocales siempre van detrás de una consonante: lá, lé, rá...

2.- Las vocales que nosotros denominamos como "cortas II, o medias", están clasificadas como "cortas" dentro del alfabeto tailandés. La diferencia de la duración entre las vocales "cortas" y las vocales "medias" es casi inapreciable, pero esta pequeña diferencia nos sirve para que en nuestra transcripción podamos identificar las 5 vocales siguientes:

อั-/ เอ็-/ แอ็-/ อึ y la O "invisible" (todas ellas están transcritas con vocal en mayúscula (A/E/Æ/U̲/O). Mientras que las vocales "cortas" vienen en minúscula.

He aquí 3 ejemplos en donde se puede apreciar esta pequeña diferencia de duración de la pronunciación entre las vocales "cortas" y las "medias":

1/ และ=Læ̋ (y) / โต๊ะ=Tó (mesa)/ เยอะ=¥ó (mucho) / Voc. cortas son de nivel 3
2/ หิน = JǏN (piedra) / Vocal media (o vocal corta "II"), es de un nivel 4
3/ เห็น = JĚN (ver) / Vocal media (o vocal corta "II"), es de un nivel 4.

3- Las vocales "largas" las representamos dobles y en mayúscula: AA, EE, II...

Nivel	1	2	3	4	5	6
Vocales "cortas" *tailandesas* (a, æ, e, i, o, u...)						
Vocales "medias" tail. (A, Æ, E, I, O...). La duración es parecida a las vocales ***españolas***					◌ัว/ว * เ◌ีย *	
Vocales "largas" *tailandesas* (AA, ÆE, EE, II, OO, UU, Œ̲.., etc.)						

En una escala de duración de la pronunciación del 1 al 6, normalmente ***las vocales españolas estarían en el nivel 4***, las vocales "cortas" tailandesas estarían en el nivel 3, y las vocales "largas" tailandesas en el nivel 6. Y los diptongos "UA" (◌ัว/ว) e "ÏA" (เ◌ีย) están aproximadamente en el nivel 5.

* Cuando hay una vocal ¨invisible¨ delante de la letra ร y esta letra es final de palabra, la vocal "O" invisible pasa a ser una vocal larga. Ejemplo: นคร = Nákhöon.

BREVE GUÍA DE PRONUNCIACIÓN DE LAS VOCALES

Vocales "cortas"

Las vocales "cortas" vienen representadas en minúscula, y en la sílaba sólo hay una consonante y una vocal.; a, e, i, o, u, etc. // Lá, lé, ri, mó, etc.

a	Vocal parecida a la "a" de "l**a**" pero algo más corta
e	Vocal parecida a la "e" de "f**e**" pero algo más corta
i	Vocal parecida a la "i" de "t**i**" pero algo más corta
o	Vocal parecida a la "o" de "l**o**" pero algo más corta
u	Vocal parecida a la "u" de "s**u**" pero algo más corta

Vocales "cortas II" (o "medias")

Las vocales "cortas II" son las que nosotros llamamos vocales "medias". Estas vocales son las que van en mayúscula: A, E, I, O, U, etc.//PAN, NÁK, LÓD, etc.

A	Vocal parecida a la "a" de "C**A**L"
E	Vocal parecida a la "e" de "T**E**N"
Æ	Vocal parecida a la "æ" de "C**A**N" (poder, palabra inglesa)
I	Vocal parecida a la "i" de "V**I**L"
O	Vocal parecida a la "o" de "C**O**N"
U	Vocal parecida a la "u" de "S**U**S

Vocales "largas"

Las vocales llamadas "largas" vienen representadas con la vocal doble y en mayúscula: AA, EE, II, OO, UU, etc. // MÂAK, PPÉET, RÍÌP, etc..

AA	Vocal parecida a la "a" de "L**A**ME", pero un poco más larga
EE	Vocal parecida a la "e" de "**E**NTRA", pero un poco más larga
II	Vocal parecida a la "i" de "V**I**NO", pero un poco más larga
OO	Vocal parecida a la "o" de "G**O**MA", pero un poco más larga
UU	Vocal muy parecida a la "u" de "SEG**Ú**N"
<u>UU</u>	Parecida a la "<u>u</u>" francesa de "rue", pero un poco más larga

TABLA DE VOCALES "CORTAS" / ตารางสระ

TABLA DE VOCALES	CORTAS
a (es una vocal corta)	◌ะ
e (es una vocal corta)	เ◌ะ
æ (parecida a la "a" cerrada inglesa de "can")	แ◌ะ
i (es una vocal corta)	◌ิ
o (es una vocal corta)	โ◌ะ
o (es una vocal ¨o¨ más cerrada que la anterior)	เ◌าะ
œ (vocal cerrada, sonido entre la E y la O)	เ◌อะ
u (es una vocal corta)	◌ุ

Las vocales que subrayamos las debe pronunciar más cerradas que el resto.

Las vocales cortas las transcribimos en minúscula para una mejor comprensión.

Las 4 siguientes sílabas están clasificadas dentro del grupo de vocales en el alfabeto tailandés.

SÍLABAS DEL SÁNSCRITO (4)	CORTAS (nivel 3)	LARGAS (nivel 6)
RÛ / RUU	ฤ	ฤๅ
LÛ / LUU	ฦ	ฦๅ

Vocales invisibles

Hay dos tipos de vocales "invisibles", una es una "a" corta y la otra es una "O". Estas vocales no se escriben pero sí se pronuncian.
Estas vocales a las que llamamos "invisibles", son muy "fáciles de ver":

1.- Si la sílaba está compuesta de *consonante + vocal invisible*, la vocal que "falta" es la "a". Ejemplos con palabras de nuestro idioma:

"Ejemplos españoles":	ป...โก	P ... CO	PaCO
	ซ...โก	Š ... CO	SaCO
Ejemplo tailandés:	(ถนน) ถ...-นน	Ť...-NŎN	ŤaNŎN (CALLE)

2.- Y si la sílaba está entre 2 consonantes, o sea compuesta por *consonante + vocal invisible + consonante*, entonces la vocal que falta es la "O".

"Ejemplos españoles":	ก...นตาร	C .. NTAR	CONTAR
	ก...มปราร	C .. MPRAR	COMPRAR
Ejemplo tailandés:	(ลม) ล...ม	L...M	LOM (Viento/Aire)

* La palabra compuesta ŤHaNŎN MáJĂA NáKHÖOŇ que significa "calle de la metrópolis", sólo tiene una vocal escrita, la "AA" larga !pero se pronuncian 6!

ถ-น-น ม-หา น-ค-ร / T + N + N M + J + AA N + K + N

El verbo DESARROLLAR / PROSPERAR = LLaREEŃ (เจริญ)
Cuando se trata de prosperar se usa la palabra "llarœn", ejemplo:

1- Tailandia es (ya) un país desarrollado/próspero / ประเทศ ไทย เจริญ แล้ว / PRaTHÊET-THÁAI,LLaREEŃ-LǼEŮ.

....

El verbo DESARROLLAR / PROGRESAR = PÁDt=DtáNÄA (พัฒนา)
Pero cuando se trata del desarrollo/progreso del país, provincia, objeto, entonces se usa PÁDt=DtáNÄA.

1- Camboya está en desarrollo / ประเทศ กัมพูชา กำลัง พัฒนา / PRaTHÊET-CAMPPÜU≈CHAA-CAMLANG-PÁDt=DtáNÄA.

Vocales / Posición de algunas vocales, diptongos y triptongos

En el idioma tailandés algunas vocales van situadas a la izquierda de la consonantes, otras veces encima de la consonante, la mayoría van a la derecha, algunas vocales a ambos lados, y otras vocales rodean a la consonante por 3 sitios, por la izquierda, por encima y por la derecha. He aquí unos ejemplos:

Diptongo "ÄI". Las vocales están situadas a la izquierda de la consonante

ใ+จ (ใจ)	ÄI+LL = LLÄI	Corazón / Mente

Vocal "II" (larga). La vocal está situada encima de la consonante

ด+ ี (ดี)	D+II = DII	Bueno(-na)

Vocal "Oo" (larga). La vocal está situada a la derecha de la consonante

ข+อ (ขอ)	QH+Oo = QHŎo	Pedir / Solicitar

Vocal "E" (larga), está situada a la izquierda y encima de la consonante

เ ็+ป+น (เป็น)	E+P+N = PEN	Ser

Diptongo "ÄO". La consonante está entre las dos vocales.

เ+ร+า (เรา)	R+ÄO = RÄO	Nosotros(-tras)

Diptongo "üi". Están situadas debajo y a la derecha de la consonante

ค+ ุ+ย (คุย)	KH+u+I = KHuI	Charlar / Conversar

Vocal "u" (corta). La vocal está situada debajo de la consonante

ย+ ุ+ ง (ยุง)	¥+u+NG = ¥uNG	Mosquito

Diptongo "ÄI". Están situadas encima y a la derecha de la consonantE.

ช+ ั+ย (ชัย)	ĊH+A+I = ĊHÄI	Victoria / Triunfo

Triptongo "ÏAŮ". Están a la izquierda, encima y a la derecha de la conson.

เ +**ด**+ ี+ย+ว (เดียว)	**D**+ÏAŮ = DÏAŮ	Solo(-la)

Diptongo "UUA¨. Están a la izquierda, encima y derecha de la consonante

เ+**ส**+ ื+อ (เสือ)	**S**+UUA = SŬUA	Tigre

Vocales / 7 vocales que se escriben de forma distinta

Las siguientes vocales, dependiendo de la posición (si van al final de la sílaba o en medio), se escriben de dos formas distintas.

	OPCIÓN 1 conson.+vocal	OPCIÓN 2 conson.+vocal+ consonante	EJEMPLOS opción 1 conson.+vocal	EJEMPLOS opción 1 conson.+vocal+consonante
a	◌ะ	◌ั◌	จะ	จัด
e	เ◌ะ	เ◌็◌	เอะ	เอ็น
æ	แ◌ะ	แ◌็◌	แชะ	แช็ก
o	โ◌ะ	◌(*)◌	โตะ	ตบ (*)
ua	◌ัว	ว◌	มัว	มวน
ee	เ◌อ	เ◌ิ	เลอ	เลิก
uu	◌ือ	◌ื	ปือ	ปืน

* La "O invisible" cuando va entre 2 consonantes, ejemplo ตบ

TEST Practicar la escritura de las consonantes "sonoras"		
Moo-Máa	ม	ม ม ม ม ม ม ม ม ม ม ม ม
Noo-Nhuu	น	น น น น น น น น น น น น
Ngoo-Nguu	ง	ง ง ง ง ง ง ง ง ง ง ง ง
¥oo-¥áķ* (¥=inicio / k=final)	ย	ย ย ย ย ย ย ย ย ย ย ย ย
Uöo-Huæěn (w/u)	ว	ว ว ว ว ว ว ว ว ว ว ว ว

*Las 4 consonantes marcadas con asterisco (en las dos tablas) en esta página se transcriben como ¥ / C / D / B respectivamente, pero estas mismas consonantes cuando son finales de palabra, entonces se convierten en I / K / T / P / I

1- ยาย = La palabra "abuela" se pronuncia ¥ÄAI, en dicha palabra hay 2 letras ย (¥oo-¥áķ), una al inicio (¥) y la otra al final de la palabra (I).
2- กัก (CÁĶ) = La palabra "restringir" (กัก) se transcribe con una **C** inicial y como una Ķ cuando es final de palabra.

TEST Practicar la escritura de las consonantes "explosivas"		
Coo-Cäi.* (c=inicio/k=final)	ก	ก ก ก ก ก ก ก ก ก ก ก ก
Doo-deķ.* (d=inicio/t=final)	ด	ด ด ด ด ด ด ด ด ด ด ด ด
Boo-Bäi≈máai* (b=inicio/p=final)	บ	บ บ บ บ บ บ บ บ บ บ บ บ

Las consonantes **D=ด** y **B=บ** *cuando son "finales" de palabra se deben pronunciar como "t" y "p" respectivamente., ejemplos:*
3- นวด (NÛA**D**) = significa ¨masajear/hacer un masaje¨, pronúnciese NÛA**T (con T final)**
4- พบ (PPÓ**B**) = encontrar/hallar, pronúnciese PPÓ**P (con P final)**

TEST
Practicar la pronunciación del tono de las palabras de esta tabla

TONO MEDIO	TONO BAJO	T. DESCENDENTE	TONO ALTO	T. ASCENDENTE
BAAร์ บ๊าร์ BAR	BAA. บ่า HOMBRO/ CHARRETERA // CORRER / FLUIR	BÂA บ้า LOCO(-CA) / DEMENTE	-	-
CLÄİ ใกล LEJOS	-	CLÂİ ใกล้ CERCA	-	-
-	FAA. ฝ่า IR EN CONTRA DE / VIOLAR	FÂA ฝ้า PECA	FÁA ฟ้า CIELO (EL)	FĂA ฝา TAPA / TAPÓN
MAA มา VENIR	-	-	MÁA ม้า CABALLO / CORCEL	MHĂA หมา PERRO
MÄIล์ ไมล์ MILLA	MHÄI. ใหม่ NUEVO(-VA)	MÄI. ไม่ NO	MÁI มั้ย ¿CORRECTO?	MHĂI ไหม SEDA
PPAA พา LLEVAR / GUIAR	PPAA. ผ่า CORTAR	PPÂA ผ้า ROPA / TELA	-	PPĂA ผา ACANTILADO
PAA ปา LANZAR/ARROJAR	PAA. ป่า SELVA / BOSQUE	PAA ป้า TÍA	-	PĂA ป๋า PADRE
-	QHÄO เข่า RODILLA	QHÂO เข้า ENTRAR / PENETRAR	QHĂO*/KHÁO เขา/เค้า EL (ELLA)	QHĂO เขา CUERNO
KHÄAŮ คาว A PESCADO	QHÄAŮ. ข่าว NOTICIAS	QHÂAŮ ข้าว ARROZ	-	QHĂAŮ ขาว BLANCO(-CA)
ŠÄİ ไซ UN TIPO DE TRAMPA PARA PECES	SÄİ. ใส่ PONER	SÂİ ไส้ INTESTINO / RELLENO	-	SĂİ ใส (CLARO / TRANSPARENTE)
-	SÜUA. เสื่อ ESTERILLA	SÛUA เสื้อ CAM,ISA / BLUSA	-	SŬUA เสือ TIGRE
¥AA ยา MEDICINA	¥AA. อย่า NO... (prohibición)	¥ÂA. ย่า ABUELA PATERNA	-	-

* QHĂO (significa él/ella) se pronuncia con un tono distinto al de su escritura เขา

TEST
Escribir los números tailandeses

๐	0 Şŭun	๐	๐	๐	๐	๐	๐	๐	๐	๐	๐
๑	1 Nhung.	๑	๑	๑	๑	๑	๑	๑	๑	๑	๑
๒	2 Sŏong	๒	๒	๒	๒	๒	๒	๒	๒	๒	๒
๓	3 Săam	๓	๓	๓	๓	๓	๓	๓	๓	๓	๓
๔	4 Sii.	๔	๔	๔	๔	๔	๔	๔	๔	๔	๔
๕	5 Jâa	๕	๕	๕	๕	๕	๕	๕	๕	๕	๕
๖	6 Joķ.	๖	๖	๖	๖	๖	๖	๖	๖	๖	๖
๗	7 Lled.	๗	๗	๗	๗	๗	๗	๗	๗	๗	๗
๘	8 Pæed.	๘	๘	๘	๘	๘	๘	๘	๘	๘	๘
๙	9 Câao	๙	๙	๙	๙	๙	๙	๙	๙	๙	๙
๑๐	10 Sib.	๑๐	๑๐	๑๐	๑๐	๑๐	๑๐	๑๐	๑๐	๑๐	๑๐

* *(Ver pág. 142)* อัน (AN) significa "unidad/pieza/trozo", pero cuando va delante de "níí" (อัน นี้ = an≈níí) entonces su significado pasa a ser "éste".

TEST
Practicar la escritura de las vocales "cortas"

a	อะ	
e	เอะ	
æ	แอะ	
i	อิ	
o	โอะ	
ɔ	เอาะ	
œ	เอะ	
u	อุ	

La palabra "sa.ra." (significa vocal) lleva un punto cada sílaba porque las 2 sílabas llevan el tono bajo.

Lección 3

Contenido:

VOCABULARIO (APARTAM./HOTEL)

A (La preposición "A" no existe, pero en algunas ocasiones se usa THÎÌ.)	ที่	THÎÌ.
Apartamento	คอนโด / ห้อง พัก / อพาร์ท เมนท์	KHOoNDOO / JÔoNG≈PPÁK̦ / aPPÁATท≈MÉENท์
Atreverse	กล้า	CLÂA
Clima	สภาพ อากาศ	SapÂAP-AACAAT. (T=ศ)
Comida / Alimento	อาหาร	AAJĂAŇ
Cómo	อย่าง ไร	¥AANG.≈RÄI
Conocer (a alguien)	รู้ จัก	RÚU≈LLAK̦.
Divertirse	สนุก	SaNüK̦.
El más... / La más.../ Lo más...	ที่ สุด	THÎÌ.≈SuD.
En	ใน	NÄİ
Fiarse	เชื่อ ใจ	CHÛUA.LLÄİ
¡Genial!	เยี่ยม มาก	¥ÎAM≈MÂAK̦
Gente	ผู้ คน	PPÛU-KHON
Gustar // Molar	ชอบ // ถูกใจ	ĊHÔoB // ŤHUUK̦.≈LLÄİ
Esta noche (noche-esta)	คืน นี้	KHUUN≈NÍÍ
Isla // Islas (varias, diversas)	เกาะ // เกาะ ต่าง	Co. // Co.≈TAANG.
Mañana	พรุ่ง นี้	PRûNG.≈NÍÍ
Mutuamente / Juntos / Recíprocamente	กัน	CAN
Lo que más / El más	ที่ สุด	THÎÌ.≈SuD.
Mejor	ดี กว่า	DII≈CUÄA.
Mhái (partíc. interrogat.)	ไหม	MHÁI
Nosotros(-tras)	เรา	RÄO
Otro sitio	ที่ อื่น	THÎÌ.≈UUN.
Pensar // Pensar que...	คิด // คิด ว่า...	KHÍD // KHÍD≈UÂA. ...

* El verbo "jâi" significa "dar" pero también se usa para "dejar/permitir".

Pero	TÆE.	แต่
Piso / Apartamento / Condominio	KHOoNDOO / JÔoNG-PPÁĶ / aPPÁATŚ≈MÉENห์	คอนโด / ห้อง พัก / อพาร์ท เมนท์
Ser	KHUU / PEN	คือ/เป็น
Si... (condicional)	ŤHÂA	ถ้า
Suficientemente (bien)	(DII) PPOo	(ดี) พอ

En tailandés cuando se ha de responder a una pregunta con "sí" o "no", acostumbran a contestar con el mismo verbo (o adjetivo, si es el caso) con el que han sido preguntados. Si la frase es afirmativa contestarán simplemente con el verbo, y si es negativa dirán "mâi. (no) + el verbo. Ejemplos con la pregunta "¿Te gusta?": la respuesta afirmativa sería ĊHÔoB y la respuesta negativa ¨MÂI.≈ĊHÔoB¨.

TEST
Leer y escribir estas palabras en tailandés

1	CÄI.	Pollo	
2	QHÄI.	Huevo	
3	LLAAN	Plato	
4	ĊHÁANG	Elefante	
5	NGUU	Serpiente	
6	ŅEEŇ	Monje novicio	
7	DEĶ.	Niño(-ña)	
8	TÄO.	Tortuga	
9	ŢHONG	Bandera	
10	CHING.	Platillo musical (peq.)	

11	PLAA	Pez / Pescado	
12	PPAAN	Bandeja	
13	FAN	Diente	
14	MÁA	Caballo	
15	RÜUA	Barco	
16	LING	Mono	
17	QHÄAŮ.	Noticias	
18	QHĂAŮ	Blanco(-ca)	
19	QHÂAŮ	Arroz	
20	BÄI≈MÁAI	Hoja	

CONVERSACIÓN

P- ¿Qué es lo que más te gusta en este país/de este país?

คุณ ชอบ อะไร ใน ประเทศ นี้ มาก ที่สุด

KHuN̦-ĊHÔoB-aRÄI-NÄI-PRaTHÊET-NÍÍ-MÂAK̦-THÎÌ.≈SuD.

R- Me gusta...

ฉัน/ผม ชอบ...

CHÁN/PPŎM-ĊHÔoB...

...la gente / ....el clima /...la comida /...las islas (varias)

...ผู้ คน / ...สภาพ อากาศ/ ...อาหาร / ...เกาะ ต่างๆ

...PPÛU-KHON /...SappÂAP-AACAAT. / ...AAJĂAŇ / ...Co.TAANG.≈TAANG. (T=ต)

P- ¿Qué te parece este sitio?

คุณ คิด ว่า ที่ นี่* เป็น อย่าง ไร KHuN̦-KHÍD≈UÂA.THÎÌ.≈NÎÌ.PEN-¥AANG.≈RÄI

P- Te gusta, ¿verdad?

คุณ ชอบ ใช่ ไหม

KHuN̦-ĊHÔoB-ĊHÂÌ.≈MHÁI

R1- ¡(Eso) Es genial! / No me gusta / Mejor si vamos a otro lugar

มัน เยี่ยม มาก / ฉัน(ผม) ไม่ ชอบ / เรา ไป ที่ อื่น กัน ดี กว่า ไหม

MAN-¥ÎAM.MÂAK̦ / CHÁN (PPŎM) MÂI.≈ĊHÔoB / RÄO-PÄI-THÎÌ.≈UUN.DII≈CUÄA.MHÁI

* Cuando en una misma sílaba de nuestra transcripción se encuentre un tono (cualquiera) y al final de la misma sílaba haya un punto, siempre debe prevalecer el tono antes que el punto del tono bajo (en estos casos el punto solo nos recuerda que se escribe con el símbolo "mái-eek."). Ejemplos:

ที่ THÎÌ. / เครื่อง KRÛUANG. / น่า NÂA.

TABLA DE VOCALES "MEDIAS" / ตารางสระ

Las vocales que nosotros denominamos como "cortas II, o medias", están clasificadas como "cortas" dentro del alfabeto tailandés. La diferencia de la duración entre las vocales "cortas" y las vocales "medias" es casi inapreciable, pero esta pequeña diferencia nos sirve para que en nuestra transcripción podamos identificar las 5 vocales siguientes:

VOCALES MEDIAS (Cortas II)	MEDIAS (nivel 4)	Ejemplo de posición de la vocal	Significado
A	◌ั	กัน = CAN	Proteger contra / Impedir
E	เ◌็	เต็ม = TEM	Lleno / Completo
Æ (parecida a la "a" inglesa de "can"	แ◌็	แข็ง = QÆNGˇ	Duro / Sólido
U̲ (es un tipo de vocal cerrada)	◌ึ	ตึก = TU̲K̦.	Edificio
O invisible (cuando hay 2 consonantes y en medio no hay vocal)	◌	ผ◌ม *= PPŎM	Yo

Estas 5 vocales medias siempre van entre/con 2 consonantes. Las representamos en mayúscula.

La duración de las vocales "medias" es algo mayor que la de las vocales "cortas".
Son de una duración parecida a la de las 3 palabras siguientes: "CU̲ÁL", "SE̲R" y "CA̲L".

วัด	U̲ÁD (CU̲ÁL)	Templo
เต็ม	TE̲M (TEN)	Lleno / Completo
กับ	CA̲B. (CAL)	Con / Y

*La vocal "O" invisible la transcribimos en mayúscula, como una vocal media. (*Ver pág. 49*)

Los diptongos "UA" e "ÏA" ◌ัว/ว y เ◌ีย se consideran "vocales largas" en el idioma tailandés, pero en el lenguaje informal estos diptongos están más cerca del nivel 5 que del nivel 6.

A los tailandeses les puede sorprender que sus vocales las clasifiquemos en nuestros libros en 3 grupos, pero más nos sorprende a los hispanohablantes ver que nuestra letra "J" ellos la representen con una letra "K" en sus libros de texto.

Representación de las vocales en nuestros libros

Representación de las vocales cortas, medias y largas

1- Las vocales cortas vienen representadas en minúscula. Su sonido es algo más corto que el de las vocales españolas.

Las vocales cortas normalmente van detrás de una consonante en la transcripción (lá, lé, rá, etc.).

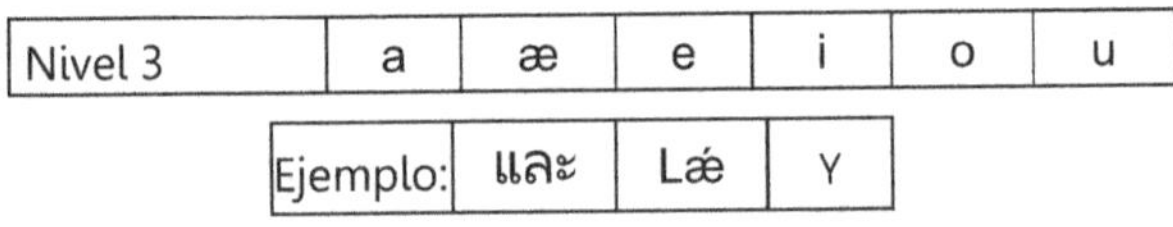

Nivel 3	a	æ	e	i	o	u

Ejemplo:	และ	Lǽ	Y

2- Las vocales medias vienen representadas en mayúscula. Su sonido viene a ser parecido al de las vocales españolas.

Las vocales medias siempre van entre/con dos consonantes.

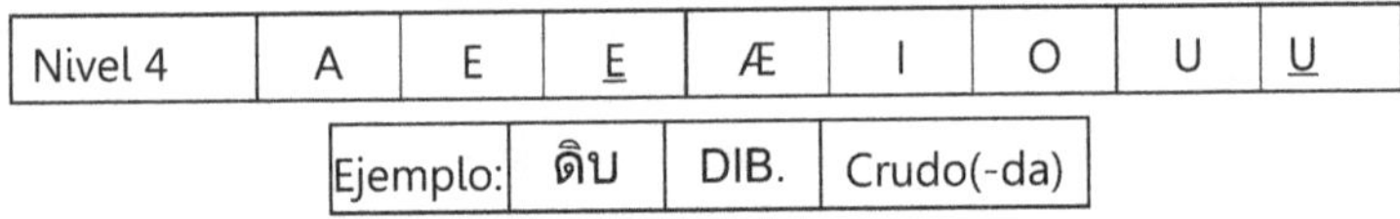

Nivel 4	A	E	E	Æ	I	O	U	U

Ejemplo:	ดิบ	DIB.	Crudo(-da)

3- Las vocales largas vienen representadas dobles y en mayúscula.

Las vocales largas, en general, son algo más largas que en el español.
La vocal de la palabra "algún" se aproxima bastante a la duración de la "U" larga tailandesa.

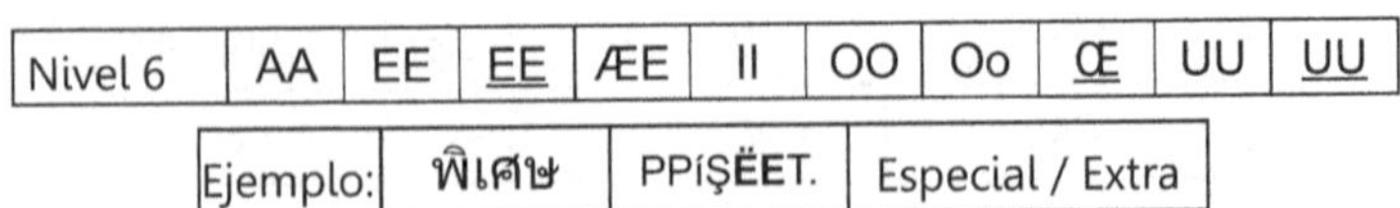

Nivel 6	AA	EE	EE	ÆE	II	OO	Oo	Œ	UU	UU

Ejemplo:	พิเศษ	PPÍŞ**ËE**T.	Especial / Extra

En el idioma tailandés normalmente la última vocal de una palabra es la que se pronuncia más larga.

Las vocales cortas acostumbran a ir en la primera sílaba (no siempre).

Para poder reconocer las escritura de todas las consonantes y vocales tailandesas, algunas de ellas las hemos doblado (pp, ss) y otras las representamos en minúscula (n) o les hemos agregado algún símbolo (Š).

TABLA DE VOCALES "LARGAS" / ตารางสระ "ยาว"

Vocales "largas" (en nuestro sistema de transcripción)

VOCALES LARGAS tailandesas	Se escriben
AA	◌า
EE	เ◌
ÆE (como la "a" inglesa de "Jack", pero más larga)	แ◌
EE (sonido entre la "e" y la "o")	เ◌ื
II	◌ี
OO	โ◌
Oo (es una vocal cerrada)	◌อ
Œ (es una vocal cerrada. Sonido parecido al de la vocal de la palabra "world")	เ◌อ
UU	◌ู
UU (es una vocal larga como la anterior, pero un poco más cerrada y pectoral)	◌ื / ◌ือ

Vocal subrayada = vocal cerrada y pectoral

Al lado de las vocales hay unos circulitos vacíos, en ese lugar es donde se debe colocar la consonante. En las casillas donde están las letras punteadas no los ponemos para que los ponga usted y así pueda recordar dónde van situadas.

* Las vocales ◌ื/◌ือ son idénticas pero se escriben diferente manera dependiendo de si lleva consonante final o no. Ejemplos: 1- ถือ (no lleva) / 2- ขึน (lleva la น)

Hay 2 tipos de vocales "OO" (โ-/-อ) largas, las diferenciamos poniéndole a la letra "oo-aang." (อ) la segunda vocal "o" en minúscula: โ = OO // อ = O**o**

PRONOMBRES / สรรพนาม

El pronombre personal se acostumbra a omitir cuando en el contexto de la frase se puede dar por entendido de qué persona se trata.

¿Has comido?	*La respuesta normal sería...*	Yo ya he comido

ฉัน/ผม กิน แล้ว	(CHÁN/PPŎM-ḰIN≈LǼEŮ	(Yo) Comer ya

Los tailandeses acostumbran a decir su nombre en vez del pronombre personal "yo". Ejemplo: "Me gusta jugar a..." :

เชมา ชอบ เล่น... (ฉัน/ผม ชอบ เล่น...)	ĊHEMA ĊHÔoB-LÊN. ... (chán/ppon-chôob-lên. ...)	Chema gustar-jugar... (A Chema le gusta-jugar a...)

Pronombres indefinidos

Estos son los pronombres indefinidos más utilizados:

บาง อัน/บาง อย่าง	Baang-an / Bâang-yaang.	Alguno(-na)

หลาก หลาย / ทั้ง หลาย	Laaķ-lhăai / Tháng≈lhăai	Varios / Varias

ทุก	Thúķ	Todo(-da) / Entero(-ra) / Todos los...

ทั้ง หมด	Tháng≈mhod.	Todo(-da) / Total / Entero(-ra) / Absolutamente

ทุกคน	Thúķ≈khon	Todos(-das) / Todo el mundo / Todas las personas

ทุกสิ่ง	Thúķ≈sing.	Todo(-da) / Todas las cosas / Cada cosa

Pronombres personales

Estos son los pronombres personales más usuales. Hay otros que se usan cuando las diferencias sociales son notables.

Yo (masculino)	ผม	PPŎM
Yo (femenino)	ดิฉัน / ฉัน	DI≈CHÁN / CHÁN
Tú / Usted	คุณ	KHuŅ
Él	เขา	QHÁO *
Ella	เธอ / เขา	ŢHŒ / QHÁO *
Ello	มัน	MAN
Nosotros(-tras)	เรา / พวก เรา	RÄO / PPÛAĶ≈RÄO
Vosotros(-tras)	พวก คุณ	PPÛAĶ≈KHuŅ
Ellos/Ellas	พวก เขา	PPÛAĶ≈QHÁO

Pronombres en primera persona

El pronom. personal en primera persona es distinto para hombres y mujeres, si es varón dirá "PPŎM" (yo, masculino), y si es fémina dirá "DI≈CHÁN" (yo, femenino) o "CHÁN" (que es un "yo" unisex). Este último lo puede decir un hombre o una mujer. Es más común que una mujer diga "chán" que "di≈chán".

En tailandés existen más de 10 pronombres personales en segunda persona . En este libro utilizamos el "KHuŅ" (คุณ) que es formal y puede servir para decir "tú" o "usted", y puede decirlo tanto un hombre como una mujer.
"KHuŅ" también se usa para ponerlo delante de un nombre de pila de una persona, ejemplo: KHuŅ≈MÆÊ. (แม่= madre) en este caso KHuŅ es una partícula de cortesía.

Pronombres personales ÉL y ELLA

QHÁO	Él / Ella

El pronombre QHÁO se puede emplear tanto para hombres como para mujeres, aunque normalmente se usa más cuando se trata de hombres.

ȚHŒ	Ella

Hay dos formas de usar el pronombre ȚHŒ:

1- ȚHŒ es la segunda persona singular, equivalente a "tú" ("KHuŅ" equivale a "usted"), este pronombre se utiliza en un contexto no muy formal, pero tampoco muy coloquial. Por ejemplo, se utiliza en una conversación de personas de la misma edad, entre amigos, o cuando se habla de una persona del sexo opuesto.

2- ȚHŒ es la tercera persona singular, normalmente se utiliza para referirse a una mujer (más que a un hombre)

Pronombre posesivos

La frase con un pronombre posesivo se forma anteponiendo la palabra "qhŏong" (ของ = de/cosa) al pronombre personal, por ejemplo:

หนังสือ ของ ฉัน	NHĂNG≈SŬU-QHŎoNG≈CHÁN	Libro de yo (mío)

Cuando la palabra "qhŏong" deja entrever de qué/quién se trata, hay veces que la omiten.

รถ ยนต์ (ของ) เขา	RÓŤ≈¥ONต์ (QHŎoNG) QHÁO	Coche (de) él

ADVERBIOS / คำวิเศษณ์

Normalmente los adverbios van al final de la frase.

TAILANDÉS	PRONUNCIACIÓN	SIGNIFICADO
ฉันอยากกิน<u>ที่นี่</u>	CHÁN-ɎAAĶ.≈ĶIN-<u>THÎI.≈NÎI.</u>	Yo-querer-comer-<u>aquí</u>

Adverbios de cantidad / คำวิเศษณ์ของปริมาณ		
Algo / Poquito(-ta) Un (Una) poquito(-ta)	นิด น้อย	NÍD≈NÖol
Apenas	ไม่ ค่อย จะ/ แทบ จะ ไม่	MÂI.≈KHÖol.LLa. / THÆÊB≈LLa.MÂI.
Bastante (no poco)	ค่อน ข้าง	KHOoN.QHÁANG
Bastante (suficiente) / Suficiente	เพียง พอ / พอ	PPÏANG≈PPOo / PPOo
¿Cuánto(-ta) / ¿Cuántos)(-tas)?	กี่	ĶII.
Demasiado(-da) / Excesivo(-va)	เกิน ไป/ มาก เกิน ไป	Ķ<u>EE</u>N≈PÄI / MÂAĶ-Ķ<u>EE</u>N≈PÄI
Más / Otra vez (adv.) // Otro (adj.)	อีก	IIĶ.
Mitad / Medio(-a)	ครึ่ง	KR<u>Û</u>NG.
Mucho(-cha) / Muy	มาก	MÂAĶ
Muchísimo(-ma)	มากๆ *	MÂAĶ≈MÂAĶ
Nada	ไม่ มี อะไร	MÂI.≈MII-aRÄI
Pequeño(-ña)	เล็ก	LÉĶ
Poco(-ca)	น้อย	NÓol
Todo(-da) / Entero(-ra)	ทั้ง หมด / ทั้ง	THÁNG≈MHOD./ THÁNG

* El signo ๆ "mái-yámók" es un repetidor de la última palabra

TEST (NÚMEROS)
Enlazar los números de la columna 1 con las letras que correspondan

1	Uno	=	A	NHUNG.≈LÁAN	หนึ่ง ล้าน
2	Dos	=	B	SIB.≈LLED.	สิบ เจ็ด
3	Tres	=	C	LLED.≈SIB.	เจ็ดสิบ
4	Cuatro	=	D	SII.	สี่
5	Cinco	=	E	JÂA	ห้า
6	Seis	=	F	SIB.≈ED	สิบ เอ็ด
7	Siete	=	G	LLED.	เจ็ด
8	Ocho	=	H	PÆED.	แปด
9	Nueve	=	I	SII.≈SIB.	สี่สิบ
10	Diez	=	J	NHUNG.≈SÆĔN	หนึ่ง แสน
11	Once	=	K	NHUNG.≈PPAN	หนึ่ง พัน
12	Cien	=	L	SĂAM	สาม
13	Trece	=	M	SIB.≈SĂAM	สิบ สาม
14	Mil	=	N	NHUNG.	หนึ่ง
15	Setenta	=	Ñ	¥Íl.≈SIB.JÂA	ยี่ สิบ ห้า
16	Veinticinco	=	O	CÂAO	เก้า
17	Diecisiete	=	P	JOĶ.	หก
18	Cincuenta	=	Q	SŎoNG	สอง
19	Diez mil	=	R	NHUNG.≈RÓoI	(หนึ่ง) ร้อย
20	Un millón	=	S	SIB.	สิบ
	-	=	U	SĂAM≈RÓoI	(สาม) ร้อย
	(Soluciones en p. 311)	=	V	NHUNG.≈MHUUN	(หนึ่ง) หมื่น
	-	=	W	JÂA≈SIB.	ห้า สิบ

TEST
Practicar la escritura de las vocales "largas"

Sa.ra. "AA" (Vocal "AA")	◌า	
Sa.ra. "II" (Vocal "II")	◌ี	
Sa.ra. "UU" (Vocal "UU")	◌ื/◌ือ *	
Sa.ra. "UU" (Vocal "UU")	◌ู	
Sa.ra. "EE" (Vocal "EE")	เ◌	
Sa.ra. "ÆE" (Vocal "ÆE")	แ◌	
Sa.ra. "OO" (Vocal "OO")	โ◌	
Sa.ra. "Oo" (Vocal "Oo")	◌อ	

TEST
Practicar la escritura de las vocales "medias"

A	อั◌	
E	เอ็◌	
I	แอ็◌	
U	อึ◌	

En este grupo está la "O" invisible

TEST (NÚMEROS

Enlazar los números de la columna 1 con las palabras que correspondan

1	Veintiuno	=	A	NHUNG.≈LÁAN-SŎoNG≈SÆĔN	หนึ่ง ล้าน สอง แสน
2	Treinta y dos	=	B	PÆED.≈RÓol-SIB.≈SĂAM	แปด ร้อย สิบ สาม
3	Cuarenta y tres	=	C	SĂAM≈SIB.SŎoNG	สาม สิบ สอง
4	Cincuenta y cuatro	=	D	CÂAO ≈SIB.PÆED.	เก้า สิบ แปด
5	Sesenta y cinco	=	E	JOĶ.≈SIB.JÂA	หก สิบ ห้า
6	Setenta y seis	=	F	LLED.≈SÆĔN	เจ็ด แสน
7	Ochenta y siete	=	G	LLED.≈SIB.JOĶ.	เจ็ด สิบ หก
8	Noventa y ocho	=	H	PÆED.≈SIB.LLED.	แปด สิบ เจ็ด
9	Ciento cuarenta	=	I	(NHUNG.) RÓol-SII.≈SIB.	(หนึ่ง) ร้อย สี่ สิบ
10	Doscientos once	=	J	SŎoNG≈SÆĔN	สอง แสน
11	Setecientos noventa y seis	=	K	JÂA≈SIB.SII.	ห้า สิบ สี่
12	Ochocientos trece	=	L	¥Íl.≈SIB.JÂA	ยี่ สิบ ห้า
13	Dos cientos mil	=	M	SII.≈SIB.SĂAM	สี่ สิบ สาม
14	Quinientos mil veinticinco	=	N	¥Íl.≈SIB.ED.	ยี่ สิบ เอ็ด
15	Setecientos mil	=	Ñ	JÂA≈SÆĔN-¥Íl.≈SIB. JÂA	ห้า แสน ยี่ สิบ ห้า
16	Un millón dos-cientos mil	=	O	SŎoNG≈RÓol-SIB.≈ED.	สอง ร้อย สิบ เอ็ด
	Soluciones en la pág. 311	=	P	LLED.≈RÓol-CÂAO≈ SIB.JOĶ.	เจ็ด ร้อย เก้า สิบ หก

Lección 4

Contenido:

VOCABULARIO (ADJETIVOS CALIFICATIVOS)

Alto(-ta)	SŬUNG	สูง
Bajo(-ja) (de altura)	TÎA	เตี้ย
Bajo(-ja) (inferior)	TAM.	ต่ำ

Ancho(-cha)	CUÂANG	กว้าง
Estrecho(-cha)	KHÆÊB	แคบ

Bonito(-ta) // Guapa	SŬAI	สวย
Feo(-a)	MÂI.≈SŬAI / NÂA.≈CLÏAD. / QHÎI≈RHEE.	ไม่ สวย / น่า เกลียด / ขี้ เหร่

Caliente	RÓoN	ร้อน
Frío (hacer)	NHĂAŮ	หนาว
Frío(-a) (estar)	¥EN	เย็น

Cerca	CLÂI	ใกล้
Lejos	CLÄI	ไกล

Creíble	NÂA.≈CHÛUA.	น่าเชื่อ
Increíble	MÂI.NÂA.≈CHÛUA / LHŬUA.≈CHÛUA	ไม่ น่า เชื่อ/เหลือ เชื่อ

Delgado(-da)	PPŎM	ผอม
Gordo(-da)	ÛAN	อ้วน

Fuerte	QHÆNGˇRÆENG	แข็ง แรง
Débil	OoN.≈ÆE	อ่อน แอ

Grande	YHÄI.	ใหญ่
Pequeño(-ña)	LÉĶ	เล็ก

Inteligente	CHaLÄAD.	ฉลาด
Tonto(-ta) (estúpido) // Tonto (no inteligente)	NGÔO // MÂI.≈CHaLÄAD.	โง่ // ไม่ ฉลาด

Joven	AA¥ú-NÓol	อายุ น้อย
Viejo(-ja) (persona)	KÆE. / AA¥ú-MÂAĶ	แก่ / อายุ มาก

Largo(-ga)	¥ÄAŮ	ยาว
Corto(-ta)	SÂN	สั้น

Laborioso(-sa) / Trabajador(-ra)	QHa¥ÄAN	ขยัน
Perezoso(-sa)	QHÎI≈ĶÏAT / ĶÏAT≈KRÁAN (T=จ)	ขี้ เกียจ / เกียจ คร้าน

Libre / Vacío / Disponible	UÂANG.	ว่าง
Ocupado(-da) (no libre)	MÂI.≈UÂANG.	ไม่ ว่าง
Ocupado(-da) (atareado-da)	¥ûNG. / UûN. / MII≈ŢHúRá	ยุ่ง / วุ่น / มี ธุระ

Ligero(-ra) / Suave	BÄO	เบา
Pesado(-da)	NHAĶ.	หนัก

Limpio(-a)	Sa≈AAD.	สะ อาด
Sucio(-a)	SOĶ.=CaPRÖĶ. / PÛUAN	สก ปรก / เปื้อน

Malo(-la) (enfermo-ma)	MÂI.≈SaBÄAI / PÜAI.	ไม่ สบาย / ป่วย
Malo(-la) (malvado-da)	LËEŮ / RÁAI / ĊHÛA.	เลว / ร้าย / ชั่ว
Malo(-la) (no bueno)	MÂI.≈DII	ไม่ ดี
Malo(-la) (pésimo-ma)	¥ÆÊ.	แย่
Malo(-la) (estropeado-da)	SĬA	เสีย
Bueno(-na) / Bien	DII	ดี
Bueno(-na) (refiriéndose a comida)	aRÖol. // ŠÆÊB. (solo se dice en la región de Isan)	อร่อย // แซ่บ

Mucho(-cha)	MÂAĶ	มาก
Poco(-ca)	NÓol	น้อย

Luminoso(-sa)	SaUÄANG.	สว่าง
Oscuro(-ra)	MÛUD	มืด

Interesante	NÂA.SŎN≈LLÄI	น่า สน ใจ
Aburrido(-da)	NÂA.≈BÜUA.	น่า เบื่อ

Nuevo(-va)	MHÄI.	ใหม่
Viejo(-ja) (cosa, objeto)	CÄO.	เก่า

Insatisfecho(-cha)	MÂI.PPOo≈LLÄI	ไม่ พอ ใจ
Satisfecho(-cha)	PPOo≈LLÄI	พอ ใจ

Peligroso(-sa)	AN≈TaRÄAI	อัน ตราย* (* "lleva" la vocal "invisible" "a")
Seguro(-ra)	PLOoD.≈ppÄI,	ปลอด ภัย

Pobre	LLON	จน
Rico(-ca)	RÜAI / KHON-RÜAI	รวย / คน รวย

Tacaño(-ña)	QHÍÎ≈NHĬAŮ *	ขี้ เหนียว
Generoso(-sa)	MII-NAM≈LLÄİ / LLÄİ≈CUÂANG	มี น้ำ ใจ / ใจ กว้าง

Tranquilo(-la)	LLÄİ≈¥EN	ใจ เย็น
Impaciente	LLÄİ≈RÓoN	ใจ ร้อน

Aterrador(-ora)	น่า กลัว	NÂA.≈CLÜA
Atractiva // Guapa	มี เสน่ห์ // สวย	MII-SaNËEห์. // SŬAI
Atractivo / Guapo	หล่อ	LHOo.
Confortable	สบาย	SaBÄAI
Contento(-ta)	ดี ใจ	DII≈LLÄİ
Conveniente	สะ ดวก	SaDÜAĶ.
Especial	พิ เศษ	PPíŞËET. (T=ษ)
Famoso(-sa)	ดัง / มี ชื่อ เสียง	DANG / MII-CHÛU.≈SĬANG
Feliz	สุข ใจ	SuQ≈LLÄİ
Fino(-na)	บาง	BAANG
Grueso(-sa)	หนา	NHĂA
Horrible	น่า กลัว	NÂA.≈CLÜA
Importante	สำ คัญ	SĂM≈KHAŅ
Lindo(-da) / Mono(-na) Bonito(-ta / Gracioso(-sa)	น่า รัก	NÂA.≈RÁK
Tremendo (espeluznante)	น่า กลัว	NÂA.≈CLÜA

* QHÍÎ≈NHĬAŮ significa ¨tacaño(-ña)¨, es una de las palabras más usadas en las zonas turísticas de Tailandia, literalmente es "excremento pegajoso".

OTROS ADJETIVOS CALIFICATIVOS

ติงต๊อง	TÍNG≈TOoNG *	Tontorrón(-ona)
บ้าๆ บอๆ	BÂA≈BÂA-BOO≈BOO *	Estar chiflado(-da) / Estar loco(-ca)
พุงพลุ้ย	PPuNG≈PLúl (PPung≈púi)	Barrigón(-ona) / Barrigudo(-da)

* "TÍNG≈TOoNG" se suele emplear en un tono cariñoso, todo lo contrario que "BÂA≈BÂA-BOO≈BOO", que se usa más bien en un sentido un tanto negativo.

ALGUNAS FRASES CON ADJETIVOS CALIFICATIVOS

¿Está bien?	ดี ไหม	DII≈MHÁI
Está muy bien	ดี มาก	DII≈MÂAĶ
(Yo) Soy bueno (hábil/experto) con...	ฉัน เป็น คน เก่ง ใน...	CHÁN-PEN-KHON-ĶEENG. NÄI...
¿Está bueno(-na)	อร่อย ไหม	aRÖol.≈MHÁI
Éste está muy bueno(-na)	นี้ อร่อย มาก	NÍÍ-aRÖol.≈MÂAĶ
Ese(-sa) no es bueno(-na)	นั้น ไม่ ดี	NÁN-MÂI.≈DII
¿Es bonito éste?	อันนี้ สวย ไหม	AN≈NÍÍ-SŬAI-MHÁI

ADJETIVOS CALIFICATIVOS CON LA PARTÍCULA "MÂI." (no) DELANTE DEL ADJETIVO

A los tailandeses no les gusta decir ni adjetivos soeces, ni nada que pueda ofender a otra persona. En vez de decir la palabra "feo" ellos dicen "no guapo", o para decir que algo está sucio/guarro" ellos dicen que "no está limpio". Para formar estos calificativos "a la tailandesa" se debe poner la partícula "mâi." (no) delante del adjetivo calificativo contrario al calificativo que se quiere decir, por ejemplo:

1- Feo(-a) (QHÎI≈RHEE.) = ขี้เหร). Los tailandeses acostumbran a decir "**MÂI.≈SŬAI** (ไม่ สวย)" que significa "NO BONITO" en vez de decir "feo/fea", queda mejor.

2- Sucio(-a) (SOĶ.CaPRÖĶ. = สก ปรก) . En este caso es más pulido decir "**MÂI.≈Sa≈AAD.** (ไม่ สะอัด)" que significa literalmente "NO LIMPIO", que decir guarro(-a) o sucio(-a).

3- Malo(-a) / Cruel (RÁAI = ร้าย) . También es más suave decir "**MÂI.≈DII** (ไม่ดี)" que significa "NO BUENO(-NA)" que decir "malo(-la) o cruel".

Dicho de otra manera, hay que evitar decir "palabritas" como feo o guarro en Tailandia. Así que de las palabrotas... ¡olvídense!

ARTÍCULOS / คำนำหน้านาม

En tailandés no existen los artículos (el/la/un/uno/una).

El/Un apartamento grande

คอนโด ใหญ่
KHOoNDOO-¥HÄÌ.
Apartamento/Condominio-grande

La piscina es alta

สระ ว่าย น้ำ สูง
Sa.UÂAI.≈NÁAM-SŬUNG
Piscina (balsa-nadar) alta

MONOSÍLABOS / คำซึ่งมีพยางค์เดียว

El vocabulario tailandés está básicamente constituido por monosílabos. En nuestros libros algunas veces unimos algunas sílabas con el guion de enlace (≈), este guion nos indica que se deben leer muy seguidas las dos sílabas. Esto se debe a que los tailandeses hablan muy deprisa:

ที่นี่	THÎI.≈NÎI	Aquí

PLURAL / พหูพจน์

En el idioma tailandés no hay plural. Para decir la cantidad se usan los números o se doblan algunas palabras.

SUPERLATIVOS / ขั้นสูงสุด

Para formar un superlativo basta con poner "THÎÎ.≈SuD." (ที่สุด) después del adjetivo:

สวย ที่ สุด	SŬAI-THÎÎ.≈SuD.	La más guapa

ADJETIVOS / คำคุณศัพท์

Los adjetivos deben ir detrás del sustantivo. Como podrá ver en los siguientes ejemplos, el verbo "ser" no se usa con los adjetivos:

บ้าน ใหญ่	BÄAN-YHÄI.	Casa grande / Mansión
ผู้ หญิง สวย	PPÛU≈YHĬNG-SŬAI	Mujer guapa

อันนี้ สวย	AN≈NÍÍ-SŬAI	Éste(-ta) es bonito(-ta)
ฉัน ไม่ สวย / ฉัน น่า เกลียด	CHÁN-MÂI.≈SŬAI / CHÁN-NÂA.≈CLÏAD.	Yo soy fea (Yo no soy guapa)

TEST
Leer en voz alta estas sílabas que llevan consonantes "medias"

กะ	กา	เก	กิ	กี	โก	กุ	กู	เกา	ไก	กาย
จะ	จา	เจ	จิ	จี	โจ	จุ	จู	เจา	ไจ	จาย
ดะ	ดา	เด	ดิ	ดี	โด	ดุ	ดู	เดา	ได	ดาย
ตะ	ตา	เต	ติ	ตี	โต	ตุ	ตู	เตา	ไต	ตาย
บะ	บา	เบ	บิ	บี	โบ	บุ	บู	เบา	ไบ	บาย
ปะ	ปา	เป	ปิ	ปี	โป	ปุ	ปู	เปา	ไป	ปาย
อะ	อา	เอ	อิ	อี	โอ	อุ	อู	เอา	ไอ	อาย

TEST (NÚMEROS)

Escribir los números que faltan en sus casillas correspondientes

1	๑๐๔	=	104
2	๖๙๕	=	
3	๘๖๗	=	
4	๗๐๙	=	
5	๗๔๒	=	
6	๒๖๙	=	
7	๓๕๔	=	
8	๑๖๙	=	
9	๒๓๖	=	
10	๔๕๐	=	
11	๔๗๘	=	
12	๔๕๙	=	
13	๔๗๖	=	
14	๓๕๕	=	
15	๓๑๑	=	
16	๓๒๑	=	
17	๘๕๓	=	
18	๕๔๓	=	

1	๙๗๔	=	
2	๕๘๙	=	
3	๕๔๗	=	
4	๗๔๓	=	
5	๓๕๘	=	
6	๖๗๖	=	
7	๔๗๙	=	
8	๙๑๒	=	
9	๒๗๘	=	
10	๕๙๔	=	
11	๘๘๔	=	
12	๙๒๕	=	
13	๔๗๖	=	
14	๔๘๖	=	
15	๔๑๐	=	
16	๓๒๑	=	
17	๘๕๓	=	
18	๒๗๑	=	

(Las soluciones están en la página 311)

TEST (ADJETIVOS CALIFICATIVOS)
Enlazar los números de la columna 1 con las letras que correspondan

1	Rico(-ca)	=	A	TÎA	เตี้ย
2	Pobre	=	B	SŬUNG	สูง
3	Alto(-ta)	=	C	SÂN	สั้น
4	Bajo(-ja) (altura)	=	D	PPOoM	ผอม
5	Ocupado(-da)	=	E	¥ûNG.	ยุ่ง
6	Peligroso(-sa)	=	F	QHÆNGˇRÆENG	แข็ง แรง
7	Seguro(-ra)	=	G	Sa.≈AAD.	สะ อาด
8	Débil	=	H	MÂAĶ	มาก
9	Bajo(-ja) (inferior)	=	I	ANTaRÄAI	อัน ต ราย
10	Poco(-ca)	=	J	RÜAI	รวย
11	Mucho(-cha)	=	K	PLOoD.≈ppÄI	ปลอด ภัย
12	Largo(-ga)	=	L	YHÄİ.	ใหญ่
13	Delgado(-da)	=	M	DII≈LLÄİ	ดี ใจ
14	Contento(-ta)	=	N	LLON	จน
15	Sucio(-cia)	=	Ñ	NÓoI	น้อย
16	Limpio(-pia)	=	O	¥ÄAŮ	ยาว
17	Fuerte	=	P	LÉĶ	เล็ก
18	Feliz	=	Q	SOĶ.=CaPRÖĶ.	สก ปรก
	-	=	R	OoN.≈ÆE.	อ่อน แอ
	Soluciones en la pág. 312	=	S	ÛAN	อ้วน
	-	=	T	SuQ.≈LLÄİ	สุข ใจ
	-	=	U	TAM.	ต่ำ

Lección 5

Contenido:

VOCABULARIO (DISCOTECA)

Abrir	เปิด	PÆED.
Algún / Alguno(-na)	บ้าง	BÂANG
Baht (moneda tailandesa)	บาท	BAAT.
Bebida // Beber	เครื่อง ดื่ม // ดื่ม	KRÛUANG.DUUM. // DUUM.
Bueno / Ok / Vale	โอเค	OOKHEE
Ciudad	เมือง	MUUANG
Cliente / Clientela	ลูก ค้า	LÛUĶ≈KHÁA
Con ganas de marcha	ยัง คึก คะนอง	¥ANG-KHÚĶ-KHaNÖoNG
Copa / Bebida	เครื่อง ดื่ม	KRÛUANG.DUUM.
Día de fiesta	วัน หยุด	UÄN-¥HuD.
Electrónica (la)	อิเล็ก ทรอ นิกส์	ILÉĶ≈TROoNIĶส์
Entrada (coste del tique)	ค่า เข้า	KHÂA.≈QHÂO
Extranjero(-ra)	ชาว ต่าง ชาติ	ĊHÄAŮ-TAANG.≈ĊHÂATติ
Fresco(-ca)	สด	SOD.
Funky	ฟัง กี้	FANG≈ĶÍÌ
Hasta	ถึง	ŤHŬNG
Incluir	รวม อยู่	RÜAM≈¥UU.
Adolescente / Joven	วัย รุ่น	UÄI,≈RûN.
Jueves	วัน พ ฤ หัส (บดี)	UÄN≈PPáRúJÄT. (PODÏI)
La mayor parte	ส่วน ใหญ่	SÜAN.≈YHÄİ.
Lö͟o͟i (part. enfatizadora)	เลย	LÖOI
Música (en vivo)	ดน ตรี (สด)	DONTRÏI (SOD.)
Negocio / Tienda	ร้าน	RÁAN
No saber / No conocer	ไม่ รู้	MÂI.≈RÚU

Ok / Vale / Bueno	โอเค	OOKHEE
Pagar / Abonar / Sufragar // Repartir / Distribuir	จ่าย	LLÄAI.
Primera vez (la)	ครั้ง แรก	KRÁNG≈RÆÊḲ
Sábado	วัน เสาร์	UÄN≈SĂOร์
Solamente / Exclusivamente	เฉพาะ	CHaPPó
Tienda	ร้าน	RÁAN
(Las) 3 de la mañana	ตี สาม	TII≈SĂAM

COMPARANDO (MEJOR.../ MÁS...)

1-Para decir que una cosa es mejor que otra se usa "dii≈cuäa.", excepto cuando se habla de comida, entonces se debe decir "aröoi.≈cuäa.". Ejemplo:

-Quique es mejor que Pepe / กิเก ดี กว่า เปเป / QUIQUE DII≈CUÄA. PEPE

2- Para decir que "se está anímicamente/físicamente mejor" se debe usar "dii-qhûn".

¡Me siento mucho mejor! /ฉัน รู้สึก ดีขึ้น มาก เลย /CHÁN-RÚU≈SUḲ.DII≈QHÛN-MÂAḲ-LÖOI

3-Para decir que algo o alguien "es lo/la mejor" se debe poner "thîi.≈sud." delante del adjetivo. Ejemplo:

-El Barcelona es el mejor / บาร์เซโลน่า ดีที่สุด / BAAร์ŠELONÂA.DII.THÎI.≈SuD.

4- Para decir que "algo/alguna cosa es más ... que..." se debe usar la palabra "cuäa." Ejemplo:

-La isla de Koh Samed es más pequeña que la isla de Koh Chang / เกาะ เสม็ด เล็ก กว่า เกาะ ช้าง / Co.≈SAMÉD-LÉḲ≈CUÄA.Co.≈ĊHÁANG

DUUM. (ดื่ม) significa beber, y ḲIN (กิน) significa comer, pero coloquialmente usan ḲIN (comer) también para "beber". Ejemplo:

Me gusta beber vino tinto / ผมชอบกินไวน์แดง / PPŎM-ĊHÔoB-ḲIN-UÄIน์≈DÆENG

Entre las bebidas tailandesas más famosas están el ron llamado Saeng Som (แสงสม), el vino de arroz marca Lhâo Qhâao (เหล้าข้าว) y el Mae Khong (แม่โขง). ¡Ojo con las dos últimas bebidas que son bastante "cabezonas"!.

Para formar la frase "quiero una botella de..." la estructura es la siguiente:

QHŎo (ขอ)+ nombre de la bebida + QHÜAD. (ขวด) + cantidad

(Qhŏo ขอ = pedir/solicitar, qhüad. ขวด = botella)

CONVERSACIÓN

P- ¿Quieres ir a la discoteca esta noche?
คืน นี้ คุณ อยาก ไป เที่ยว ผับ ด้วยกัน ไหม
KHUUN≈NÍÍ-KHuŅ-¥AAĶ.PÄI≈THÎAŮ.PPAB.DÛAI≈CAN-MHÁI

R- Bueno, ¿a qué hora quieres ir?
โอเค. คุณ จะ ไป กี่ โมง ล่ะ
OOKHEE KHuŅ-LLa.≈PÄI-ĶII.≈MOONG-Lá.

P- ¿Cuál es la mejor discoteca/pub en/de esta ciudad?
ผับ ที่ ไหน ดี ที่ สุด ใน เมือง นี้
PPAB.THÎÎ.≈NHĂI-DII-THÎÎ.≈SuD.NÄI-MÜUANG-NÍÍ

R- !No conozco ni una! (discoteca-pub) porque...
ฉัน/ผม ไม่ รู้ (ผับ) เลย เพราะ...
CHÁN/PPŎM-MÂI.≈RÚU. (PPAB.) LÖOI-PRó...

P- ¿Hasta qué hora está abierta la discoteca?
ผับ เปิด ถึง กี่ โมง
PPAB.PEED.ŤHŬNG-ĶII.≈MOONG

Cuando se quiere "saber/conocer" algo se debe decir "rúu", pero si se trata de conocer a alguien entonces se debe decir "rúu≈llak."

R- Mañana está abierto(-ta) hasta las 3 de la mañana
พรุ่ง นี้ เปิด ถึง ตี สาม
PRûNG≈NÍÍ-PEED.ŤHŬNG-TII≈SĂAM

A la discoteca normalmente suelen llamarla "PPap." (pub), excepto las chicas (o chicos) más "modernas" que frecuentan las calles Sukhumvit, Road, Nana Road, Walking Street, Bangla Road, etc. que la llaman discoteca.

P- ¿Hay que pagar entrada?
ต้อง จ่าย ค่า เข้า ด้วย ไหม
TÔNG-LLÄI.KHÂA≈QHÂO-DÛAI-MHÁI

R- Hay que pagar 500 baht, pero incluye una copa/una bebida (un vaso)
ต้อง จ่าย 500 บาท แต่ รวม เครื่องดื่ม หนึ่ง แก้ว
TÔNG≈LLÄI. 500 BAAT.TÆE.RÜAM-KRÛUANG.≈DUUM.NHUNG.≈ĶÆÊŮ

P- ¿Qué tipo (línea) de música (canciones) ponen en la discoteca?
ที่ ผับ เปิด เพลง แนว ไหน
THÎÎ.PPAB.PEED.PPLEENG-NÆËŮ-NHĂI

R- (Música) funky y (música) electrónica
แนว ฟัง กี้ และ อิเลค โทร นิค
NÆËŮ-FANG≈ĶÎÌ-Læ̀-ILÉĶ≈TROo≈NIĶ

P- ¿Qué días abre (el pub)?
ผับ เปิด วัน ไหน บ้าง*
PPAB.PEED.UÄN-NHĂI-BÂANG *

* BAANG (บ้าง) es una partícula que se pone al final de una pregunta que puede tener más de una respuesta. Es una partícula que "suaviza" la pregunta.

R- La discoteca (se) abre todos los días del año
ผับ เปิด ทุก วัน ไม่ มี วัน หยุด
PPAB.PEED.THúĶ≈UÄN-MÂI.≈MII-UÄN≈¥HuD.

P- ¿Hay algún día que tengan música en vivo? (¿qué día hay música en vivo)
วัน ไหน มี การ แสดง ดนตรี สด บ้าง
UÄN≈NHĂI-MII-CAAŇ≈SaDÆËNG-DONTRÏI≈SOD.BÂANG

R- (Hay, sí) Sólo (exclusivamente/solamente) los jueves
มี เฉพาะ วัน พฤหัส
*MII-CHaPPÓ-UÄN≈PPáRúJÄT. (T=ส)**

* Cuando se encuentre un paréntesis con una letra latina y otra tailandesa *(T=ส)* significa que la letra tailandesa es irregular. En este caso es una consonante "t" pero se escribe con una "s".

P- ¿Qué tipo de clientela hay? (clientes-que-entrar-tienda-son-tipo-cuál)
ลูก ค้า ที่ เข้า ร้าน เป็น แบบ ไหน
LÛUĶ≈KHÁA-THÍÌ.QHÂO≈RÁAN-PEN-BÆEB.≈NHĂI

R1- (La mayor parte de) La clientela es más bien joven y con muchas ganas de marcha
ลูกค้า ส่วน ใหญ่ เป็น วัย รุ่น ที่ ยัง คึก คะนอง
LÛUĶ≈KHÁA-SÜAN.YHÄÌ.PEN-UÄI,≈RûN.THÍÌ.¥ANG-KHÚĶ-KHaNÖoNG

R2- La mayor parte de la clientela tiene de 27 a 40 años
ลูก ค้า ส่วน ใหญ่ อยู่ ใน ช่วง วัย 27 ถึง 40 ปี
LÛUĶ≈KHÁA-SÜAN.≈YHÄÌ.¥UU.NÄÌ-ĊHÛANG.UÁI-¥ÍÌ.≈SIB.≈LLED.ŤHŨNG-SII.≈SIB.PII

* Para decir "escuchar música" lo lógico sería decir "fang-dontrïi" (escuchar música) pero en tailandés se dice "fang-ppleeng" (escuchar canción).

P- ¿Vienes muy a menudo por aquí? / ¿Has estado aquí alguna vez?
คุณ มา ที่ นี่ บ่อย ไหม / คุณ เคย มา ที่ นี่ ไหม
KHuŅ-MAA-THÌÌ.≈NÍÌ.BÖoI.MHÁI / KHuŅ-KHÖOI≈MAA-THÌÌ.≈NÍÌ.MHÁI

R1- No, es la primera vez que vengo
ไม่ ฉัน มา ที่ นี่ เป็น ครั้ง แรก
MÂI CHÁN-MAA-THÌÌ.≈NÍÌ.PEN-KRÁNG≈RÆÊĶ

R2- Sí, (a menudo) suelo venir cada sábado
บ่อย ฉัน มา ที่ นี่ ทุก วันเสาร์ * *BÖoI. significa "a menudo/con frecuencia"*
BÖoI.CHÁN-MAA-THÌÌ.≈NÍÌ.THúĶ-UÄN≈SĂOร์

P- ¿Quieres que vayamos a mi hotel (condo/alojamiento/apartamento), verdad/cierto?

คุณ ว่า เรา ไป ที่ โรงแรม (คอนโด/ห้องพัก/อพาร์ทเมนท์)
ของ ผม กัน ดี ไหม
KHuŅ-UÂA.RÄO-PÄI-THÌÌ.ROONG≈RÆEM (KHOoNDOO/JÔoNG-PPÁĶ/ aPPÁATร์≈MÉENท์)
QHŎoNG≈PPŎM-CAN-DII-MHÁI

R1- No me atrevo a ir contigo
ฉัน ไม่ กล้า ไป กับ คุณ
CHÁN-MÂI.≈CLÂA-PÄI-CAB.≈KHuŅ

R2- No te conozco suficientemente bien (lo suficiente) como para fiarme
ฉัน ยัง ไม่ รู้จัก คุณ ดีพอ ที่ จะ เชื่อ ใจ คุณ ได้
CHÁN-¥ANG-MÂI.RÚU≈LLAĶ.KHuŅ-DII≈PPOo-THÌÌ.LLa.CHÛUA.≈LLÄI-KHuŅ-DÂAI

R3- Yo iré si tú no..../ Si voy es con la condición de que tú no....=
ฉัน จะ ไป ถ้า คุณ ไม่...
CHÁN-LLa.PÄI-ŤHÂA-KHuŅ-MÂI. ...

R4- Gracias lo he pasado muy bien esta noche, pero....
ขอบ คุณ คืนนี้ ฉัน สนุก มาก แต่....
QHOoB.≈KHuŅ-KHUUN≈NÍÍ-SaNüĶ.≈MÂAĶ-TÆE. ...

TABLA DE CONSONANTES "ALTAS" (11)

Conson.	Sonido	Nombre de la consonante	Significado	Transcripción	Tailandés
ข	Q	QHŎO-QHÄI.	Huevo	QHÄI.	ไข่
ฃ	Q	QHŎO-QHÜAD.	Botella	QHÜAD.	ขวด
ฉ	CH	CHÔO-CHING.	Platillo musical	CHING.	ฉิ่ง
ฐ	Ŧ	ŦHŎO-ŦHAAN	Base / Plataforma	ŦHAAN	ฐาน
ถ	Ť	ŤHŎO-ŤHůNG	Bolsa	ŤHůNG	ถุง
ผ	P	PPŎO-PP<u>Û</u>NG	Abeja	PP<u>Û</u>NG	ผึ้ง
ฝ	F	FŎO-FĂA	Tapa	FĂA	ฝา
ศ	Ş	ŞŎO-ŞĂA≈LAA	Refugio / Pabellón	ŞĂA≈LAA	ศา ลา
ษ	s	sŎO-R<u>UU</u>≈sÌÍ	Ermitaño(-ña)	R<u>UU</u>≈sÌÍ	ฤาษี
ส	S	SŎO-S<u>Ŭ</u>UA	Tigre	S<u>Ŭ</u>UA	เสือ
ห	J / H	JŎO-JIIB.	Un tipo de caja	JIIB.	หีบ

Hay varias formas para decir la palabra "comer":
La forma más pulida es "thaan" o "thaan≈qhâaů".
La forma coloquial es "ķin" o "ķin≈qhâaů". De estas formas las que llevan la palabra "qhâao" significan literalmente "comer arroz" aunque lo usan para cualquier otro tipo de comida. Y no es nada de extrañar que digan "voy a comer arroz" en vez de decir "voy a comer" porque la gran mayoría de los tailandeses comen arroz (con carne, pescado, verduras, etc.) todos los días y a cualquier hora del día.
"Ķin" coloquialmente significa "comer", pero también lo usan para beber o para tomar medicinas:
A mí me gusta beber cerveza / ฉัน ชอบ กิน เบียร์ / CHÁN-ĊHÔoB-ĶIN-BÏAŚ
Tomar la medicina / กิน ยา / ĶIN≈¥AA

Hay dos formas de pedir el arroz hervido al vapor tailandés (el arroz que no lleva nada, ni especias, ni salsas, ni aceites):
1- QHÂAŮ-PLÄAO. (ข้าว เปล่า), literalmente significa "arroz vacío/arroz sin nada"
2- QHÂAŮ-SŬAI (ข้าว สวย), "arroz bonito".

Reglas de los tonos en consonantes altas

Reglas para las consonantes altas cuando no llevan ningún tipo de tono en la escritura:

Consonante "alta" + vocal "larga" (sílaba viva) lleva el tono "ascendente".

ผ	+	า	PP + AA	PPAA	Acantilado
ห	+	ู	J + UU	JŬU	Oreja
ฝ	+	า	F + AA	FĂA	Tapa / Tapadera

Esto viene a ser como si por ejemplo en nuestro idioma las consonantes C, D, G, P, y T cuando van acompañadas de las vocales A y U no llevaran acento pero se pronunciaran como si lo llevaran.

Consonante "alta" + vocal "corta" (sílaba viva) lleva el tono "bajo".

ส	+	ิ	S + i	Si.	Es una partícula que pone énfasis
ผ	+	ุ	PP + u	PPu.	Picado(-da) (diente, etc.)

* La letra ผ (PP) la representamos con una leve inclinación hacia la izquierda

Tonos sobre las consonantes altas:.

Sobre las consonantes altas solo hay dos tipos de tonos que se marcan, el tono "bajo" (') y el tono "descendente" (ˇ). Y también pueden "llevar" el tono "medio" que es el que no se marca.

ผ่	+	า	PP + AA	PPAA.	Cortar / Partir
ถ้	+	า	Ť + AA	ŤHÂA *	Si ... (condicional)

* Le agregamos una "H" después de la " T" porque es una consonante aspirada.

VOCABULARIO (¿A QUÉ HORA?)

¿A qué hora....?	กี่ โมง	ĶII.≈MOONG
Ahora	ตอน นี้	TOoN≈NÍÌ
Alrededor de / Aproximadam.	ประ มาณ	PRaMÄAŅ
Antes (de)	ก่อน	COoN.
Cama	เตียง	TÏANG
Casi	เกือบ	CÜUAB.
Cerca	ใกล้	CLÂÌ
Comer (coloq.)	กิน / กิน ข้าว	ĶIN / ĶIN≈QHÂAŮ
Cepillar(-se) (los dientes)	แปรง (ฟัน)	PRÆENG (FAN)
Cuando	เมื่อ	MÛUA.
Después de	หลัง	LHĂNG
Diente	ฟัน	FAN
Dormir	นอน	NOoN
Ducharse	อาบ น้ำ	AAB.≈NÁAM
Entrar / Meterse	เข้า	QHÂO
Faltan... (...más para)	อีก	IIĶ.
Levantarse (de dormir)	ตื่น นอน	TUUN.≈NOoN
La mañana	เช้า	ĊHÁAO
Medianoche	เที่ยง คืน	THÎANG.≈KHUUN
Mediodía	เที่ยง	THÎANG.
Minuto	นาที	NAATHII
¿Qué hora es?	ตอน นี้ กี่ โมง	TOoN≈NÍÌ-ĶII.≈MOONG
Salir / Marchar	ออก ไป	OoĶ.≈PÄI
Sobre las / Aproximadamente	ประ มาณ	PRaMÄAŅ
Y	และ	Læ

CONVERSACIÓN (¿A QUÉ HORA?)

P- ¿A qué hora te levantas?
คุณ ตื่น นอน กี่ โมง
KHuŅ-TUUN.≈NOoN-ĶII.≈MOONG

R- A las 09.00 de la mañana
เก้า โมง (เช้า)
CÂAO-MOONG-CHÁAO

P- ¿Qué haces cuando te levantas?
คุณ ทำ อะไร เมื่อ คุณ ตื่น นอน
KHuŅ-THAM≈aRÄI-MÛUA.KHuŅ-TUUN.≈NOoN

R- Me ducho y me cepillo los dientes
ฉัน/ผม อาบน้ำ และ แปรง ฟัน
CHÁN/PPŎM-AAB.≈NÁAM-Læ-PRÆENG≈FAN

R- Como antes de ir/salir a trabajar
กิน ข้าว ก่อน จะ ออก ไป ทำ งาน
ĶIN≈QHÂAŮ-COoN.LLa.OoĶ.≈PÄI-THAM≈NGAAN

P- A qué hora vas a dormir? / ¿A qué hora te metes en la cama a dormir?
คุณ เข้า นอน กี่ โมง
KHuŅ-QHÂO≈NOoN-ĶII.≈MOONG

R- Alrededor de las.../ A eso de las... / Aproximadamente a las....
ประมาณ... //
PRaMÄAŅ..

R- Después de medianoche
หลัง เที่ยง คืน
LHĂNG-THÎANG.≈KHUUN

R- Antes de mediodía
ก่อน เที่ยง
COoN.THÎANG

P- ¿A qué hora vas a trabajar?
คุณ ไป ทำ งาน กี่ โมง
KHuŅ-PÄI-THAM≈NGAAN-ĶII.≈MOONG

R- Sobre las... / Hacia las... / Alrededor de las....
ประมาณ...
PRaMÄAN...

R- Voy a trabajar a las seis y media (de la mañana)
ไป ทำ งาน หก โมง ครึ่ง
PÄI-THAM≈NGAAN-JOĶ.≈MOONG-KRÛNG.

P- ¿Qué hora es ahora?
ตอน นี้ กี่ โมง
TOoN≈NÍÍ-ĶII.≈MOONG

R- Ahora es/son la/las...
ตอน นี้...
TOoN-NÍÍ...

R- Son las 07.00 (a.m.) en punto
ตอน นี้ เจ็ด โมง ตรง
TOoN≈NÍÍ-LLED.≈MOONG-TRONG

R- Faltan 5 minutos para las 12 de la noche
อีก ห้า นาที เที่ยง คืน
IIĶ.JÂA≈NAATHII-THÎANG.≈KHUUN

R- Son casi las 12 del mediodía
เกือบ เที่ยง
CÛUAB.THÎANG.

R- Cerca de mediodía
ใกล้ เที่ยง
CLÂI-THÎANG.

Cuando la palabra "clâi" (cerca) la repiten (ใกล้ๆ / clâi≈clâi) significa que está muy cerca.

TEST
Enlazar los números de la columna 1 con las palabras que correspondan

1	Edad	=	A	พ่อ แม่	PPÔo.≈MÆÊ.
2	Correo electrón.	=	B	ชั้น	ĊHÁN
3	Guapa	=	C	หนึ่ง	NHU̲NG.
4	Hermana (menor)	=	D	ฉัน	CHÁN
5	Hola (dice hombre)	=	E	ทำ ไม	THAM≈MÄI
6	Mucho(-cha)	=	F	อาหาร	AAJĂAŇ
7	Nombre	=	G	คุณ	KHuŅ
8	Otro(-tra)	=	H	เรียก	RÎAK
9	O	=	I	ผม	PPŎM
10	Padres (ambos)	=	J	ชื่อ	CHÛ̲U̲.
11	Piso / Planta	=	K	ขอบ คุณ ครับ	QHOoB.≈KHuŅ-KRÁB
12	Uno	=	L	หรือ	RHŬ̲U̲
13	Usted	=	M	เรา	RÄO
14	Yo (masculino)	=	N	อื่น	U̲U̲N.
15	¿Por qué?	=	Ñ	ดี กว่า	DII≈CUÄA.
16	Comida	=	O	พี่ สาว	PPÎI.≈SĂAŮ
17	Gracias	=	P	สวย	SŬAI
18	Nosotros(-tras)	=	Q	อีเมล์	IIMEEล์ / IIMEEL
	-	=	R	อายุ	AA¥ú
	(Soluciones pág. 312, abajo)	=	S	มาก	MÂAĶ
	-	=	T	สวัส ดี ครับ	SaUÄT.≈DII-KRÁB
	-	=	U	น้อง สาว	NÓoNG≈SĂAŮ

TEST
Practicar la escritura con las consonantes "altas"

(K) QHŎO-QHÄI.	ข	
(K) QHŎO-QHÜAD.	ฃ	* Esta letra es obsoleta, la han cambiado por la letra anterior (ข)
(CH) CHÔO-CHING.	ฉ	
(T) ŦHŎO-ŦHAAN	ฐ	
(T) ŤHŎO-ŤHûNG	ถ	
(P) PPŎO-PPÛ̲NG	ผ	
(F) FŎO-FĂA	ฝ	
(S) ŞŎO-ŞĂA≈LAA	ศ	
(S) sŎO-RU̲U̲≈sÌÍ	ษ	
(S) SŎO-SŬ̲U̲A	ส	
(H / J) JŎO-JIIB.	ห	

La mayor parte de las letras tienen un circulito en la parte izquierda, otras las tienen en la parte central, es desde ahí, desde la parte interior del circulito donde se debe empezar a escribir. Las letras "ร / ว" tienen el circulito a la derecha. La "ห" tiene dos, uno a cada lado.

TEST (VOCALES)
Pronunciar estas palabras que llevan vocales con diferente duración

1	Sa.≈Ra.	Vocal	1	SaDÆËNG	Enseñar / Mostrar
2	CHING.	Platillo musical	2	PPíŞËET.	Especial / Extra
3	KHuŅ	Tú / Usted	3	ŦHĂAN	Base / Plataforma
4	LLOD.	Apuntar / Anotar	4	ꞘĂA	Tapa
5	KHâ.	Partíc. femenina	5	NAAN	Duradero(-ra)
6	KRÄİ	Quién	6	DÂAI	Poder
7	SŬAI	Guapa	7	QHOoB≈.KHuŅ	Gracias
8	KHON	Persona	8	PII	Año
9	PÄI	Ir	9	MÂAĶ	Mucho(-cha)
10	JÂİ	Dar / Ofrecer / Entregar	10	THÎÌ.≈NÍÌ.	Aquí
11	PPÛUAN.	Amigo(-ga)	11	ĊHÛU	Nombre
12	SŬUA	Tigre	12	¥UU.	Estar
13	PPÛNG	Abeja	13	QHŎoNG	De
14	QHÄI.	Huevo	14	IIMEE / IIMEEL	Correo electrónico (E-mail)
15	CAB.	Con / Y	15	PRaMÄAŅ	Aproximadamente
16	TEM	Llenar / Completar	16	PRaTHÊET	País
17	UÁD	Templo	17	AA¥ú	Edad

Lección 6

Contenido:

VOCABULARIO (LOS DÍAS DE LA SEMANA Y MESES)		
Lunes	วัน จันทร์	UÄN≈LLANร์
Martes	วัน อัง คาร	UÄN≈ANGKHÄAŇ
Miércoles	วัน พุธ	UÄN≈PPúŢ
Jueves	วัน พ ฤ หัส	UÄN≈PPáRúJÄT. (T=ส)
Viernes	วัน ศุกร์	UÄN≈ŞuĶร์.
Sábado	วัน เสาร์	UÄN≈SĂOร์
Domingo	วัน อา ทิตย์	UÄN≈AATHÍTย์

Los días de la semana están formados por la palabra "uän" (día) y el nombre de un planeta.

Enero	มก รา คม	MÓĶ=CaRÄA≈KHOM // MáĶ=CaRÄA≈KHOM
Febrero	กุมภา พันธ์	CuMppÄA≈PPANธ์
Marzo	มีนา คม	MIINAA≈KHOM
Abril	เม ษา ยน	MEEsĂA≈¥ON
Mayo	พฤ ษ ภา คม	PRúTsapÄA≈KHOM (T=ษ)
Junio	มิ ถุ นา ยน	MíŤHuNÄA≈¥ON
Julio	กรกฎา คม	CaRáĶ=CaĐÄA≈KHOM
Agosto	สิง หา คม	SĬNG≈JĂA-KHOM
Septiembre	กัน ยา ยน	CAN¥ÄA≈¥ON
Octubre	ตุลา คม	TuLÄA≈KHOM
Noviembre	พฤ ศ จิกา ยน	PRúTŞa.≈LLICÄA≈¥ON (T=ศ)
Diciembre	ธัน วา คม	ŢHAN≈UÄA≈KHOM

Hay un refrán que habla de los meses, y dice así... "30 días tiene noviembre, con abril junio y septiembre, los demás tienen 31 menos febrerillo (loco) que tiene 28". Curiosamente concuerda con las sílabas finales de los meses en el idioma tailandés:

- ¥ON (30 días) = Noviembre, abril, junio y septiembre
- KHOM (31 días) = Enero, marzo, mayo, julio, agosto, octubre y diciembre
- PPAN (28 días) = Febrero

DIPTONGOS Y TRIPTONGOS	CORTOS	MEDIOS	LARGOS
AM (diptongo corto, de un nivel 4 de pronunciac.)		◌ำ	
Äi (diptongo medio, de un nivel 4 de pronunciac.)		ใ	
ÄI (diptongo medio, de un nivel 4 de pronunciac.)		ไ	
ÄO (diptongo medio, de un nivel 4 de pronunciac.)		เ◌า	
Ïa (diptongo corto, de un nivel 3 de pronunciac.)	เ◌ียะ		
ÏA (diptongo largo, está cerca del nivel 5)			เ◌ีย
ÖOI (diptongo largo)			โ◌ย
ÖoI (diptongo largo)			◌อย
ÖOI (diptongo largo)			เ◌ย
Œ (diptongo corto, de un nivel 3 de pronunciac.)	เ◌อะ		
Œ (diptongo largo, está cerca del nivel 5)			เ◌อ
Üa (diptongo corto, de un nivel 3 de pronunciac.)	เ◌ือะ		
ÜUA (diptongo largo, está cerca del nivel 5)			เ◌ือ

DIPTONGOS Y TRIPTONGOS que se forman con la consonante " ว " (uöo-uěen)	CORTOS	MEDIOS	LARGOS
ÄAŮ (largo) (el sonido de la Ů es el que sale entre la O y la U)	-	-	◌าว
ËŮ (medio) (el sonido de la Ů es el que sale entre la O y la U)	-	เ◌็ว	-
EËŮ (largo) (el sonido de la Ů es el que sale entre la O y la U)	-	-	เ◌ว
ÆËŮ (largo) (el sonido de la Ů es el que sale entre la O y la U)	-	-	แ◌ว
Ïu (corto)	◌ิว	-	-
ÏAŮ (largo) (el sonido de la Ů es el que sale entre la O y la U)	-	-	เ◌ียว
Uä (corto) // UÄ- (medio)	วะ	วั◌	-
Üa (corto) // ÜA (medio)	◌ัวะ	◌ัว/◌ว	-
UÄA (largo)	-	-	วา
UËE (largo)	-	-	เว
UÆË (largo)	-	-	แว
UËEŮ (largo)	-	-	เวว
UÆËŮ (largo)	-	-	แวว
Uï // UÏI (largo)	วิ	-	วี
<u>ÜU</u>AI (largo)	-	-	เ◌ือย
UÄI, (medio) / ÜAI (medio) // UÄAI (largo)	-	วัย/วย	วาย
UÄAŮ (largo) (el sonido de la Ů es el que sale entre la O y la U)	-	-	วาว
UÏA (diptongo largo, está cerca del nivel 5)	-	-	เวีย
UÖNG (medio)	-	วง	-
UÖOŇ (largo)	-	-	วร
U<u>Œ</u> (largo)	-	-	เวอ

TEST
Escribir y leer al mismo tiempo los siguientes diptongos

AM	◌ำ					
ÄI	ใ					
ÄI	ไ					
ÄO	เ◌า					
Ïa	เ◌ียะ					
ÏA	เ◌ีย					
ÖOI	โ◌ย					
ÖoI	◌อย					
ÖOI	เ◌ย					
Œ	เ◌อะ					
Œ	เ◌ือ					
Üa	เ◌ือะ					
ÜUA	เ◌ือ					

TEST Escribir y leer al mismo tiempo los siguientes diptongos y triptongos						
ÄAŮ	◌าว					
ËEŮ	เ◌ว					
ÆËŮ	แ◌ว					
ÏAŮ	เ◌ียว					
UÄA	วา					
UËE	เว◌					
UÆË	แว◌					
UÆËŮ	แวว					
UÏI	วี					
<u>ÜU</u>AI	เ◌ือย					
UÄAI	◌วาย					
UÄAŮ	◌วาว					
UÏA	เวีย					
U<u>Œ</u>	เวอ					

TEST

Escribir y leer al mismo tiempo los siguientes diptongos

AM *	◌ำ							
ËÛ	เ◌็ว							
ÏU	◌ิว							
Uä	วะ							
UÄ	วั◌							
üa	◌ัวะ							
ÜA	◌ัว (=◌ว)							
Uï	วิ							
UÖOŇ*	วร							

* En el alfabeto tailandés ำ (AM) está considerada como vocal, nosotros la clasificamos como diptongo.

* En la página 51 dijimos que cuando hay una vocal invisible delante de la letra ร y esta consonante es final de palabra, la vocal O invisible pasa a ser una vocal larga, ejemplo: ถาวร/THAAUÖON= Permanente/Permanentemente.

Las sílabas finales de los 12 meses del año (las terminaciones KHOM, ¥ON y PPAN) no se pronuncian en una conversación coloquial, normalmente las omiten, ejemplos:.
Enero = MÓĶ=CaRÄA (omiten KHOM)
Febrero = CuMpÄA (omiten PPAN)
Abril = MEEsĂA (omiten ¥ON)

TEST
Escribir las siguientes palabras en tailandés *(Soluciones en la pág. 311)*

A

1	KHuŅ (usted/tú)	
2	SII. (cuatro)	
3	KRÄİ (quién)	
4	KHON (persona) (la vocal es "invisible")	
5	PÄI (ir)	
6	QHÄI. (huevo)	
7	CÄI. (pollo)	
8	UÁD (UÁT) (templo/medir)	
9	TEM (llenar)	
10	AA¥ú (edad)	
11	¥UU. (estar)	
12	PII (año)	
13	NAAN (duradero/lento)	
14	IIMEE / IIMEELa̋ (correo electrón.)	
15	THÎÌ.≈NÎÌ. (aquí)	
16	BAA$ (bar)	
17	CLÂI (cerca)	
18	CLÄI (lejos)	
19	PPAA (llevar / guiar)	
20	LLAAN (plato)	
21	SIB. (diez)	
22	AANG. (pila/tina)	

B

1	BAA. (hombro// charretera//fluir)	
2	MAA (venir)	
3	MÄIa̋ (milla)	
4	KHÄAO (a pescado)	
5	SÄİ. (poner)	
6	¥AA (medicina)	
7	¥AA. ... (!no...!	
8	QHÄAO. (noticia)	
9	QHÄO. (rodilla)	
10	MHÄİ. (nuevo)	
11	BAA$ (bar)	
12	PPÂA (tela/ropa)	
13	QHÁO (él/ella)	
14	MÁA (caballo)	
15	FÁA (cielo)	
16	PPAA. (cortar)	
17	DEĶ. (niño-ña)	
18	TÄO. (tortuga)	
19	CHá≈ÐÄA (sombrero o. de teatro)	
20	Pa.≈ÐTÄĶ. (arpón / jabalina)	
21	PLAA (pescado)	
22	DEĶ.≈DEĶ. (niños)	

TEST Escribir estas vocales y diptongos en tailandés			
1	a (1- la "a" corta) A (2- la que va entre 2 conson.)	.....	.....
2	e	.....	
3	i	.....	
4	o (el tipo de "o" que lleva la palabra "isla" en tailandés)	.....	
5	u	.....	
6	AA	.....	
7	EE	.....	
8	II	.....	
9	OO	.....	
10	Oo	.....	
11	UU	.....	
12	U̲U̲ / U̲U̲ * (1- no lleva consonante final. 2- va seguida de consonante)	.....	....
13	ïa	.....	
14	ÏA	.....	
15	üa	.....	
16	ÜA	.....	
17	UÄA	.....	
18	Œ̲	.....	

* La vocal "U̲" cuando va subrayada se escribe con un tipo de vocal distinta.

TEST Escribir las consonantes en tailandés en las casillas punteadas					
1	B	.....			
2	C (la que se parece a la "g")	.....			
3	ĊH (1-la de la palabra "sí") / CH (2-la de "platillo musical")	.....	.....		
4	D (1- la "D" de "bueno") / Đ (2- de "sombrero de danza")	.....	.....		
5	F (1-la de la palabra "azul") / Ғ (la "F" de la palabra "tapa")	.....	.....		
6	G (1-la "G" con sonido "G/C") G (2- LA "G" con sonido "J")	.....	.....		
7	H	.....			
8	J (1- en libros de texto tail.) / Ĵ (2-fonema p. sudamericano)	.....	.....		
9	KH (de la palabra "persona")	.....			
10	L (1-la de la palabra "mono") / Ł (2-la de la palabra "deporte")	.....	.....		
11	LL (de "plato", tono argentino)	.....			
12	M (la "M" de "perro")	.....			
13	N (1- la "N" de "rata") / Ņ (2- la "N" de "usted")	.....	.....		
14	P (BP) / PP / PP / pp	.....	.....	.....	.....
15	QH (la de "qhai./huevo")	.....			
16	R	.....			
17	S / Š / Ş / s	.....	.....	.....	....
18	T / TH / Ť / Ţ	.....	.....	.....	....
19	Y (1- la de "mujer") / Ɏ (2- la de la palabra "estar")	.....	.....		

TEST
Enlazar los números de la columna con las letras que correspondan

1	Enero	=	A	UÄN≈LLANร์	วัน จันทร์
2	Febrero	=	B	PRúTŞa.≈LLICÄA≈¥ON (Tศ)	พฤศ จิกา ยน
3	Marzo	=	C	ŢHAN≈UÄA≈KHOM	ธัน วา คม
4	Abril	=	D	UÄN≈ANG≈KHAAŇ	วัน อัง คาร
5	Mayo	=	E	TuLÄA≈KHOM	ตุลา คม
6	Junio	=	F	CAN¥ÄA≈¥ON	กันยา ยน
7	Julio	=	G	UÄN≈PPúŢ	วัน พุธ
8	Agosto	=	H	SǏNG≈JǍA-KHOM	สิง หา คม
9	Septiembre	=	I	CaRáĶ=CaĐÄA≈KHOM	กรก ฎา คม
10	Octubre	=	J	UÄN≈PPáRúJÄT. (T=ส)	วัน พฤหัส
11	Noviembre	=	K	Mí-ATuN-YAA	มิ อถุน ญา
12	Diciembre	=	L	PRúTsapÄA≈KHOM (T=ษ)	พฤษ ภา คม
13	Lunes	=	M	UÄN≈ŞuĶร์.	วัน ศุกร์
14	Martes	=	N	MEEsǍA≈¥ON	เมษา ยน
15	Miércoles	=	Ñ	MIINAA≈KHOM	มีนา คม
16	Jueves	=	O	UN≈SǍRAOร์	วัน สเรา์
17	Viernes	=	P	CuMppÄA≈PPANธ์	กุมภา พันธ์
18	Sábado	=	Q	MáĶ=CaRÄA≈KHOM // MÓĶ=CaRÄA≈KHOM	ม ก รา คม
19	Domingo	=	R	MíŤHuNÄA≈¥ON	มิถุนา ยน
		=	S	UÄN≈PPáRúJÄT. (T=ส)	วัน พฤหัส (บดี)
	(Soluciones en la pág.312)	=	U	UÄN≈SAOร์	วัน เสาร์
		=	V	UÄN≈AATHÍTย์	วัน อาทิตย์

Lección 7

Contenido:

VOCABULARIO (QUÉ HORA)

Ahora (es...) / Ahora (son...)	ตอน นี้	TOoN≈NÍÍ
Las (24) horas del día	เวลา ต่างๆ ใน 1 วัน	UËE≈LAA-TAANG.≈TAANG. NÄI-NHUNG.≈UÄN
Ir de paseo / Ir de fiesta	ไป เที่ยว	PÄI≈THÎAŮ.
Mes	เดือน	DÜUAN
¿Qué haces?	ทำ อะไร	THAM≈aRÄI
¿Qué estás haciendo?	ทำ อะไร อยู่	THAM≈aRÄI-ɎUU.
Salir de / Dejar de	เลิก	LÊEĶ
Semana *	อาทิตย์ / สัป ดาห์	AATHÍTย์ / SAP.≈DAAห์
Son las...(horas) / Es la ...(1)	ตอน นี้...	TOoN≈NÍÍ...

* No se debe confundir "AATHÍTย์" (semana) con "UÄN≈AATHÍTย์ (domingo)

TEST
Traducir las siguientes frases *(Soluciones en la pág. 311)*

1		ฉัน/ผม ไม่ ชอบ CHÁN/PPŎM-MÂI.≈ĊHÔoB
2		ผม/ฉัน มา ท่อง เที่ยว PPŎM/CHÁN-MAA-THÔoNG.≈THÎAŮ.
3		ทำ ไม คุณ ถึง มา ประเทศ ไทย THAM≈MÄI-KHuŅ-ŤHŲNG≈MAA-PRaTHÊET-THÄAI,
4		เปิด ถึง ตี สาม PEED.ŤHŲNG-TII≈SĂAM
5		คุณ ไป ทำ งาน กี่ โมง KHuŅ-PÄI-THAM≈NGAAN-ĶII.≈MOONG
6		ตอน นี้ กี่ โมง TOoN≈NÍÍ-ĶII.≈MOONG
7		เกือบ เที่ยง CÜUAB.THÎANG.

CONVERSACIÓN (QUÉ HORA...)

R-Ahora son las 07.20 a.m. / (Ahora) Son las 07.20 a.m.
ตอน นี้ เจ็ด โมง ยี่ สิบ นาที
TOoN≈NÍÍ-LLED.≈MOONG-¥ÍÌ.≈SIB.NAATHII

R- (Ahora) Son las 09.50 a.m.
ตอน นี้ เก้า โมง ห้า สิบ นาที
TOoN≈NÍÍ-CÂAO≈MOONG-JÂA≈SIB.NAATHII

P- ¿A qué hora sales de trabajar?
คุณ เลิก งาน กี่ โมง
KHuŅ-LÊEĶ≈NGAAN-ĶII.≈MOONG

R- A las 6 de la tarde
หก โมง (เย็น)
JOĶ.≈MOONG (¥EN)

La palabra "aRÖol." (อร่อย) significa "bueno/sabroso/delicioso" (hablando de comida).

P- ¿A qué hora comes?
คุณ กิน ข้าว กี่ โมง
KHuŅ-ĶIN≈QHÂAŮ-ĶII.≈MOONG

R- (Yo) Como a las 12 del mediodía
กิน ข้าว เที่ยง / กิน ข้าว เที่ยง วัน
ĶIN≈QHÂAŮ-THÎANG. / ĶIN≈QHÂAŮ-THÎANG.≈UĂN

P- ¿Qué haces cuando sales/dejas de trabajar?
คุณ ทำ อะไร เมื่อ คุณ เลิก งาน
KHuŅ-THAM≈aRÄI-MÛUA.KHuŅ-LÊEĶ≈NGAAN

R- Voy a cenar a un restaurante
ผม/ฉัน ไป กิน อาหาร เย็น ที่ ร้าน อาหาร
PPŎM/CHÁN-PÄI-ĶIN-AAJĂAŇ ≈¥EN-THÍÌ.RÁAN≈AAJĂAŇ

R- Me voy a bailar a la discoteca
ผม/ฉัน ไป เที่ยว ที่ ดิสโก้ เทค/ผับ
PPŎM/CHÁN-PÄI≈THÎAŮ.THÍÌ.DISCÔO≈THÉEK/.PPAB.

LAS HORAS DEL DÍA / เวลาต่างๆ ใน 1 วัน

Hay varias formas de decir las horas en tailandés, la más fácil es la que se dice el número de la hora y acaba con ¨naalícäa ¨(y los minutos). Esta forma de decir la hora es la que se usa oficialmente en entes públicos (T.V., radio, estaciones, etc.), pero no es la que se usa habitualmente.
Coloquialmente los tailandeses dividen las 24 h. del día en 4 partes:

-Las 5 primeras horas de la manana se forman poniendo la partícula TII (ตี) + el número (de la hora).

-De las 06.00 a las 11.00 h. se pone *el número (de la hora) + ¨moong" (โมง) o ¨moong-cháao" (โมงเช้า)*

-Mediodía se dice *¨thîang. (เที่ยง)¨* o *¨thîang.≈uän· (เที่ยงวัน)*

-De la 1 a las 5 de la tarde se pone *(bäai. บ่าย)+ hora +¨moong" (โมง)*

-6 de la tarde se dice *¨jok̦.moong≈yen" (หกโมงเย็น)*

-La parte de las 7 de la tarde hasta las 12 de la noche, empieza con *los números.... 1 (19h.), 2 (20h.), 3 (21h.), 4 (22h.), 5 (23h.), 6 (24h.) + la partícula ¨thûm. (ทุ่ม)¨ detrás de la hora* (lo que vendría a decir... la 1 del anochecer o lo que es lo mismo, las 7 de la tarde, las 2 del anochecer o las 8 de la tarde, las 3 del anochecer, las 4 del nochecer, las 5 del anochecer, etc.).

HORAS (A.M.) de la mañana

La 1 hora (en punto, a.m.)	หนึ่งนาฬิกา	Nhu̲ng.≈naalicäa
La 1 de la mañana	ตีหนึ่ง	Tii≈nhu̲ng.
Las 2 horas (en punto, a.m.)	สองนาฬิกา	Sŏong≈naalicäa
Las 2 de la mañana	ตีสอง	Tii≈sŏong
Las 3 horas (en punto, a.m.)	สามนาฬิกา	Săam≈naalicäa
Las 3 de la mañana	ตีสาม	Tii≈săam
Las 4 horas (en punto, a.m.)	สี่นาฬิกา	Sii.≈naalicäa
Las 4 de la mañana	ตีสี่	Tii≈sii.
Las 5 horas (en punto, a.m.)	ห้านาฬิกา	Jâa≈naalicäa
Las 5 de la mañana	ตีห้า	Tii≈jâa

Para decir sólo la hora, de las 6 a las 11 de la mañana:
NÚMERO + MOONG≈ĊHÁAO (โมงเช้า)

HORAS (A.M.) de la mañana

Las 6 horas (en punto. a.m.)	หก นาฬิกา	Joķ.≈naalicäa
Las 6 de la mañana	หก โมง เช้า	Joķ.moong≈ċháao
Las 7 horas (en punto, a.m.)	เจ็ด นาฬิกา	Lled.≈naalicäa
Las 7 de la mañana	เจ็ด โมง เช้า	Lled.moong≈ċháao
Las 8 horas (en punto a.m.)	แปด นาฬิกา	Pæed.≈naalicäa
Las 8 de la mañana	แปด โมง เช้า	Pæed.moong≈ċháao
Las 9 horas (en punto, a.m.)	เก้า นาฬิกา	Câao≈naalicäa
Las 9 de la mañana	เก้า โมง เช้า	Câao-moong≈ċháao
Las 10 horas (en punto, a.m.)	สิบ นาฬิกา	Sib.≈naalicäa
Las 10 de la mañana	สิบ โมง เช้า	Sib.≈moong≈ċháao
Las 11 horas (en punto, a.m.)	สิบ เอ็ด นาฬิกา	Sib.≈ed.naalicäa
Las 11 de la mañana	สิบ เอ็ด โมง เช้า	Sib.≈ed.moong≈ċháao

HORAS (mediodía)

Para decir "las 12 del mediodía" hay 3 formas...

สิบ สอง นาฬิกา	Sib.≈sŏong-naalicäa	Las 12 horas (en punto)
เที่ยง	**Thîang. ***	Mediodía
เที่ยงวัน	Thîang.≈uän	Mediodía (del día)

* La forma más usada de las 3 es ***thîang.***

De las diferentes formas de decir la hora ponemos la más fácil primero (la que se dice el número de la hora + ¨naalicäa¨), pero es mucho más común decir la hora de cualquiera de las otras formas (con las terminaciones ¨bäai./moong-ċháao o thûm.¨).

Para decir sólo la hora, de la 1 de la tarde a las 4 de la tarde:
BÄAI. (บ่าย) + NÚMERO + MOONG (โมง)

HORAS (P.M.) de la tarde

Las 13 horas (en punto)	สิบ สาม นาฬิกา	Sib.≈săam-naalicäa *
La 1 hora (de la tarde)	บ่าย โมง	Bäai.≈moong
La 1 de la tarde (en punto)	บ่าย หนึ่ง (โมง)	Bäai.≈nhung (moong)
Las 14 horas (en punto)	สิบ สี่ นาฬิกา	Sib.≈Sii.naalicäa
Las 2 de la tarde (en punto)	บ่าย สอง โมง	Bäai.sŏong≈moong
Las 15 horas (en punto)	สิบ ห้า นาฬิกา	Sib.≈Jâa-naalicäa
Las 3 de la tarde (en punto)	บ่าย สาม โมง	Bäai.săam-moong
Las 16 horas (en punto)	สิบ หก นาฬิกา	Sib.≈joķ.naalicäa
Las 4 de la tarde (en punto)	บ่าย สี่ โมง	Bäai.sii.moong
Las 4 de la tarde (anochecer)	สี่ โมง เย็น	Sii.moong≈yen

** La "i" de nalicäa tiene un tono alto, lo omitimos para una mejor pronunciación en la transcripción.*

* Las horas del día se pueden decir de formas distintas.

Para decir sólo la hora, de las 4 de la tarde a las 6 de la tarde:
NÚMERO + MOONG≈¥EN (โมง เย็น)

HORAS (P.M.) de la tarde

Las 16 horas (en punto)	สิบ หก นาฬิกา	Sib.≈joķ.naalicäa
Las 4 de la tarde (anochecer)	สี่ โมง เย็น	Sii.moong≈yen
Las 17 horas (en punto)	สิบ เจ็ด นาฬิกา	Sib.≈lled.naalicäa
Las 5 de la tarde (anochecer)	ห้า โมง เย็น	Jâa-moong≈yen
Las 18 horas (en punto)	สิบ แปด นาฬิกา	Sib.≈pæed.naalicäa
Las 6 de la tarde (anochecer)	หก โมง เย็น	Joķ.moong≈yen

Para decir la hora, de las 7 de la noche a las 11 de la noche:
NÚMERO + THûM. (ทุ่ม)

HORAS (P.M.) de la noche

Las 19 horas (en punto)	สิบ เก้า นาฬิกา	Sib.≈câao-naalicäa
Las 7 de la tarde / La 1ª hora de la noche	หนึ่ง ทุ่ม	Nhung.≈thûm.
Las 20 horas (en punto)	ยี่ สิบ นาฬิกา	¥íì.≈sib.naalicäa
Las 8 de la tarde / La 2ª hora de la noche	สอง ทุ่ม	Sŏong-thûm.
Las 21 horas (en punto)	ยี่ สิบ เอ็ด นาฬิกา	¥íì.≈sib.≈ed.naalicäa
Las 9 de la noche / La 3ª hora de la noche	สาม ทุ่ม	Săam-thûm.
Las 22 horas (en punto)	ยี่ สิบ สอง นาฬิกา	¥íì.≈sib.sŏong-naalicäa
Las 10 de la noche / La 4ª hora de la noche	สี่ ทุ่ม	Sii.thûm.
Las 23 horas (en punto)	ยี่ สิบ สาม นาฬิกา	¥íì.≈sib.≈săam-naalicäa
Las 11 de la noche / La 5ª hora de la noche	ห้า ทุ่ม	Jâa-thûm.

Para decir sólo la hora, de las 12 de la noche (medianoche) normalmente se dice "**thîang.≈khuun** (เที่ยงคืน)", y también "**yíì.≈sib.≈sii.naalicäa**".

HORAS (medianoche)

ยี่ สิบ สี่ นาฬิกา	¥íì.≈sib.≈sii-naalicäa	Las 24 horas (en punto)
เที่ยง คืน	**Thîang.≈khuun** *	Medianoche

* Es más frecuente decir *thîang.≈khuun*

Pero ¿qué pasa en el idioma tailandés cuando no queremos decir una hora en punto?
-Para decir "media hora", se agrega "KRŨNG." (media/mitad) a la hora.

14:30 H / 2:30 PM

สิบ สี่ นาฬิกา สาม สิบนาที	Sib.≈sii.naalicäa-săam≈sib.naathii*
Las 14 horas 30 minutos	
บ่าย สอง โมง ครึ่ง	Bäai.sŏong-moong-krûng.
Las 2 de la tarde y media	

*naathii (นาที) (minuto)

00:30 H / 12:30 AM

ยี่ สิบ สี่ นาฬิกา สาม สิบ นาที	¥íì.≈sib.≈sii.naalicäa-săam≈sib.naathii
Medianoche 30 minutos	
เที่ยง คื่น ครึ่ง	Thîang.≈khuun-krûng.
Medianoche y media	

- En el idioma tailandés las horas no tienen cuartos, ni tres cuartos, se dice la hora + los minutos.
- Para decir que faltan ¨X¨ minutos para llegar a la hora en punto se pone "IIĶ." delante de la hora, o bien se dicen los minutos que pasan de la hora.

00:50 H / 12:50 AM

อีก สิบ นาที ตี หนึ่ง	iiķ.sib.≈naathii-tii≈nhûng.
(iiķ.= más/faltan) (Faltan) 10 minutos más para la 1 de la mañana	

02:05 H / 2:05 AM

สอง นาฬิกา ห้า นาที	Sŏong≈naalicäa-jâa≈naathii
Las 2 horas (y) 5 minutos	
ตี สอง ห้า นาที	Tii≈sŏong-jâa≈naathii
Las 2 de la mañana y 5 minutos	

04:40 H / 4:40 AM

สี่นาฬิกาสี่สิบนาที	Sii.≈naalicäa-sii.≈sib.naathii
Las 4 horas (y) 40 minutos	
ตีสี่สี่สิบนาที	Tii≈sii.sii.≈sib.naathii
Las 4 de la mañana 40 minutos	

05:25 H / 5:25 AM

ห้า นาฬิกา ยี่ สิบ ห้า นาที	Jâa≈naalicäa-yíì.≈sib.≈jâa-naathii
Las 5 horas y 25 minutos	
ตี ห้า ยี่ สิบ ห้า นาที	Tii≈jâa-yíì.≈sib.≈jâa-naathii
Las 5 de la mañana 25 minutos	

16:18 H / 4:18 PM

สิบ หก นาฬิกา สิบ แปด นาที	Sib.≈jok.naalicäa-sib.≈pæed.naathii
Las 16 horas (y) 18 minutos	
บ่าย สี่ โมง สิบ แปด นาที	Bäai-sii.≈moong-sib.≈pæed.naathii
Las 4 de la tarde (y) 18 minutos	

18:55 H / 6:55 PM

สิบ แปด นาฬิกา ห้า สิบ ห้า นาที	Sib.≈pæed.naalicäa-jâa-sib.≈jâa-naathii
Las 18 horas (y) 55 minutos	
หก โมง (เย็น) ห้า สิบ ห้า นาที	Jok.≈moong. (yen) jâa-sib.≈jâa-naathii
Las 6 del anochecer (y) 55 minutos	

20:45 H / 8:45 PM

ยี่ สิบ นาฬิกา สี่ สิบ ห้า นาที	¥íì.≈sib.naalicäa-sii.sib.≈jâa-naathii
Las 20 horas (y) 45 minutos	
สอง ทุ่ม สี่ สิบ ห้า นาที	Sŏong≈thûm.sii.≈sib.≈jâa-naathii
Las 8 y 45 (de la tarde) / 2ª hora de la noche (y) 45 minutos	

22:15 H / 10:15 PM

ยี่ สิบ สอง นาฬิกา สิบ ห้า นาที	¥íì.≈sib.sŏong-naalicäa-sib.≈jâa-naathii
Las 22 horas (y) 15 minutos	
สี่ ทุ่ม สิบ ห้า นาที	Sii.≈thûm.sib.≈jâa-naathii
Las 10 y cuarto de la noche / La 4ª hora de la noche y 15 minutos	

VOCABULARIO (DÍA, DÍAS, SEMANA)		
Al atardecer / Al anochecer	ตอน เย็น	TOoN≈¥EN
Anoche	เมื่อ คืน นี้	MÛUA.KHUUN≈NÍÍ
Anteayer / Antes de ayer	สอง วัน ที่ แล้ว / สอง วัน ก่อน	SŎoNG≈UÄN-THÍÌ.≈LÆEŮ / SŎoNG≈UÄN-COoN.
(Año) // Este año	(ปี) // ปี นี้	(PII) // PII≈NÍÍ
Tarde / Atardecer // Frio(-a)	เย็น	¥EN
Ayer	เมื่อ วัน นี้	MÛUA.UÄAN≈NÍÍ
Cada noche /Todas las noches	ทุก คืน	THúĶ≈KHUUN
Cada día / Todos los días	ทุก วัน	THúĶ≈UÄN
De aquí a (4) días	อีก (สี่) วัน	IIĶ. (SII.) UÄN
Día // Por el día	วัน // กลาง วัน	UÄN // CLAANG≈UÄN
Día de fiesta	วัน หยุด	UÄN≈¥HuD.
El próximo año	ปี หน้า	PII≈NHÂA
En (2 o 3) días	ใน (สอง สาม) วัน	NÄI (SŎoNG≈SĂAM) UÄN
En (4) días más	อีก (สี่) วัน	IIĶ. (SII.) UÄN
Esta mañana // Esta noche	เช้า นี้ // คืน นี้	ĊHÁAO-NÍÍ // KHUUN≈NÍÍ
Esta semana // Este mes	อาทิตย์ นี้//เดือน นี้	AATÍTย์-NÍÍ // DÜUAN≈NÍÍ
Hoy	วัน นี้	UÄN≈NÍÍ
La mañana	เช้า	ĊHÁAO
Mañana	พรุ่ง นี้	PRuNG.≈NÍÍ
Mañana por la mañana	พรุ่ง นี้ เช้า	PRuNG.≈NÍÍ-ĊHÁAO
Mes	เดือน	DÜUAN
Noche // Por la noche	คืน // กลาง คืน	KHUUN //CLAANG≈KHUUN
Semana	อาทิตย์ / สัป ดาห์	AATHÍTย์ / SAP.≈DAAห์
Tarde	บ่าย	BÄAI.

PREGUNTAS Y RESPUESTAS SOBRE HORAS, DÍAS, SEMANAS....

15 minutos / 1 cuarto de hora	สิบ ห้า นาที	SIB.≈JÂA-NAATHII
2 veces a la semana	อาทิตย์ ละ สอง ครั้ง	AATHÍTย์≈Lá-SŎoNG≈KRÁNG
2 meses antes	สอง เดือน ก่อน	SŎoNG≈DÜUAN-COoN.
A altas horas de la madrugada	ดึก	DUĶ.
A diario / Diariamente	ทุก วัน / ประจำ วัน	THúĶ≈UÄN/PRaLLÄM≈UÄN
A eso de las... (hora)	เวลา ประมาณ...	UËE≈LAA-PRaMÄAŅ...
A esta hora	ใน เวลา นี้	NÄI-UËE≈LAA-NÍÍ
A final(-les) de año	สิ้น ปี / ปลาย ปี	SÎN≈PII / PLÄAI≈PII
A finales de...	ตอนปลาย/ตอนท้าย	TOoN-PLÄAI / TOoN-THÁAI
A la hora que sea	เวลา ใด ก็ ตาม	UËE≈LAA-DÄI-CÔO≈TAAM
A las...(horas) más o menos	เวลา ประมาณ...	...NAAŁíCÄA-TRONG
A menudo	บ่อย	BÖoI.
A partir de ahora	จาก นี้ เป็น ต้น ไป	LLAAĶ.≈NÍÍ-PEN-TÔN≈PÄI
A primera hora de la mañana	แต่ เช้า	TÆE.ĊHÁAO
A primera hora del anochecer	ตอน เย็น	TOoN≈¥EN
A última hora del atardecer	ตอน เย็น	TOoN≈¥EN
¿A qué día estamos (hoy)?/ ¿Qué día es hoy?	วัน นี้ วัน ที่ เท่า ไหร	UÄN≈NÍÍ-UÄN≈THÎÎ. THÂO.≈RÄI
¿A qué hora abren (cierran)?	เปิด (ปิด) กี่ โมง	PEED. (PID.) ĶII.≈MOONG
¿A qué hora acabarás de trabajar (hoy)?	(วันนี้) คุณ จะ เลิก งาน กี่ โมง	(UÄN≈NÍÍ) KHuŅ-LLa.LÊEĶ ≈NGAAN-ĶII.≈MOONG
¿A qué hora empieza (el partido/la carrera)?	(การ แข่ง) จะ เริ่มกี่โมง	(CAAŇ-QHÆENG.) LLa. RÊEM.ĶII.≈MOONG
¿A qué hora es el desayuno?	มีอาหารเช้า กี่โมง	MII-AAJÄAŇ-ĊHÁAO- ĶII.≈MOONG

¿A qué hora se come normalmente?	ปกติ กิน อาหาร กี่โมง	POĶ.=CaTÏ.ĶIN≈AAJĂAŇ-ĶII.≈MOONG
¿A qué hora sirven el desayuno?	อาหาร เช้า เสิร์ฟ กี่โมง	AAJĂAŇ-ĊHÁAO-SEEPŚ. ĶII.≈MOONG
¿A qué hora tengo que dejar la habitación?	เวลาเช็คเอาท์ กี่โมง	UËE≈LAA-ĊHÉK≈ÄO-ĶII.≈MOONG
¿A qué hora vendrá el/la...?	..จะ มา ถึง ตอน กี่โมง	...LLa.MAA≈ŤHŬNG-TOoN-ĶII.≈MOONG
¿A qué hora más o menos?	ประมาณ กี่โมง	PRaMÄAŅ-ĶII.≈MOONG
A todas horas	ทุก เมื่อ	THúĶ≈MÛUA.
A última hora del atardecer	ตอน เย็น	TOoN≈¥EN
A veces	บาง ครั้ง	BAANG≈KRÁNG
Antes de hora / A. de tiempo	ก่อน กำ หนด	COoN.CAM≈NHOD.
Antes de la hora	ก่อน เวลา	COoN.UËE≈LAA
Cada hora	ทุก ชั่ว โมง	THúĶ-ĊHÛA.≈MOONG
Cada (seis) horas	ทุกๆ (หก)ชั่ว โมง	THúĶ≈THúĶ (JOĶ.) ĊHÛA.≈MOONG
Dentro de (4) horas	อีก (สี่) ชั่ว โมง	IIĶ. (SII.) ĊHÛA.≈MOONG
Dentro de poco (en un ratito)	ชั่ว ครู่	ĊHÛA.≈KRÛU.
Hora de dormir//Hora de irse	เวลานอน//เวลาไป	UËE≈LAA-NOoN // U. PÄI
Hora y media	ชั่ว โมง ครึ่ง	ĊHÛA.≈MOONG-KRÛNG.
¿Qué hora es ya?	กี่ โมง แล้ว	ĶII.≈MOONG-LÆEŮ
¿Qué hora es en (Tailandia) ahora?	ตอนนี้ใน (ประเทศ ไทย) กี่ โมง แล้ว	TOoN≈NÍÍ-NÄÏ (PRaTHÊET-THÄAI) ĶII.≈MOONG-LÆEŮ
¿Qué hora es? (a partir de las 7 pm.)	กี่ ทุ่ม	ĶII.≈THüM.
¿Qué hora es? (hasta las 6 pm.)	กี่ โมง	ĶII.≈MOONG

TEST

Leer en tailandés y escribir el significado en nuestro idioma *(Soluciones en pág. 312)*

1	PII	ปี	
2	MÂAĶ	มาก	
3	QHOoB.≈KHuŅ	ขอบ คุณ	
4	AA¥ú	อายุ	
5	MÂI. / MÂI.≈ĊHÂI.	ไม่ / ไม่ ใช่	
6	MHĂAI≈LÊEQ	หมาย เลข	
7	IIĶ.	อีก	
8	SŬAI	สวย	
9	THÎI.≈NÎI.	ที่นี่	
10	LLOD.	จด	

PRÓXIMO / SIGUIENTE y ÚLTIMO / PREVIO

1- La palabra "próximo/siguiente" se traduce como "NHÂA." (หน้า)
Para indicar que algo sucederá el próximo.mes/semana/año, tan solo hay que poner "nhâa." detrás, ejemplo: PII-NHÂA = ปี หน้า (año próximo)

Pero si hablamos de vehículos entonces se usa "TOo-PÄI" (ต่อไป) que también significa "próximo/siguiente".

2- La palabra "último/previo" se traduce como "THÎI.≈LÆEŮ" (ที่แล้ว)
Para decir que algo ha sucedido "el último día,/mes/año, etc. basta con poner "THÎI. LÆEŮ" detrás del sustantivo, al final de la oración. Ejemplo:
-Los últimos 5 días = ห้า วัน ที่แล้ว / JÂA≈UÄN-THÎI.≈LÆEŮ

La palabra CLAANG/กลาง (medio/mitad/centro) cuando va seguida de KHUUN (noche คืน) o de UÄN (día วัน) puede significar "de noche/de día/por la noche/por el día/ durante la noche/durante el día".

Cuando se quiere expresar algún sentimiento con algún adjetivo calificativo se acostumbra a decir solamente el adjetivo: NHÜUAI. (cansado) / DII≈LLÄI (contento-ta). Pero también puede ir acompañado del pronombre personal: PPŎM-NHÜUAI. (yo estoy cansado) / PPŎM-DII≈LLÄI (yo estoy contento-ta).

TEST
Enlazar los números de la columna 1 con las letras que correspondan

1	Ciudad	=	A	PEED.	เปิด
2	Día de fiesta	=	B	BAAT.	บาท
3	No saber	=	C	OOKHEE	โอเค
4	Incluir	=	D	MÜUANG	เมือง
5	Fresco(-ca) (ser)	=	E	LÛUĶ≈KHÁA	ลูก ค้า
6	Música en vivo	=	F	UÄN≈¥HuD.	วัน หยุด
7	Entrada (tique)	=	G	KHÁA≈QHÂO	ค่า เข้า
8	Tienda	=	H	SOD.	สด
9	Pagar	=	I	RÜAM≈¥UU.	รวม อยู่
10	Porque	=	J	DONTRÏI-SOD.	ดน ตรี สด
11	Entrar	=	K	RÁAN	ร้าน
12	Baht	=	L	MÂI.≈RÚU	ไม่ รู้
13	Cliente / Clientela	=	M	LLÄI.	จ่าย
14	Ahora	=	N	PRó / PRó≈UÂA.	เพราะ / เพราะ ว่า
15	¿Qué haces?	=	Ñ	TOoN≈NÍÍ	ตอน นี้
16	Bueno / Ok / Vale	=	O	LÊEĶ	เลิก
17	Abrir	=	P	QHÂO	เข้า
	-	=	Q	AAB.≈NÁAM	อาบ น้ำ
	(Soluciones en pág.312)	=	R	PRaMÄAŅ	ประ มาณ
	-	=	S	THAM≈aRÄI	ทำ อะ ไร

TEST
Escribir estas palabras en tailandés *(Soluciones en la pág. 312)*

		A
1-A	KHOoN≈DOO	
2-A	NÄİ *	
3-A	DII	
4-A	ĊHÔoB	
5-A	PRaTHÊET	
6-A	KHÍD	
7-A	THAM≈MÄI	
8-A	ŤHÂA	
9-A	LLẸD.	
10-A	CLÂA	
11-A	CÂAO	
12-A	SIB.	
13-A	THÎÌ.	
14-A	AAJĂAŇ	
15-A	NHUNG.	
16-A	JÂA	
17-A	TÆE.	

		B
1-B	KHUU	
2-B	OOKHEE	
3-B	LLÄAI.	
4-B	RÁAN	
5-B	PRó	
6-B	DÛAI	
7-B	PEED.	
8-B	RÜAM	
9-B	SOD.	
10-B	RÄO	
11-B	UÄN≈SĂOร์	
12-B	LLa.	
13-B	LÖOI	
14-B	MÂI.≈RÚU	
15-B	THÎÌ.≈SuD.	
16-B	BAAT.	
17-B	BÂANG	

Cuando una palabra lleve el signo de enlace (≈) entre 2 sílabas, significa que dichas sílabas se deben leer muy seguidas (pero sin olvidarnos de pronunciarlas con los tonos que lleven marcados).

* Si tiene alguna duda al escribir los diferentes tipos de diptongos "Äl" porque no sabe si se escribe con la "Äl" de "(ไ) mái-malăi" o con la "Äl" de (ใ) mái-múang", fíjese que en la transcripción la segunda "I" lleva un puntito sobre ella "İ".

Recordamos nuevamente que cuando en una misma sílaba de nuestra transcripción se encuentre el símbolo de un tono (sea cual sea) y al final de la misma sílaba haya un punto, siempre prevalece cualquier tono antes que el punto del tono bajo (en estos casos el punto tan solo nos recuerda que se escribe con el símbolo "mái-eek.").

Ejemplos: ที่ THÎÌ. / เครื่อง KRÛUANG. / น่า NÂA.

TEST
Escribir los números latinos que faltan en las casillas vacías *(Soluciones en pág.312)*

๕๐	50	ห้าสิบ	Jâa≈sib.
๕๔		ห้า สิบ สี่	Jâa≈sib.sii.
๖๕		หก สิบ ห้า	Joķ.≈sib.jâa
๗๐		เจ็ด สิบ	Lled.≈sib.
๗๖		เจ็ด สิบ หก	Lled.≈sib.joķ.
๘๗		แปด สิบ เจ็ด	Pæed.≈sib.lled.
๙๕		เก้า สิบ ห้า	Câao≈sib.jâa
๙๘		เก้า สิบ แปด	Câao≈sib.pæed.
๑๐๐		หนึ่ง ร้อย	Nhung. róoi
๑๔๐		(หนึ่ง) ร้อย สี่ สิบ	(Nhung.) róoi-sii.≈sib.
๒๐๐		สอง ร้อย	Sŏong-róoi
๒๑๑		สอง ร้อย สิบ เอ็ด	Sŏong≈róoi-sib.≈ed.
๓๐๐		สาม ร้อย	Săam≈róoi
๔๕๖		สี่ ร้อย ห้า สิบ หก	Sii.≈róoi-jâa≈sib.joķ.
๕๒๐		ห้า ร้อย ยี่ สิบ	Jâa≈róoi-¥îi.≈sib.
๖๖๗		หก ร้อย หก สิบ เจ็ด	Joķ.≈róoi-joķ.≈sib.lled.
๗๙๖		เจ็ด ร้อย เก้า สิบ หก	Lled.≈róoi-câao≈sib.joķ.

Lección 8

Contenido:

VOCABULARIO (VIAJANDO)

A menudo	บ่อย	BÖoI.
Amar	รัก	RÁĶ
Antes / Previamente	ก่อน	COoN.
Atravesar / Cruzar	ข้าม / ข้าม ฟาก	QHÂAM / QHÂAM≈FÂAĶ
Autobús	รถ บัส / รถ เมล์	RÓŤ≈BAT. / RÓŤ≈MEEa᷄
Avión	เครื่อง บิน	KRÛUANG.≈BIN
Avisar / Advertir	เตือน	TÜUAN
Ayudar	ช่วย	ĊHÛAI.
Barco	เรือ	RÜUA
Billete / Tique	ตั๋ว	TŬA
Cada / Todo(-da) / Entero	ทุก	THúĶ
Cambiar	เปลี่ยน	PLÏAN.
Forma/Clase//Clase/Categoría	แบบ // ชั้น	BÆEB. // CHÁN
Comprar	ซื้อ	ŠÚU
De ida (sólo)	เดียว	DÏAŮ
De ida y vuelta	ไป-กลับ	PÄI≈CLAB.
De / Desde	จาก	LLAAĶ.
Deber / Tener que	ต้อง	TÔNG
Derecho / Recto	ตรง	TRONG
Día	วัน	UÄN
Día / Fecha	วัน ที่	UÄN≈THÎI.
En lo alto de	บน	BON
Encima / Sobre	บน	BON

ĊHÛAI.(ช่วย) normalmente significa "ayudar", pero en otras ocasiones su significado viene a ser como una forma cortés de pedir algo, es como decir... "¿puedes (hacer algo por mí) por favor?"

(País) España	ประเทศ สเปน	PRaTHÊET-SaPËEN
Estar / Ser	เป็น	PEN
Estar / Permanecer	อยู่	¥UU.
Estar apuntado/ Ser miembro	เป็น สมา ชิก	PEN-SaMÄA≈ĊHÍĶ
Estar interesado(-da)	สน ใจ	SŎN≈LLÄI
Estilo / Tipo / Clase /Modelo	แบบ	BÆEB.
Estudiar	เรียน	RÎAN
Fecha	วัน ที่	UĂN≈THÍÌ.
Frecuente / A menudo	บ่อย	BÖoI.
Habitación / Sala (oficina)	ห้อง	JÔoNG
Hora	ชั่ว โมง	ĊHÛA.≈MOONG
Hora (tiempo)	เวลา	UËE≈LAA
Ida y vuelta	ไป-กลับ	PÄI≈CLAB.
Montar(-se)	ขี่	QHII.
Necesitar / Tardar (tiempo)	ใช้ เวลา	ĊHÁI-UËE≈LAA
Nhöoi. (partícula suavizadora)	หน่อย	NHÖoI.
Para (uso)	สำ หรับ	SĂM≈RHAB.
Para / Por	เพื่อ	PPÛUA.
Parar	จอด	LLOoD.
Primera clase	ชั้น หนึ่ง	ĊHÁN≈NHUNG.
Próximo(-ma) / Siguiente	ต่อ ไป / ถัด ไป	TOo.≈PÄI / ŤHAD.≈PÄI
Puerta	ประตู	PRaTÜU
Recto / Derecho	ตรง	TRONG
Regresar	กลับ	CLAB.

Normalmente los sitios de venta de billetes en Tailandiason puestos muy pequeños.

Oficina	สำ นัก งาน / ออฟ ฟิศ	SĂM≈NÁĶ≈NGAAN / OoP≈FÍT (P=ฟ) (T=ศ)
Reservar	จอง	LLOoNG
Sencillo / Normal	ธรร มดา	ŢHAM,=MaDÄA
Ser	เป็น / คือ	PEN / KHUU
Sobre / Encima	บน	BON
Subir / Ir Hacia arriba	ขึ้น	QHÛN
Subirse / Montarse	ขี่	QHII.
Tardar / Necesitar	ใช้ เว ลา	ĊHÁI-UËE≈LAA
Tren	รถ ไฟ	RÓŤ≈FÄI
Usar	ใช้	ĊHÁI
Vender	ขาย	QHĂAI
Viajar / Recorrer // Pasear	ท่อง เที่ยว	THÔoNG.≈THÎAŮ.
Volver / Regresar	กลับ / กลับ มา	CLAB. / CLAB.≈MAA

Este grupo de palabras corresponde a la siguiente conversación.

Discoteca / Pub	ผับ	PPAB.
Practicar / Tocar (instrumento musical) // Jugar	เล่น	LÊN.
Preferir / Gustar más	ชอบ มาก กว่า	ĊHÔoB-MÂAĶ≈CUÄA.
Televisión	โทร ทัศน์	THOORáTHÁTน์
Tiempo libre	ยาม ว่าง	¥AAM-UÂANG.
Tipo / Clase / Estilo	แบบ	BÆEB.
Tocar (aparato musical)	เล่น	LÊN.
Uno mismo(-ma) // Mismo(-ma)	ตน เอง // เอง	TON≈EENG // EENG

CONVERSACIÓN (VIAJANDO)

P- ¿A qué hora llegaremos a...?
เรา จะ ไปถึง...กี่ โมง
RÄO-LLa.PÄI-ŤHŨNG-ĶII.≈MOONG

P- ¿A qué hora sale el próximo autobús/tren (viaja/recorre) hacia...?
รถบัส/รถไฟ เที่ยว ต่อไป ที่ จะ ไป...ออก กี่ โมง
RÓŤ≈BAT./RÓŤ≈FÄI-THÎAŮ.TOo.≈PÄI-THÍI.LLa.PÄI... OoĶ.ĶII.≈MOONG

P- ¿Cada cuántos minutos/horas salen los aviones/trenes hacia....?
เครื่อง บิน/รถไฟ ที่ จะ ไป...จะ ออก ทุกๆ กี่ นาที/ กี่ ชั่วโมง
KRÛUANG.≈BIN/RÓŤ≈FÄI-THÍI.LLa.PÄI... LLa.OoĶ.THúĶ-THúĶ ĶII.≈NAATHII / ĊHÛA.≈MOONG

P- ¿Con qué antelación debemos (ir a) estar en...?
เรา ต้อง ไป ถึง...ก่อน เวลา นาน เท่า ใด
RÄO-TÔNG≈PÄI-ŤHUNG... COoN.UËE≈LAA-NAAN-THÂO.≈DÄI

P- ¿Con qué frecuencia salen los autobuses/trenes hacia...?
รถบัส/รถไฟ ที่ จะ ไป...ออก บ่อย เท่า ใด
RÓŤ≈BAT./RÓŤ≈FÄI-THÍI.LLa.PÄI... OoĶ.BÖoI.THÄO.≈DÄI

P- ¿Cuál es nuestra puerta de embarque (avión)?
เรา ต้อง ขึ้น (เครื่อง บิน) ที่ ประตู ไหน
RÄO-TÔNG≈QHÛN (KRÛUANG.≈BIN) THÍI.PRaTÜU-NHĂI

P- ¿Cuánto cuesta el billete (tipo/clase...)?
ตั๋ว (แบบ...) ราคา เท่า ไหร่
TŬA (BÆEB. ...) RAKHAA-THÄO.≈RÄI

...sencillo / ...de primera clase /...el billete de ida sólo /
...ธรรมดา ไป.../...ชั้น หนึ่ง / ...เที่ยว เดียว
... ŢHAM,=MaDÄA-PÄI... / ...CHÁN≈NHUNG. / ...THÎAŮ.≈DÏAŮ

...el billete de ida y vuelta
...ไป-กลับ
...PÄI≈CLAB.

P- ¿Dónde debo hacer transbordo para ir a....?
ฉัน/ผม ต้อง ไป เปลี่ยน เรือ ที่ไหน เพื่อ จะ ไป...
CHÁN/PPŎM-TÔNG≈PÄI-PLĬAN.RÜUA-THÎÌ.≈NHĂI-PPÛUA.LLa.≈PÄI...

P- ¿Dónde está la pantalla (el panel/el monitor) de....
จอ แสดง ตาราง... ที่ ไหน
LLOo-SaDÆËNG-TAARAANG...THÎÌ.≈NHĂI

...los vuelos/....los autobuses/...los barcos)?
...บิน / ...เดิน รถ / ...เดิน เรือ อยู่ ตรง ไหน
...BIN / ...DEEN-RÓŤ / ...DEEN-RÜUA-ɎUU.TRONG≈NHĂI

P- ¿Dónde está la oficina de venta de billetes?
ห้อง ขาย ตั๋ว อยู่ ไหน *
JÔoNG-QHĂAI≈TŬA-ɎUU.≈NHĂI*

* Para preguntar "¿dónde?" normalmente utilizan ที่ไหน "THÎÌ.≈NHĂI" o ตรง ไหน "TRONG-NHĂI", pero a veces omiten lo primero, ที o ตรง y sólo dicen NHĂI (ไหน).

P- ¿En qué planta/piso está el....?
...อยู่ ชั้น ไหน
...ɎUU.CHÁN≈NHĂI

P- ¿Este autobús/tren para en....?
รถ บัส คัน นี้ จอด ที่... // รถไฟ ขบวน นี้ จอด ที่...
RÓŤ≈BAT.KHÁN≈NÍÍ-LLOoD.THÎÌ. ... // RÓŤ≈FÄI-QHaBÜAN-NÍÍ-LLOoD.THÎÌ. ...

P- He reservado mi billete por internet
ฉัน/ผม จอง ตั๋ว ทาง อินเตอร์ เน็ต มา แล้ว
CHÁN/PPŎM-LLOoNG-TŬA-THAANG-INTŒร์^≈NÉT-MAA≈LÆEŮ

P- Mi número (de referencia) de la reserva es el....
หมาย เลข จอง คือ...
MHĂAI≈LÊEQ-LLOoNG-KHUU...

P- ¿Necesito facturar esto o puedo llevarlo (subirlo) conmigo?
ฉัน/ผม ต้อง โหลด กระเป๋า หรือ สามารถ หิ้ว ขึ้น เครื่อง ไป ด้วย ได้
CHÁN/PPŎM-TÔNG-LHOoD.CRaPĂO-KRÛUANG.RHŬU-SĂA≈MÂAŤร

P- ¿Cuánto se tarda en hacer la travesía (atravesar)?
ข้าม เรือ ใช้ เวลา เท่าไหร่
QHÂAM-RÜUA-ĊHÁI-UËE≈LAA-THÂO.≈RHÄI

P- Por favor ¿podría avisarme cuando lleguemos a...?
คุณ ช่วย เตือน ฉัน/ผม หน่อย ได้ ไหม ถ้า เรา ถึง... แล้ว
KHuṆ-ĊHÛAI.TÜUAN-CHÁN/PPŎM-NHÖoI.DÂAI≈MHÁI-ŤHÂA-RÄO-ŤHŬNG... LǢEŮ

P- ¿Podría parar en...., por favor?
ช่วย จอด ตรง... หน่อย ได้ ไหม ครับ
ĊHÛAI.LLOoD.TRONG... NHÖoI-DÂAI≈MHÁI-KRÁB

P- (Yo) ¿Puedo comprar el billete dentro del barco?
ฉัน/ผม ซื้อ ตั๋ว บน เรือ ได้ ไหม
CHÁN/PPŎM-ŠÚU-TŬA-BON-RÜUA-DÂAI≈MHÁI

P- (Yo) Quiero un billete de ida (solamente)
ฉัน/ผม ต้อง การ ซื้อ ตั๋ว แบบ เที่ยว เดียว
CHÁN/PPŎM-TÔNG≈CAAŇ-ŠÚU-TŬA-BÆEB.THÎAŮ.≈DÏAŮ

P- (Yo) Quiero (comprar) un billete de vuelta a...para el día....
ฉัน/ผม ต้อง การ ซื้อ ตั๋ว เที่ยว กลับ จาก... สำหรับ วันที่...
CHÁN/PPŎM-TÔNG≈CAAŇ-ŠÚU-TŬA-THÎAŮ.≈CLAB.LLAAĶ. ... SĂM≈RHAB.UĂN≈THÍÌ. ...

P- (Yo) Quiero un billete para embarcar el coche y otro para mí
ฉัน/ผม ต้อง การ ซื้อ ตั๋ว สำ หรับ ตน เอง และ สำ หรับ รถ
เพื่อ ขึ้น เรือ ข้าม ฟาก
CHÁN/PPŎM-TÔNG≈CAAŇ-ŠÚU-TŬA-SĂM≈RHAB.TON≈EENG-Lǽ-SĂM≈RHAB.RÓŤ-PPÛUA.QHÛN≈RÜUA-QHÂAM≈FÂAĶ

La palabra "lên." puede significar "jugar" o "tocar un instrumento". Otras veces, cuando la palabra "lên." va detrás de un verbo significa que lo que se hace es en broma o con poca seriedad:

PPÛUD-LÊN.= Hablar en broma

TABLA DE CONSONANTES "BAJAS"

Conson.	Sonido	Nombre de la consonante	Significado	Transcripción	Tailandés
ค	K	KHOO-KHUÄAI	Búfalo de agua	KHUÄAI	ควาย
ฅ *	K	KHOO-KHON	Persona	KHON	คน
ฆ	K	KHOO-Rá≈KHANG	Campana	Rá≈KHANG	ระ ฆัง
ง	NG	NGOO-NGUU	Serpiente	NGUU	งู
ช	ĊH/X	ĊHOO-ĊHÁANG	Elefante	ĊHÁANG	ช้าง
ซ	S	ŠOO-ŠÔO.	Cadena	ŠÔO.	โซ่
ฌ	ĊH	ĊHOO-Ca≈ĊHŒ	Árbol pequeño	ĊHŒ	เฌอ
ญ	Y	YOO-YHĬNG	Mujer	YHĬNG	หญิง
ฑ	T	THOO-MOṆTHÖO	Personaje literario (*)	MOṆthÖO	มณ โฑ
ฒ	T	DtOO-PPÛU-DtÂO.	Anciano(-na)	PPÛU-DtÂO	ผู้ เฒ่า
ณ	N	ṆOO-ṆEEŇ	Monje novicio	ṆEEŇ	เณร
ท	T	THOO-THá≈JĂAN	Soldado	THá≈JĂAN	ทหาร
ธ	T	ŢHOO-ŢHONG	Bandera	ŢHONG	ธง
น	N	NOO-NHŬU	Rata	NHŬU	หนู
พ	P	PPOO-PPAAN	Bandeja	PPAAN	พาน
ฟ	F	FOO-FAN	Diente	FAN	ฟัน
ภ	P	ppOO-SĂM≈ppĂO	Barco oriental	SĂM≈ppĂO	สำ เภา
ม	M	MOO-MÁA	Caballo	MÁA	ม้า
ย	Y	¥OO-¥ÁĶ	Gigante	¥ÁĶ	ยักษ์

* La consonante ฅ (KHOO-KHON) es obsoleta, esta letra la han cambiado por la letra ค

TABLA DE CONSONANTES "BAJAS" (continuación)

Conson.	Sonido	Nombre de la consonante	Significado	Transcripción	Tailandés
ร	R	ROO-RÜUA	Barco	RÜUA	เรือ
ล	L	LOO-LING	Mono	LING	ลิง
ว	U / W	UOÖ-HUÆĚN	Anillo	HUÆĚN	แหวน
ฬ	L	ŁOO-LLuŁÄA	Tipo de cometa	LLuŁAA	จุฬา
ฮ	J	ĴOO-NÓĶ≈ĴÛUĶ	Buho	NÓĶ≈ĴÛUĶ	นก ฮูก

Reglas de los tonos en consonantes "bajas"

Reglas para las consonantes "bajas" cuando no llevan ningún tono en la escritura:

Consonante "baja" + vocal "larga" (sílaba viva) lleva el tono "medio"

ค	+	ือ	K+UU	KUU	Ser
ล	+	า	L+AA	LAA	Burro / Asno
ร	+	ู	R+UU	RUU	Agujero

Consonante *baja" + vocal "corta" (sílaba muerta) lleva el tono "alto"*

ล	+	ะ	L+a	Lá	Cada / Por cada
ร	+	ะ	R+a	Rá	Golpear

Consonante " baja" + vocal + consonante " final larga" (sílaba viva), lleva el tono "medio", el que no tiene altibajos.

ย	+	◌ิ	+	ง	Y + i + NG	¥ing	Disparar
พ	+	า	+	ย	PP + AAI	Ppäai	Remar / Remo
ย	+	◌ั	+	น	Y + a + N	¥an	Apuntalar

Consonante "baja"+ vocal "larga" + consonantefinal corta (sílaba muerta), lleva el tono "descendente".

ม	+	า	+	ก	M + AA + Ķ	Mâaķ	Mucho(-cha)
ร	+	◌ี	+	บ	R + II + B	Ríib (Rîip)	Tener prisa
ฟ	+	◌ู	+	ก	F + UU + Ķ	Fûuķ	Colchón

Consonante " baja"+ vocal "corta"+ consonante "final corta" (sílaba muerta), lleva el tono "alto".

ท	+	◌ุ	+	ก	TH + u + Ķ	THúķ	Todo/Entero
ล	+	◌ั	+	บ	L + a + B	Láb (Láp)	Secreto
ร	+	◌ั	+	ด	R + a + D	Rád (Rát)	Atar

Tonos que pueden llevar las consonantes bajas:

En las consonantes "bajas" sólo hay dos tipos de tonos que se marcan; el tono "bajo "(◌่) y el tono "descendente" (◌้)
(y también pueden llevar el tono "medio", el que no se marca).

* La vocal "i" corta (◌ิ), y la vocal "u" corta (◌ุ) cuando son finales de palabra hay veces que no se pronuncian, son excepciones. Ejemplos: ปฏิบัติ = PaĐTiBÄTติ. (actuar/aplicar) / อุบัติเหตุ = uBÄTติ.=TIJËETตุ. (accidente).

TEST
Traducir las siguientes frases en nuestro idioma *(Soluciones en la pág. 313)*

1	คุณ ชื่อ อะไร KHuŅ-CHÛU.aRÄI	
2	คุณ สวย มาก KHuŅ-SŬAI-MÂAĶ	
3	คุณ พัก อยู่ ที่ ไหน KHuŅ-PPÁĶ-¥UU.≈NHĂI	
4	หมาย เลข โทรศัพท์ ของ ฉัน คือ... MHĂAI≈LÊEQ-THOORáSÄPท์-QHŎoNG≈CHÁN-KHUU...	
5	ขอบ คุณ มาก ค่ะ ĊHÔoB-KHuŅ-MÂAĶ-KHâ.	
6	นี่ คือ เพื่อน ของ ฉัน/ผม NÎÌ.KHUU-PPÛUAN.QHŎoNG≈CHÁN/PPŎM	
7	วัน นี้ ฉัน ว่าง UÄN≈NÍÍ-CHÁN-UÅANG.	
8	คุณ ชอบ ใช่ ไหม KHuŅ-ĊHÔoB-ĊHÂÌ.≈MHÁI	
9	ฉัน/ผม มา หา งาน ทำ ที่ นี่ CHÁN/PPŎM-MAA-JĂA-NGAAN-THAM-THÍÌ.≈NÍÌ.	
10	คุณ พัก อาศัย อยู่ กับ ใคร KHuŅ-PPÁĶ-AAŞÄI,¥UÙ.CAB.≈KRÄI	
11	คุณ อายุ เท่า ไหร่ KHuŅ-AA¥ú-THÄO.≈RÄI	
12	ฉัน/ผม ยัง ไม่ รู้ เลย CHÁN/PPŎM-¥ANG-MÂI.≈RÚU-LÖOI	

TEST
Escribir las siguientes consonantes "bajas" en una libreta

KHOO-KHUÄAI (K)	ค	
KHOO-KHON (K)	ฅ	* Esta letra es obsoleta, la han cambiado por la ค
KHOO-Rá≈KHANG (K)	ฆ	
NGOO-NGUU (NG)	ง	
ĊHOO-ĊHÁANG (ĊH)	ช	
ŠOO-ŠÔO. (S)	ซ	
ĊHOO-Ca≈ĊHŒ (ĊH)	ฌ	
¥OO-¥HĬNG (Y)	ญ	
thOO-MON̦thÖO (T)	ฑ	
DtOO-PPÛU-DtÂO. (T)	ฒ	
N̦OO-N̦EEŇ (N)	ณ	
THOO-THá≈JĂAN (T)	ท	

La mayor parte de las letras tienen un circulito en la parte izquierda y algunas otras en la parte central, es desde ahí, desde la parte interior del circulito donde se debe empezar a escribir. Las letras "ร / ว" tienen el circulito a la derecha. La letra "ห" tiene dos, uno a cada lado.

TEST
Escribir las siguientes consonantes "bajas" en una libreta

ȚHOO-ȚHONG (T)	ธ	
NOO-NHŬU (N)	น	
PPOO-PPAAN (P)	พ	
FOO-FAN (F)	ฟ	
ppOO-SĂM≈ppÄO (P)	ภ	
MOO-MÁA (M)	ม	
¥OO-¥ÁĶ (Y)	ย	
ROO-RÜUA (R)	ร	
LOO-LING (L)	ล	
UOÖ-HUÆĔN (W / U)	ว	
ŁOO-LLuŁÄA (L)	ฬ	
ĴOO-NÓĶ≈ĴÛUĶ (J)	ฮ	

Los tailandeses comen con la cuchara, el tenedor lo usan solamente para llenar la cuchara.

TEST (consonantes "bajas") Leer estas sílabas en voz alta										
คะ	คา	เค	คิ	คี	โค	คุ	คู	เคา	ไค	คาย
งะ	งา	เง	งิ	งี	โง	งุ	งู	เงา	ไง	งาย
ฃะ	ฃา	เฃ	ฃิ	ฃี	โฃ	ฃุ	ฃู	เฃา	ไฃ	ฃาย
ซะ	ซา	เซ	ซิ	ซี	โซ	ซุ	ซู	เซา	ไซ	ซาย
ทะ	ทา	เท	ทิ	ที	โท	ทุ	ทู	เทา	ไท	ทาย
นะ	ทา	เท	ทิ	ที	โท	ทุ	ทู	เทา	ไท	ทาย
พะ	พา	เพ	พิ	พี	โพ	พุ	พู	เพา	ไพ	พาย
ฟะ	ฟา	เฟ	ฟิ	ฟี	โฟ	ฟุ	ฟู	เฟา	ไฟ	ฟาย

LA PARTÍCULA LÖOI / เลย

"LÖOI" es una partícula que se utiliza para poner énfasis:

!No puedo creerlo!	MÂI.ỴAAĶ.LLa.CHÛUA.LÖOI	ไม่ อยาก จะ เชื่อ เลย

LÖOI , además, es una palabra que tiene tres significados principales:

1/ Inmediatamente / Tan pronto como

Tan pronto como llegó al restaurante, pidió la comida sin esperar a nadie	PPOo-PÄI-ŤHŬNG-RÁAN≈AAJĂAŇ-CÔO-SANG.≈AAJĂAŇ-ĶIN≈LÖOI-MÂI.≈ROo-KRÄI	พอ ไป ถึง ร้าน อาหาร ก็ สั่ง อาหาร กิน เลย ไม่ รอ ใคร
Hazlo inmediatamente	THAM≈LÖOI	ทำเลย

2/ Totalmente / Completamente

Estoy totalmente en desacuerdo	MÂI.≈JĔN-DÛAI-LÖOI	ไม่ เห็น ด้วย เลย

3 / Por eso / Por tanto

Se me olvidó poner el despertador, ¡por eso me levanté tarde!	CHÁN-LUUM-TÂNG-NAAŁíCÄA≈PLûĶ-LÖOI-TUUN.≈SĂAI	ฉัน ลืม ตั้ง นาฬิกา ปลุก เลย ตื่น สาย

Lección 9

Contenido:

VOCABULARIO (COLORES)

Para decir los colores, siempre diremos la palabra "color (sìí)" delante de la palabra del color propiamente dicho.

LA PALABRA COLOR PRIMERO (สี) + EL COLOR

Amarillo	สี เหลือง	SÌÍ-LHŬUANG
Amarillo-marrón	สี กรัก	SÌÍ-CRAĶ.
Ámbar	สี อำ พัน	SÌÍ-AMPPAN
Arena	สี ทราย	SÌÍ-ŚÄAI
Azafrán	สี หญ้า ฝรั่ง	SÌÍ-YHÂA≈FaRÄNG.
Azul (del mar)	สี ฟ้า (น้ำ ทะเล)	SÌÍ-FÁA-NÁAM≈THáLËE
Azul claro / A.zul cielo	สี ฟ้า อ่อน	SÌÍ-FÁA-OoN.
Azul negruzco	สี น้ำ เงิน ปน ดำ	SÌÍ-NÁAM≈NGEN-PON-DAM
Azul oscuro	สี น้ำ เงิน	SÌÍ-NÁAM≈NGEN
Azul turquesa	สี ฟ้า พลอย	SÌÍ-FÁA-PPLÖoI
Berenjena	สี มะเขือ ม่วง	SÌÍ-MaQŬUA-MÛANG.
Blanco	สี ขาว	SÌÍ-QHĂAŮ
Blanco perla	สี ขาว มุก	SÌÍ-QHĂAŮ-MúĶ
Caqui	สี กา กี	SÌÍ-CAA≈ĶII
Crema / Beige	สี ครีม	SÌÍ-KRIIM
Dorado	สี ทอง	SÌÍ-THOoNG
Esmeralda	สี มรกต	SÌÍ-MORáCÖT.
Fucsia	สี บาน เย็น	SÌÍ-BAAN≈¥EN
Granate	สี โก เมน	SÌÍ-COO≈MEEN

Para decir que un color es oscuro o claro se debe poner la palabra "qhêem (oscuro) o la palabra oon.(suave/claro) " detrás de la palabra color:
Sujeto + color + QHÊEM // Sujeto + color +OoN.

Gris	สี เทา	SÌÍ-THÄO
Índigo	สี คราม	SÌÍ-KRAAM
Lila claro	สี ม่วง อ่อน	SÌÍ-MÛANG.OoN.
Lila / Violeta / Púrpura / Morado	สี ม่วง	SÌÍ-MÛANG.
Marrón	สี น้ำ ตาล	SÌÍ-NÁAM≈TAAn
Marrón claro	สี น้ำ ตาล อ่อน	SÌÍ-NÁAM≈TAAn-OoN.
Naranja (color)	สี ส้ม	SÌÍ-SÔM
Negro	สี ดำ	SÌÍ-DAM
Plata / Plateado	สี เงิน	SÌÍ-NGEN
Rojo	สี แดง	SÌÍ-DÆENG
Rojo-amarillento	สี แดง เหลือง	SÌÍ-DÆENG-LHŬUANG
Rojo oscuro	สี แดง เข้ม	SÌÍ-DÆENG-QHÊM
Rosa / Rosado	สี ชมพู	SÌÍ-ĊHOM≈PPÜU
Rubí	สี ทับ ทิม	SÌÍ-THÁB≈THIM
Verde	สี เขียว	SÌÍ-QHĬAŮ
Verde-amarillento	สี เขียว เหลือง	SÌÍ-QHĬAŮ-LHŬUANG
Vermellón	สี ชาด	SÌÍ-ĊHÂAD

Suave / Claro	สี อ่อน	SÌÍ-OoN.
Monocolor / De un solo color	สี เดียว	SII.DÏAŮ
Iridiscente	สี เหลือบ	SÌÍ-LHŬUAB.
Multicolor	หลาก สี	LHAAḲ.SÌÍ

Cuando se dice "la casa de color blanco" normalmente se omite poner la palabra ¨color¨ y dicen solo el sujeto y el adjetivo:

BÂAN (SÌÍ) QHĂAŮ = บ้าน (สี) ขาว = Casa (color) blanco(-ca)

CONVERSACIÓN (ESO/ESTO/ESTE)

P- ¿Qué es eso?
นั่น อะไร
NÂN.≈aRÄI

R- Eso es comida/alimento
นั่น อาหาร * / NÂN.AAJĂAŇ *

* La letra "N" cuando lleva el símbolo en forma de "v" encima de ella (Ň), nos recuerda que es una letra irregular, se escribe con la letra "r" pero se pronuncia como una "n".

P- Esto es un huevo, ¿cierto?
นี่ ไข่ ใช่ ไหม
NÎI.QHÄI.ĊHÂI.≈MHÁI

Cuando una pregunta se hace con "châi.≈mhái" entonces sí se puede contestar con "SÍ/NO":
¿Esto es tuyo? / นี่ ของ คุณ ใช่ ไหม /
NÎI.QHŎoNG≈KHuN̦-ĊHÂI.≈MHÁI
Respuesta: Sí / ใช่ / ĊHÂI.

R- No, esto no es un huevo
ไม่ใช่ นี่ ไม่ ใช่ ไข่
MÂI.≈ĊHÂI. NÎI.MÂI.≈ĊHÂI.QHÄI.

P- Esto es un pollo
นี่ ไก่ / NÎI.≈CÄI.

P- ¿Esto es un tren o un avión?
นี่ รถ ไฟ หรือ เครื่อง บิน
NÎI.RÓŤ≈FÄI-RHU͟U͟-KRU͟͟Û͟UANG.≈BIN

Para decir que un color es "oscuro" se debe agregar "QHÊEM" al color, pero en el caso de que el color sea el verde oscuro entonces se puede decir de dos formas distintas:
1- SÌÍ-QHĬAŮ-QHÊEM (สี เขียว เข้ม)
2- SÌÍ-QHĬAŮ-ĶÆE. (สี เขียว แก่)

R- Eso es un avión // Esto es un tren
นั่น เครื่อง บิน // นี่ รถ ไฟ
NÂN.KRU͟͟Û͟UANG.≈BIN // NÎI.RÓŤ≈FÄI

P- Este es el color negro, ¿verdad/cierto?
นี่ สี ดำ ไช่ ไม่ / NÎI.SÌÍ≈DAM-ĊHÂI.≈MHÁI

R- No, este no es el color negro
ไม่ ใช่ นี่ ไม่ ใช่ สี ดำ / MÂI.≈ĊHÂI. NÎI.MÂI.≈ĊHÂI.SÌÍ≈DAM

P- Este es el color gris
นี่ สี เทา / NÎI.SÌÍ≈THÄO

R- Y este es el color negro
และ นี่ สี ดำ / Læ≈NÎI.SÌÍ≈DAM

PRONOMBRES DEMOSTRATIVOS Y ADVERBIOS นี่/นั่น/โน่น/นี้/นั้น/โน้น

A / Pronombres con el tono "mái-eek."นี่/นั่น/โน่น=NÎÌ./NÂN./NÔON.

"NÎÌ. / NÂN. / NÔON." pueden ser pronombres demostrativos o adverbios, dependiendo del contexto en el que se encuentren. Se usan para indicar la posición. situación de un objeto en un determinado lugar.
NÎÌ. indica una posición más cercana, mientras que NÂN. y NÔON. indican una posición más lejana respectivamente.

Pronombre demostrativo ***NÎÌ.*** *= Esto = นี่*

Aquí está el bolígrafo	ปากกา อยู่ ที่ นี่	PAAĶ.≈CAA-¥UU.THÎÌ.≈NÎÌ
¿Qué es esto?	นี่ คือ อะไร	NÎÌ.KHUU-aRÄI

NÎÌ. también se utiliza para llamar la atención: ¡mira! นี่

Pronombre demostrativo ***NÂN.*** *= Eso = นั่น*

¿Qué es eso?	นั่น คือ อะไร	NÂN.KHUU-aRÄI

Nân. (นั่น) usado como adverbio de lugar significa "ahí/allí"

¿Dónde está mi sombrero?	หมวกของฉันอยู่ที่ไหน	MHÜAĶ.QHŎoNG≈CHÁN-¥UU. THÎÌ.≈NHĂI
Está ahí	อยู่ นั่น	¥UU.≈NÂN.

Pronombre demostrativo ***NÔON.*** *= Aquello = โน่น*

Aquello es una muñeca de España	โน่น คือ ตุ๊กตา จาก สเปน	NÔON.KHUU-TúĶ=CaTÄA-LLAAĶ.SaPËEN

NÔON. (โน่น) usado como adverbio de lugar significa "allá"

Allá	อยู่ โน่น	¥UU.≈NÔON.

B / Pronombres con el tono "mái-too." นี้/นั้น/โน้น / NÍÍ / NÁN / NÓON

"NÍÍ / NÁN / NÓON" siempre van detrás de un sustantivo o de un clasificador del sustantivo para indicar la posición o la situación del objeto en un determinado lugar.
NÍÍ indica una posición más cercana, mientras que NÁN y NÓON indican una posición más lejana respectivamente.

Adjetivos demostrativos ***NÍÍ*** *= Este/Esta/Estos/Estas = นี้*

Este libro es mío	หนังสือ เล่ม นี้ เป็น ของ ฉัน	NHĂNG≈SŬU-LÊM.≈NÍÍ-PEN-QHŎoNG≈CHÁN
Quiero éste	ฉัน ต้อง การ อัน นี้	CHÁN-TÔNG≈CAAŇ-AN≈NÍÍ
Este momento	เวลา นี้	UËE≈LAA-NÍÍ

Pronom. demostrativos ***AN≈NÍÍ*** *= Éste, ésta, éstos, éstas = อันนี้*

Éste no es bueno	อันนี้ ไม ดี	AN≈NÍÍ-MÂI.≈DII

Adjetivos demostrativos ***NÁN*** *= Ese(-a), esos(-as) = นั้น*

Pronom. demostrativos ***AN≈NÁN*** *= Ése(-a), ésos(-as) อันนั้น*

Esas sillas son de madera	เก้า อี้ เหล่า นั้น ทำ จาก ไม้	CÂO≈ÎÌ-LHÄO.≈NÁN-THAM-LLAAĶ.≈MÁI

Adjetivo demostrativos ***NÓON*** *= Aquel(-ella), aquellos(-ellas) = โน้น*

Pronom. demostrativos ***AN≈NÓON*** *= Aquel (aquella/os/as) = อันโน้น*

Aquella puerta está abierta	ประตู บ้าน โน้น เปิด อยู่	PRaTÜU-BÂAN-NÓON-PEED. ¥UU.

¡Ojo! ตรงนี้ ตรงนั้น ตรงโน้น significan "aquí / ahí, allí / allá" respectivamente

Aquí no hay...	ตรง นี้ ไม มี...	TRONG≈NÍÍ-MÂI.≈MII...
(A mí) Me duele aquí	ฉัน เจ็บ ตรง นี้	CHÁN-LLEB.TRONG≈NÍÍ
Allí está mi asiento	ตรง นั้น เป็น ที่ นั่ง ของ ฉัน	TRONG≈NÁN-PEN-THÎÌ.≈NÁNG-QHŎoNG≈CHÁN

VOCABULARIO (AFICIONES)

Aceite	น้ำ มัน	NÁAM≈MAN
Bailar	เต้น รำ	TÊEN≈RAM
Barcelona	บาร์ เซโลน่า	BAAŕŠEELOONÂA.
Bicicleta	จัก รยาน	LLAĶ.=CRa¥ÄAN
Cantar	ร้อง เพลง	RÓoNG≈PPLEENG
Cantante	นัก ร้อง	NÁĶ≈RÓoNG
Cocinar	ทำ อาหาร	THAM≈AAJĂAŇ
Correr en bicicleta	ขี่ จักรยาน	QHII.LLAĶ.=CRa¥ÄAN
Deporte	กีฬา	ĶIIŁAA
Discoteca / Pub	ดิสโก้ เธค / ผับ	DíSCÔO≈ŢEEK. / PPAB.
Encantar	ชอบ มาก	ĊHÔoB≈MÂAĶ
Equipo	ทีม	THIIM
Famoso(-sa)	ดัง	DANG
Favorito(-ta)	โปรด	PROOD.
Foto / Fotografía	รูป ถ่าย	RÛUP≈ŤHÄAI.
Fotografía (La) (en general)	การ รูป ถ่าย	CAAŇ-RÛUP≈ŤHÄAI.
Fotografiar	ถ่าย รูป	ŤHÄAI.≈RÛUP
Fútbol	ฟุต บอล	FúT≈BOon (L/n)
Gimnasio	โรง ยิม	ROONG≈¥IM
Hacer deporte	เล่น กีฬา	LÊN.ĶIIŁAA
Hacer fotografías /Fotografiar	ถ่าย รูป	ŤHÄAI.≈RÛUP
Hacer natación	ว่าย น้ำ	UÂAI.≈NÁAM

La letra "Ł" (ele) de "ĶIIŁAA" (deporte) es una "l" normal y de poco uso.

Hora (tiempo)	เว ลา	UËE≈LAA
Idioma	ภา ษา	ppAA≈sĂA
Interesarse	สน ใจ	SŎN≈LLÄİ
Internet	อิน เตอร์ เน็ต	INTŒร์^≈NÉT
Jugar // Tocar instrumento	เล่น	LÊN.
Karaoke	คา รา โอ เกะ	KHAARAA≈OOKe.
Leer	อ่าน / อ่าน หนัง สือ	AAN. / AAN.NHĂNG≈SŬU
Lengua / Idioma	ภาษา	ppAA≈sĂA
Libro	หนัง สือ	NHĂNG≈SŬU
Línea (clase)	แนว	NÆËŮ
Manchester United	แมน เชส เตอร์ ยูไน เต็ด	MÆEN≈ĊHÊES≈TŒร์-¥UUNÄI≈TED.
Más / Otra vez (adv.) // Otro(-tra) (adj.)	อีก	IIK.
Masaje / Hacer un masaje	นวด	NÛAD
Mujer / Chica	ผู้ หญิง	PPÛU≈YHĬNG
Música // Canción	ดน ตรี // เพลง	DON≈TRÏI // PPLEENG
Nadar	ว่าย น้ำ	UÂAI.≈NÁAM
Novela	นิ ยาย	NI¥ÄAI
Pasear por la playa	เล่น ชาย หาด	LÊN.ĊHÄAI≈JAAD.
Playa	ชาย หาด / หาด	ĊHÄAI≈JAAD. / JAAD.

"Marrón" y "azúcar" se escriben y pronuncian exactamente igual, NÁAM≈TAAn.

Las letras ภ (p) y ษ (s) las representamos en minúscula (ppAA≈sĂA).

CONVERSACIÓN (AFICIONES)

P- ¿Qué te gusta hacer en tu tiempo libre?
คุณ ชอบ ทำ อะไร ยาม * ว่าง
KHuŅ-ĊHÔoB-THAM≈aRÄI-¥AAM* UÂANG.

* ¥AAM también significa "guardia de seguridad".

R- (A mí) Me gusta...
ฉัน/ผม ชอบ (Yo gustar) ...
CHÁN/PPŎM-ĊHÔoB...

R-1... pasear por la playa / ...เล่น ชาย หาด / ... LÊN.ĊHÄA≈JAAD.LÊN.
R-2... escuchar música / ...ฟัง เพลง /
R-3... hacer deporte /...เล่น กีฬา / LÊN.≈ĶIIŁAA

R- (A mí) Me gusta mucho...
ฉัน/ผม ชอบ... มาก (Yo gustar...mucho)
CHÁN/PPŎM-ĊHÔoB≈MÂAĶ...

1... bailar / ...เต้นรำ / ...TÊEN-RAM
2... cocinar / ...ทำ อาหาร (hacer comida) / ...THAM≈AAJĂAŇ
3... hacer fotografías / ...ถ่าย รูป / ...ŤHÄAI.≈RÛUP
4... hacerme masajes / ...ir a hacerme un masaje / ... ไป นวด / ... PÄ≈NÛAD

P- ¿Qué tipo de masaje te gusta?
คุณ ชอบ นวด แบบ ไหน
KHuŅ-ĊHÔoB-NÛAD-BÆEB.≈NHĂI

* La letra ผ (POO-PPŨNG.) la representamos con una doble "PP" y con una leve inclinación (hacia la izquierda) para diferenciarla de las otras ¨Pes¨.

R- (A mí/Yo) Me gusta el "masaje tailandés" y el "masaje con aceite"
ฉัน/ผม(*) ชอบ นวด แผน ไทย และ นวด น้ำมันพ
CHÁN/PPŎM(*) ĊHÔoB-NÛAD-PPÆĔN-THÄAI-Læ̆-NÛAD-NÁAM≈MAN

P- ¿Qué más te gusta? / ¿Qué otra cosa (más) te gusta hacer?
คุณ ชอบ ทำ อะไร อีก
KHuŅ-ĊHÔoB-THAM≈aRÄI-IIĶ.

R- (A mí/Yo) Me gusta ir de bares/ir a las discotecas/pubs
ฉัน/ผม ชอบ ไป บาร์/ ชอบ ไป ผับ
CHÁN/PPŎM-ĊHÔoB-PÄI-BAAร์ / ĊHÔoB-PÄI-PPAB.

R- (A mí/Yo) Me encanta viajar
ฉัน/ผม ชอบ ท่อง เที่ยว
CHÁN/PPŎM--ĊHÔoB-THÔoNG.≈THÎAŮ.

P- ¿Practicas algún deporte?
คุณ เล่น กีฬา ไหม
KHuŅ-LÊN.≈ĶIIŁAA-MHÁI

R1- Yo no hago deporte/ No soy deportista
ฉัน/ผม ไม่ เล่น กีฬา
CHÁN/PPŎM-MÂI.LÊN.≈ĶIIŁAA-MHÁI

R2- (Yo) Juego a fútbol
ฉัน/ผม เล่น ฟุตบอล
CHÁN/PPŎM-LÊN.≈FúTBOon

R3- (Yo) Hago natación
ฉัน/ผม ว่าย น้ำ
CHÁN/PPŎM-UÂAI.≈NÁAM

R4- (Yo) Corro en bicicleta
ฉัน/ผม ขี่ จักรยาน
CHÁN/PPŎM-QHII.LLAĶ.=CRa¥ÄAN

R5- (Yo) Estoy apuntado a un gimnasio
ฉัน/ผม เป็น สมาชิก โรง ยิม
CHÁN/PPŎM-PEN-SaMÄA≈ĊHÍĶ-ROONG≈¥IM

P- ¿Cuál es tu equipo de fútbol favorito?
ทีม ฟุตบอล ทีม ไหน เป็น ทีม โปรด ของ คุณ
THIIM≈FúTBOon-THIIM≈NHĂI-PEN-THIIM≈PROOD.QHŎoNG≈KHuŅ

R- Mi equipo favorito es el Barcelona F.C.
ทีม ฟุตบอล ทีม โปรด ของ ผม คือ ทีม บาร์เซโลน่า
THIIM-FúTBOon-THIIM-PROOD.QHŎoNG≈PPŎM-KHUU-THIIM-BAAร์ŠEELOONÂA.

P- ¿Y el tuyo?
แล้ว คุณ ล่ะ *
LÆEŮ-KHuŅ-Lá.*

* "Lá" es una partícula que se usa normalmente para cambios de estado.

R- (Yo) Yo soy del Manchester United
ฉัน/ผม ชอบ ทีม แมนเชสเตอร์-ยูไนเต็ด
CHÁN/PPŎM-ĊHÔoB-MÆEN≈CHÊES≈THŒร์^-ɎUUNÄI≈TED.

P- (A ti/Tú/Usted) ¿Te (Le) gusta la música?
คุณ ชอบ ดนตรี ไหม
KHuŅ-ĊHÔoB-DONTRÏI-MHÁI

R- Ah sí, me encanta (Yo-gustar-mucho = A mí me gusta mucho)
ชอบ สิ ฉัน/ผม ชอบ มาก
CHÁN/PPŎM-ĊHÔoB≈ MÂAĶ

P- (Tú/Usted) ¿Sabes tocar algún instrumento (musical)?
คุณ เล่น ดนตรี เป็น ไหม
KHuŅ-LÊN-DONTRÏI-PEN≈MHÁI

R- (Yo) No sé tocar nada, pero me gusta ir al karaoke
ฉัน/ผม เล่น ไม่ เป็น เลย แต่ ผม ชอบ ไป ร้อง คาราโอเกะ
CHÁN/PPŎM-LÊN.MÂI.≈PEN-LÖOI-TÆE.PPŎM-ĊHÔoB-PÄI-RÓOnG-KHAARAA≈OOĶe.

P- (Tú/Usted) ¿Te gusta cantar o escuchar canciones?
คุณ ชอบ ร้อง เพลง หรือ ฟัง เพลง แนว ไหน
KHuŅ-ĊHÔoB-RÓoNG≈PPLEENG-RHŬU-FANG≈ PLEENG-NÆËŮ≈NHĂI

R- (A mí/Yo) Me gusta... Frank Sinatra / Julio Iglesias / Tom Jones
ฉัน/ผม ชอบ....แฟรงค์ ซินาตร้า / ฆูลิโอ อิเกลเซียส / ทอม โจน
CHÁN/PPŎM-ĊHÔoB...FRÆENGค์-ŠINAATRÂA/JUULIOO-IGLEŠIAS/THOoM-LLOON

P- ¿Quién es Julio Iglesias?
ฆูลิโอ อิเกลเซียส คือ ใคร
JULIO-IGLESIAS-KHUU-KRÄÌ

R- Él es el cantante más famoso de España
เขา คือ นักร้อง ที่ดัง ที่สุด ของ สเปน
QHÁO-KHUU-NÁḲ≈RÓoNG-THÍÌ.≈DANG-THÍÌ.≈SuD.QHŎoNG≈SaPËEN

P- ¿Qué es lo que más te interesa en tu viaje?
เวลา คุณ เดิน ทาง ท่อง เที่ยว คุณ ให้ ความ สนใจ กับ อะไร
มาก ที่ สุด
UËE≈LAA-KHuŅ-THAANG-THÔoNG.≈THÎAŮ.KHuŅ-JÂÌ-KHUÄAM-SŎN≈LLÄÌ-CAB.aRÄI

R- (A mí/Yo) Estoy interesado en... / ฉัน/ผม สนใจ... / CHÁN/PPŎM-SŎN≈LLÄÌ-
R1 ...estudiar idiomas /...เรียน ภาษา / ...RÏAN-ppAAsĂA
R2 ...la fotografía / ...การ ถ่าย รูป / ...CAAŇ-ŤÄAI.≈RÛUP
R3 ...conocer mujeres de este país / ...รู้จัก สาวๆ ใน ประเทศ นี้ / RÚU≈LLAḲ-SĂAŮ≈SĂAŮ-NÄÌ-PRaTHÊET-NÍÍ

P- (A ti/Usted) ¿No te gustan las (chicas) españolas?
คุณ ไม่ ชอบ ผู้ หญิง สเปน หรือ
KHuŅ-MÂI.≈ĊHÔoB-PPÛU≈YHĬNG-SaPËEN-RHŬU

R- (Yo) Prefiero las chicas tailandesas
ผม ชอบ ผู้หญิง ไทย มาก กว่า
PPŎM-ĊHÔoB-PPÛU≈YHĬNG-THÄAI,MÂAḲ≈CUÄA.

P- (A ti/Usted) ¿Qué tipo de lectura te gusta leer?
คุณ ชอบ อ่าน หนังสือ แนว ไหน
KHuŅ-ĊHÔoB-AAN.NHĂNG≈SŬU-NÆËŮ≈NHĂI

R- A mí me gusta leer novelas de amor (yo gustar...)
ฉัน/ผม ชอบ อ่าน นิยาย รัก
PPŎM-ĊHÔoB-AAN.NIҰÄAI-RÁḲ

P-¿Cuál es tu película preferida (la que más te gusta)?
คุณ ชอบ ภาพยนตร์ เรื่อง ไหน มาก ที่สุด
KHuŅ-ĊHÔoB-ppÂAP=PPá¥ÖNตร์-RÛUANG.NHĂI-MÂAĶ-THÍÌ.≈SuD.

* La letra ภ (p) la representamos en minúscula y doble para diferenciarla de las otras "pes"

R-Mi película preferida es...
ฉัน/ผม ชอบ ภาพยนตร์ เรื่อง ... มาก ที่สุด
CHÁN/PPŎM-ĊHÔoB-ppÂAP=PPá¥ÖNตร์-RÛUANG. ...MÂAĶ-THÍÌ.≈SuD.

P-(A ti/Usted) ¿Qué es lo que menos te gusta?
คุณ ไม่ ชอบ อะไร มาก ที่สุด
KHuŅ-MÂI.≈ĊHÔoB-aRÄI-MÂAĶ-THÍÌ.≈SuD.

* La letra พ (POO-PPAAN) la representamos con una doble "PP" mayúscula para diferenciarla de las otras "pes"

R-(Yo no gustar) / (A mí) No me gusta...
ฉัน/ผม ไม่ ชอบ...
CHÁN/PPŎM-MÂI.≈ĊHÔoB....

R-(Yo) Detesto ... / A mí no me gusta nada...
ฉัน/ผม เกลียด....
CHÁN/PPŎM-CLÏAD. ...

R-(Yo) No soporto.... / No puedo soportar...
ฉัน/ผม ทน... ไม่ ได้
CHÁN/PPŎM-THON... MÂI.≈DÂAI

1...el fútbol
... ฟุตบอล
... FúTBOon

2 ...los bares ruidosos
... บาร์ ที่ เสียง ดัง
... BAAร์-THÍÌ.SĬANG≈DANG

3 ... ir de compras con mi mujer
...ไป ซื้อ ของ กับ ภรรยา ของ ผม
... PÄI≈ŠÚU-QHŎoNG-CAB.ppAN,=Rá¥ÄA-QHŎoNG≈PPŎM

TEST
Enlazar los números de la columna 1 con las letras que correspondan

1	Ayer	=	A	PPÛUAN.	เพื่อน
2	Hoy	=	B	UÄN	วัน
3	Mañana	=	C	PRûNG.≈NÍÍ	พรุ่ง นี้
4	Día	=	D	PII≈NHÂA	ปี หน้า
5	Semana	=	E	AATHÍT	อาทิตย์
6	Mes	=	F	THaĶaTHÂA.≈UÄN	ทะกะท่า วัน
7	Año	=	G	PII-TOO	ปี โต
8	Tarde	=	H	BÄAI.	บ่าย
9	Noche	=	I	KHUUN	คืน
10	Día de fiesta	=	J	MÂI.	ไม่
11	Cada día	=	K	MÛUA.KHUUN≈NÍÍ	เมื่อ คืน นี้
12	Amigo(-ga)	=	L	PII	ปี
13	El próximo año	=	M	DÜUAN	เดือน
14	Esta noche	=	N	TOoN≈¥EN	ตอน เย็น
15	Todos los días	=	Ñ	UÄN≈¥HuD.	วัน หยุด
16	Anoche	=	O	KHUUN≈NÍÍ	คืน นี้
17	No	=	P	SAP.≈DAAห์	สัป ดาห์
		=	Q	UÄN≈NÍÍ	วัน นี้
	(soluciones en la parte baja	=	R	THúĶ≈UÄN	ทุก วัน
	de la página 312)	=	S	MÛUA.UÄN≈NÍÍ	เมื่อ วัน นี้
		=	U	ĊHÁAO≈NÍÍ	เช้า นี้

TEST
Escribir las siguientes palabras (transcritas) en tailandés *(soluciones en la pág. 313)*

1	DÄO		14	**T**ÄO (*)	
2	**P**ÄO. (*)		15	PPÄO.(*)	
3	CÄO		16	KHÄO	
4	BÄİ		17	PÄI	
5	CÄI.		18	QHÄI.	
6	DÄI		19	TÄI	
7	TUU		20	THUU	
8	Bu		21	PUU	
9	ĶII.		22	QHII.	
10	BÄAI		23	PÄAI	
11	**T**ÄAI (*)		24	THÄAI	
12	BAAร์		25	PAA.	
13	C**OO** (*)		26	**KHOo** (*)	

AYUDA DE PARTE DEL ESCRITOR PARA ESTAS 2 COLUMNAS

(*) Recordamos que cuando una "P" viene representada doble (PP / *PP*) su fonema es aspirado. También son aspiradas las consonantes "T" cuando van seguidas de una "H" (TH) .

* La consonante que representamos con "P" mayúscula (simple, no es doble), es la de la palabra "ir". Esta consonante P no es aspirada.

* La "T" que no va seguida de una "h" no es una consonante aspirada. Esta consonante es la T con la que se escribe la palabra "tortuga" (täo.).

* Uno de los dos tipos de vocal larga "OO" lo representamos con la segunda "o" en minúscula (Oo).

TEST Traducir las siguientes frases en nuestro idioma *(soluciones en la pág. 313)*		
1	ตอน นี้ เจ็ด โมง ยี่ สิบ นาที TOoN≈NÍÍ-LLED.≈MOONG-¥ÎI.≈SIB. NAATHII	
2	...อยู่ ชั้น ไหน ¥UU.CHÁN-NHĂI	
3	ตั๋ว แบบ...ราคา เท่า ไหร่ TŬA-BÆEB. ... RAAKHAA-THÄO.≈RÄI	
4	ฉัน/ผม ต้อง ไป เปลี่ยน เรือ ที่ ไหน เพื่อ จะ ไป... CHÁN/PPŎM-TÔNG≈PÄI-PLÏAN-RÜUA- THÎI.≈NHĂI	
5	ช่วย จอด ตรง...หน่อย ได้ ไหม ครับ ĊHÛAI.LLOoD.TRONG... NHÖoI. DÂAI≈MHÁI-KRÁB	
6	คุณ เลิก งาน กี่ โมง KHuN̦-LÊEK̦≈NGAAN-K̦II.≈MOONG	
7	เรา จะ ไป ถึง...กี่ โมง RÄO-LLa.PÄI≈ŤHŬNG...K̦II.≈MOONG	
8	คุณ กิน ข้าว กี่ โมง KHuN̦-K̦IN≈QHÂAŮ-K̦II.≈MOONG	
9	ทำ อะไร อยู่ THAM≈aRÄI-¥UU.	
10	ทำ อะไร THAM≈aRÄI	

Si usted no puede o no quiere tomar azúcar, pídalo, porque en los restaurantes y bares tailandeses acostumbran a poner azúcar y sal en la mayoría de platos, zumos y batidos.

TEST

Enlazar los números de la columna 1 con las palabras que correspondan

1	Película	=	A	ยาม ว่าง	¥AAM-UÂANG.
2	Famoso(-sa)	=	B	ความ สนใจ	KHUÄAM-SŎN≈LLÄİ
3	(Yo) Prefiero	=	C	เรียน ภาษา	RÏAN-ppAAsĂA
4	Novela de amor	=	D	เล่น กีฬา	LÊN.ĶIIŁAA
5	Fotografiar	=	E	เล่น	LÊN.
6	Internet	=	F	ไป ซื้อ ของ	PÄI-ŠÚU-QHŎoNG
7	Nadar	=	G	รู้ จัก สาวๆ	RÚU≈LLAĶ.SĂAŮ≈SĂAŮ
8	Ida y vuelta	=	H	ว่าย น้ำ	UÂAI≈NÁAM
9	Interés (el)	=	I	ชั่ว โมง	ĊHÛA.≈MOONG
10	Hora	=	J	อินเตอร์ เน็ต	INTŒร์^≈NÉT
11	Hora (tiempo)	=	K	ภาพยนตร์/ หนัง	ppÂAP=PPá¥ÖNตร์ / NHĂNG
12	Conocer mujeres	=	L	ผม ชอบ... มาก กว่า	PPŎM-ĊHÔoB... MÂAĶ≈CUÄA.
13	Ir de compras	=	M	ถ่าย รูป	ŤHÄAI.≈RÛUP
14	Estudiar idioma(s)	=	N	นิยาย รัก	NI¥ÄAI-RÁĶ
15	Tiempo libre	=	Ñ	คารา โอเกะ	KHAARAA-OOĶe.
16	Aceite	=	O	ขี่ จัก รยาน	QHII.LLAĶ.=CRa¥ÄAN
17	Karaoke	=	P	ฟุต บอล	FúT≈BOon (n/L)
		=	Q	เว ลา	UËE≈LAA
	(soluciones, pág. 313)	=	R	แบบ ไหน	BÆEB.≈NHĂI
		=	S	ดัง	DANG
		=	U	น้ำ มัน	NÁAM≈MAN

TEST
Practicar la pronunciación del tono de las palabras de esta tabla

TONO MEDIO	TONO BAJO	TONO DESCENDENTE	TONO ALTO	TONO ASCENDENTE	(Practicar también con 2 tonos diferentes)
KHOoN≈DOO	LLa.	ĊHÖoB	MHÁI	AAJĂAŇ	KHUUN≈NÍÍ
KHuŅ	TÆE.	CLÂA	KHÍD	THŬNG	PRûNG≈NÍÍ
CAN	PEED.	¥ÎAM≈MÂAĶ	RÁAN	LHĂNG	CHÛUA≈LLÄİ
¥AANG≈RÄI	BAAT.	ŤHÂA	CHaPPó	PPŎM	RÚU≈LLAĶ.
RÄO	LLÄAI.	BÂANG	ĊHÁAO	NHĂAŮ	LÛUĶ≈KHÁA
THAM≈MÄI	CÜUAB.	KHÂA.≈QHÂO	RÁAI	NHĂA	UÄN≈¥HuD.
PPOo	COoN.	MÛUANG	NÓol	TŬA	FANG≈ĶÍÌ
OO≈KHEE	SaDÜAĶ.	MÛUA	NÍÍ	QHĂAI	TII≈SĂAM
KRÄİ	IIĶ.	ÛAN	RÁĶ	LHŬUANG	MÂI.≈RÚU
LÖOI	BÄAI.	CUÂANG	CHÁN	SÌÍ	TOoN≈NÍÍ
NOoN	BÖol	KHÆÊB.	ŠÚU	QHĂAŮ	ĶIN≈QHÂAŮ
FAN	¥AAĶ.	¥ÆÊ.	LÆEŮ	QHĬAŮ	AAB.≈NÁAM
PRÆENG (FAN)	¥UU.	CHÛUA	FÁA	(ppAA) sĂA	OoĶ.≈PÄI
TÏANG	BÆEB.	QHÂAM	NÁAM	NHĂNG	ĶII.≈MOONG
PÄAI	QHII.	TÔNG	Lá	NHĂI	THÎANG.≈KHUUN
¥AN	LLOoD.	JÔoNG	Rá	(UÄN) SĂO	MEEsĂA≈¥ON

Lección 10

Contenido:

VOCABULARIO (HOTEL/APARTAMENTO)

A la(-s) / Por la	ตอน	TOoN
Alojarse	ค้าง	KHÁANG
Acompañar	ตาม....มา	TAAM... MAA
Adecuado(-da)	เหมาะ / เหมาะ สม	Mó / MHó≈SŎM
Agua // Agua tibia	น้ำ // น้ำ อุ่น	NÁAM // NÁAM≈uN.
Aire acondicionado	เครื่อง ปรับ อากาศ	KRÛUANG.≈BIN-AACAAAT. (ศ)
Asunto / Tema	เรื่อง	RÛUANG.
Bajar	ลง	LONG
Barato(-ta)	ถูก	ŤHUUĶ
Caliente / Hacer calor	ร้อน	RÓoN
Coste / Valor / Precio	ค่า / ราคา	KHÂ / RAKHAA
De acuerdo	ตก ลง	TOĶ.≈LONG
Dejar / Guardar / Colocar	ไว้	UÁI
Desayuno	อาหาร เช้า / ข้าว เช้า	AAJĂAŇ≈CHÁAO / QHÂAŮ≈CHÁAO
Elegir	เลือก	LÛUAĶ
En punto / Justo(-ta)	ตรง	TRONG
Engañar / Embaucar	หลอก ลวง	LHOoĶ.≈LÜANG
Entero(-ra)	ทั้ง หมด / ทั้ง	THÂNG≈MHOD. / THÂNG
Guardar / Depositar	ฝาก	FAAĶ.
Habitación (alojamiento)	ห้อง พัก	JÔoNG≈PPÁĶ

Habitación (dormitorio)	ห้อง นอน	JÔoNG≈NOoN
Hora // Reloj	นาฬิกา	NAAŁíCÄA
Imagen / Cuadro // Vista	ภาพ	ppÂAP
Incrementar / Sumar	เพิ่ม	PPÊEM.
Maleta	กระเป๋า	CRaPĂO
Medir // Templo	วัด	UÁD (UÁT)
Minusválido(-da)	คน พิการ	KHON-PPíCÄAŇ
Noche	คืน	KHUUN
Novio(-a) / Pareja	แฟน	FÆEN
Piscina	สระ ว่าย น้ำ	Sa.UÂAI.≈NÁAM
Poner / Colocar // Dejar	ไว้	UÁI
Por la / A la	ตอน	TOoN
Por supuesto	ได้ สิ	DÂAI≈SI.
Por / Por cada (noche, etc.)	ละ	Lá
Precio	ราคา	RAKHAA
Que...	กว่า...	CUÄA. ...
Quedarse / Alojarse	พัก	PPÁĶ
Querer / Necesitar	ต้อง การ	TÔNG≈CAAŇ
Seguir... / Acompañar...	ตาม....มา	TAAM... MAA
Solamente / Sólo	เพียง	PPÏANG
Traer	พา มา	PPA≈MAA
Uno y otro // Recíprocamente / Mutuamente	กัน	CAN
Vistas al mar	วิว ทะเล	UÍŮ≈THáLËE

CONVERSACIÓN (HOTEL/APARTAMENTO)

P- ¿Tiene alguna habitación libre?
มี ห้อง ว่าง ไหม ครับ
MII-JÔoNG≈UÂANG.MÂI.KRÁB

R- Sí, ¿cuántas noches se va a quedar?
มี ครับ/ค่ะ พัก กี่ คืน ครับ/ค่ะ
MII-KRÁB/KHâ. PPÁĶ-ĶII.KHUUN-KRÁB/KHâ.

P- Voy a estar una semana
ผม จะ อยู่ หนึ่ง สัปดาห์
PPŎM-LLa.¥UU.NHUNG.SAP.≈DAAห์

R- ¿Qué tipo de habitación quiere?
คุณ ต้องการ ห้อง พัก แบบ ไหน
KHuŅ-TÔNG≈CAAŇ-JÔoNG-BÆEB.≈NHĂI

P- Quiero una habitación con una cama grande
ผม ต้องการ ห้อง เตียง ใหญ่ หนึ่ง เตียง
PPŎM-TÔNG≈CAAŇ-TÏANG≈YHÄI.NHUNG.≈TÏANG

P- ¿La habitación tiene...?
ใน ห้อง มี ...ไหม
NÄI≈JÔoNG-MII... MHÁI

... agua caliente (tibia)?...internet?/ ...aire acondicionado?/ ...televisión?
...น้ำ อุ่น... /...อินเตอร์เน็ต.../...เครื่อง ปรับ อากาศ... /...โทรทัศน์...
...NÁAM≈uN. / ...INTŒร์^≈NÉT... /... KRÛUANG.PRAB.≈AACAAT. / THOORá≈THÁTน์ (T=ศ)

P- ¿Puedo venir con una chica (y alojarse ella conmigo) por la noche?
ผม พา ผู้หญิง มา ค้าง ด้วย ได้ ไหม
PPŎM-PPAA-PPÛU≈¥HĬNG-MAA-KHÁANG-DÛAI-DÂAI≈MHÁI

R- Sí es su pareja sí//Si la trae (si es) de un bar no está permitido (no puede)
ถ้า เป็น แฟน ของ คุณ ได้ ครับ/ค่ะ / ถ้า พา มา จาก บาร์ ไม่ ได้ ครับ/ค่ะ
-ŤHÂA-PEN-FÆEN-QHŎoNG≈KHuŅ-DÂAI-KRÁB/KHâ. /
-ŤHÂA-PPAA≈MAA-LLAAĶ.BAAร์-MÂI.≈DÂAI-KRÁB/KHâ.

P- ¿El hotel (este) está adecuado para los minusválidos?
โรง แรม นี้ เหมาะ สำหรับ คน พิการ ไหม
ROONG≈RÆEM-NÍÍ-MHó-SĂM≈RHAB.KHON-PPíCĂN-MHÁI

R- Sí, está adecuado

เหมาะ (*) ครับ/ค่ะ

MHó (*) KRÁB/KHâ.

* Los tailandeses acostumbran a contestar con el mismo verbo con el que han sido preguntados. En esta frase "MHó" (adecuado/apropiado) es la contestación.

P- ¿El hotel tiene...
โรง แรม มี... ไหม
ROONG≈RÆEM-MII...MHÁI

...vistas al mar? / ...gimnasio? / ...piscina?
...วิว ทะเล ไหม */...ห้อง ออก กำลัง กาย ไหม */...สระ ว่าย น้ำ ไหม
...UÍŮ≈THáLËE-MHÁI * /...JÔoNG-OoĶ.CAMLANG≈CÄAI-MHÁI * /...Sa.UÂAI.≈NÁAM-MHÁI*

* ไหม (MHÁI) es una partícula interrogativa.

P- ¿Cuánto cuesta la habitación por noche?
ห้อง พัก ราคา คืน ละ เท่าไหร่
JÔoNG≈PPÁĶ-RAKHAA-KHUUN-Lá-THÂO.≈RHÄI.

-1000 baht

*1000 บาท **

*NHUNG.≈PPAN-BAAT.**

* La moneda tailandesa se llama BAAT.

P- ¿Tiene otra habitación más barata?
คุณ มี ห้อง อื่น ที่ ถูก กว่า นี้ ไหม
KHuŅ-MII-JÔoNG-UUN.THÍÌ.ŤHUUĶ≈CUÄA.NÍÍ-MHÁI

R- Tenemos otra, pero tiene 2 camas pequeñas
เรา มี อีก ห้อง หนึ่ง แต่ เป็น แบบ เตียง เล็ก สอง เตียง
RÄO-MII-IIĶ.JÔoNG-NHUNG.TÆE.PEN-BÆEB.TÏANG≈LÉK-SŎoNG≈TÏANG

P- ¿Y esa cuánto cuesta?
แล้ว ห้อง นั้น ราคา เท่า ไหร่
LÆEŮ-JÔoNG≈NÁN-RAKHAA-THÂO.≈RHÄI.

-700 baht, y el desayuno está incluido en el precio
700 บาท รวม อาหาร เช้า แล้ว
LLED.≈RÓoI-BAAT.RÜAM-AAJĂAŇ-CHÂAŮ-LÆEŮ

P-¿Puedo ver la habitación?, por favor
ฉัน/ผม ขอ ดู ห้อง ได้ ไหม
CHÁN/PPŎM-QHŎo≈DUU-JÔoNG-DÂAI≈MHÁI

R-Por supuesto, acompáñeme/sígame/venga conmigo
ได้ สิ ตาม ผม/ฉัน มา
DÂAI≈SI.TAAM-CHÁN/PPŎM-MAA

P-De acuerdo, me gusta, me quedo en esta habitación, le pido por favor, dejar (colocar) la maleta aquí, me ducho y bajo a hacerle la reserva.

ตกลง ผม ชอบ ห้อง นี้ ผม เลือก ห้อง นี้ ล่ะ ผม ขอ วาง กระเป๋า ไว้ ตรง นี้ ไป อาบ น้ำ แล้ว จะ ลง ไป ทำ เรื่อง จอง ห้อง พัก
TOĶ.≈LONG-PPŎM-ĊHÔoB-JÔoNG≈NÍÍ-PPŎM-L<u>ÛU</u>AK-JÔoNG≈NÍÍ-Lá-PPŎM-QHŎo-UÄANG-CRaPĂO-UÁI-TRONG≈NÍÍ-PÄI-AAB.≈NÁAM-LǼEŮ-LLa.LONG≈PÄI-THAM≈R<u>ÛU</u>ANG.LLOoNG-JÔoNG≈PPÁĶ

OTRAS FRASES

P-Vendré a las 12 en punto
ฉัน/ผม จะ มา ถึง ตอน 12 นาฬิกา ตรง
CHÁN/PPŎM-LLa.MAA-ŤH<u>Ŭ</u>NG-TOoN-SIB.≈SŎoNG-NAAŁíCÄA-TRONG

P-¿Me puede guardar las maletas aquí hasta las.... horas?,
ฉัน/ผม ขอ ฝาก กระเป๋า ไว้ ที่นี่ จน ถึง เวลา...ได้ ไหม
CHÁN/PPŎM-QHŎo-FÂAĶ-CRaPĂO-UÁI-THÎÎ.≈NÎÎ.LLON-ŤH<u>Ŭ</u>NG-UËE≈LAA...DÂAI≈MHÁI

Es que mi avión sale a las....
คือ เที่ยว บิน ของ ผม ออก เวลา...
KH<u>UU</u>-THÎAŮ.≈BIN-QHŎoNG≈PPŎM-OoĶ.UËE≈LAA...

P-No me gustaría (no quiero) pagar una noche más sólo por estar... horas
ฉัน/ผม ไม่ ต้องการ จ่าย ค่า ที่ พัก เพิ่ม อีก คืน เพียง แค่...ชั่วโมง
CHÁN/PPŎM-MÂI.≈TÔNG≈CAAŇ-LLÄI.KHÂA.THÍÌ.PPÁĶ-P<u>ÊE</u>M.IIĶ.KH<u>UU</u>N-PPÏANG-KHǼÊ. ...ĊHÛA.≈MOONG

P-Una noche entera no deberá pagar, pero sí un coste adicional/un extra de....
ไม่ ต้อง จ่าย ค่า ที่ พัก ทั้ง คืน แต่ ต้อง จ่าย ค่า...เพิ่ม
MÂI.≈TÔNG-LLÄAI.KHÂA.THÍÌ.PPÁĶ-THÂNG≈KHUUN-TÆE.TÔNG≈LLÄAI.KHÂA... PPÊEM.

P-Este hotel engaña, porque la entrada es bonita pero las habitaciones....
โรงแรม นี้ หลอกลวง ผู้ เข้า พัก เพราะ ทางเข้า สวย มาก แต่ ห้อง พัก...
ROONG≈RÆEM-NÍÍ-LHOoĶ.≈LÜANG-PPÛU≈QHÂO-PPÁĶ-PRó-THAANG≈QHÂO-SŬAI≈MÂAĶ-TÆE.JÔoNG≈PPÁĶ...

P-Por (relación) calidad-precio prefiero (elijo) irme al hotel....
ถ้า วัด กัน ที่ คุณ ภาพ กับ ราคา ผม เลือก โรงแร....
ŤHÂA-UÁD-CAN-THÍÌ.KHuŅ-ppÂAP-CAB.≈RAAKHAA-PPŎM-LÛUAK-ROONG≈RÆEM...

APODOS / ชื่อเล่น

Prácticamente todos los tailandeses tienen un apodo al nacer. Una mujer y un hombre pueden tener el mismo apodo. Esto se debe a que los nombres suelen ser largos y de esta forma se evita abreviarlos como hacemos nosotros con nombres como Meri (Meritxell), Toni (Antonio) o Lolo (Manolo)

APODO	TAILANDÉS	PRONUNCIACIÓN
Jefe	บอส	Boos. / Boot.
Banco	แบงค์	Bæeng
Rata	หนู	Nhŭu
Cerdo dulce	หมู หวาน	Mhŭu-huăan
Almeja	หอย	Jŏoi
Cangrejo	ปู	Puu
Golf	กอล์ฟ	Cóop
Grande	ใหญ่	Yhäi.
Muñeca	ตุ๊กตา	Túķ=catäa
Pájaro	นก	Nóķ
Gamba	กุ้ง	Cûng

VERBOS / คำกริยา

En tailandés no hay conjugaciones verbales. Y el verbo "ser" no se utiliza cuando va con un adjetivo calificativo.

Él <u>es</u> alto

เขา สูง
Qhăo-sŭung
Él alto

<u>Pero hay partículas que ayudan a saber el tiempo verbal</u>

Las siguientes partículas nos ayudan a saber los tiempos verbales:

Partícula:	จะ	LLa.

La partícula "lla." (จะ) delante del verbo indica que algo se va a hacer, o que algo va a suceder en un/el futuro.
Viene a ser la partícula "will" del idioma inglés.

¿Cúal vas a comprar?

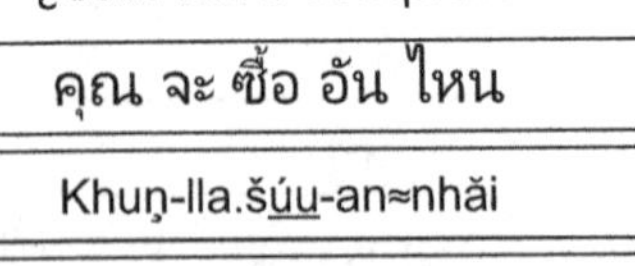

คุณ จะ ซื้อ อัน ไหน
Khuŋ-lla.šú<u>u</u>-an≈nhăi
Tú lla.comprar cuál

Yo no te voy a querer

ฉัน จะ ไม่ รัก คุณ อีก ตอ ไป
Chán-lla.mâi.≈ráķ-khuŋ-iiķ.too≈päi
Yo (lla.) no-querer-usted-nunca-más

Partícula:	แล้ว	læeů

La partícula "**læeů**" (ya), significa que algo se ha hecho, o que algo ha pasado ya.

Él ya ha (ido) estado en España

เขา ไป ประเทศ สเปน แล้ว
Qháo-päi-prathêet-Sapëen-læeů
Él ir país España ya

Yo ya estoy cansado(-da)

ฉัน/ผม เหนื่อย แล้ว
Chán/Ppŏm-nhüuai.læeů
Yo-estar-cansado-ya

"NHÜUAI. significa cansado(-da), es la palabra usada para el cansancio mental, etc. MHÜUAI. significa cansancio físico, se relaciona con el cansancio de las piernas, brazos, cuello y otras partes del cuerpo. Por ejemplo cuando se llevan horas caminando sin parar o sin sentarse, para ese tipo de cansancio se dice "mhüuai".

Partícula:	มา	maa

La partícula "**maa**" cuando va al final de la frase actúa como pasado tenso.

¿Dónde has ido? / ¿Dónde has estado?

ไป ไหน มา
Päi≈nhăi-maa
Ir dónde maa

¿Qué has comido/bebido?

คุณ กิน อะไร มา
Khuņ-ķin≈aräi-maa
Tú/Usted comer qué maa

Partícula:	กำลัง	camlang

La palabra "**camlang**" como sustantivo significa "energía", pero cuando se pone delante del verbo sirve para convertir el tiempo verbal en presente continuo tenso. Es un indicador de que se está haciendo algo en ese momento.

Estar durmiendo

กำลัง นอน
Camlang-noon
Camlang dormir

Partícula:	อยู่	yuu.

Hay ocasiones en las que cuando la palabra "yuu.(estar/ permanecer)" va al final de la frase, hace la misma función que "camlang", se convierte en presente continuo tenso.

(Yo) Me estoy medicando

ฉัน กิน ยา อยู่
Chán-ķin≈yaa-yuu.
Yo comer medicina yuu (estar)

¿Qué demonios estás haciendo?

คุณ กำลัง ทำ บ้า อะไร อยู่
Khuŋ-camlang-tham≈bâa-aräi≈yuu.
Tú-camlang-hacer-loco-qué (estar)

Partícula:	ได้	dâai

La partícula "dâai."(ได) delante de un verbo nos indica una acción "pasada".

Yo no he ido a Myanmar (antigua Birmania)

ฉัน ไม่ ได้ ไป พามา
Chán-mâi.≈dâai-päi-Ppaamaa
Yo no poder ir Myanmar

EL VERBO ¨SER¨ (PEN y KHUU)

El significado principal del verbo KHUU es "ser" (pero nunca "estar"), pero en algunos casos también puede significar "ser igual a..." o "es/son a saber". Cuando KHUU es usado como verbo "ser", tiene un significado más específico que PEN. En cuyo caso KHUU se podría parecer al uso del verbo "ser" con un sujeto definido, (ser la esposa, ser el padre, ser el doctor, etc.), mientras que PEN se aproxima más al uso del verbo "ser" con un sujeto indefinido (ser una madre, ser un doctor, ser un policía...).
El verbo "KHUU" sólo se usa en oraciones afirmativas e interrogativas, nunca en oraciones negativas.

Ella es su (la) madre	Ella es (una) madre
เขาคือแม่	เขาเป็นแม่
Qháo-KHUU-mæê.	Qháo-PEN-mæê.
Ella ser (la) madre	Ella ser (una) madre

De manera específica se refiere a la madre de alguien conocido.

En forma general, se habla de una madre más dentro del grupo de madres.

SUSTANTIVOS / คำนาม

Los sustantivos no tienen género, pero en los animales, si es masculino se le agrega "TÜA≈PPÛU" detrás del sustantivo...

-ตัว ผู้	-TÜA≈PPÛU	Cuerpo macho

หมา ตัว ผู้	MHĂA-TÜA≈PPÛU	Perro cuerpo macho

.... y si es hembra se le agrega "TÜA≈MÏA"

-ตัว เมีย	-TÜA≈MÏA	Cuerpo hembra

pasando a decir...

หมา ตัว เมีย	MHĂA-TÜA≈MÏA	Perro cuerpo hembra

TEST
Leer, escribir y marcar los 4 símbolos (่) "mái-eek." que faltan en estas 7 palabras tailandesas

1	สวัส ดี ครับ่	Hola/Buenos d.	SaUĂT.≈DII-KRÁB	
2	พอ แม ่	Padres	PPÔo.≈MÆÊ.	
3	ไหน ่	Qué / Cuál	NHĂI	
4	อืน ่	Otro(-tra)	UUN.	
5	ตึก ่	Edificio	TUḴ.	
6	แฟน ่	Novio(-via)	FÆEN	
7	ชือ ่	Nombre	CHÛU.	

* De las 7 palabras hay 4 que no llevan el tono mái-eek. Hay que marcar los 4 símbolos en solo 3 palabras.

La letra ล (loo-ling) normalmente se lee como una "L", pero cuando dicha consonante (ล) va al final de una palabra, como por ejemplo en la palabra "fútbol" (ฟุตบอล), entonces su fonema cambia y pasa a ser una "n" (FúT≈BOon).
La "n" minúscula es la representación de la letra ล cuando es final de palabra.

ACENTOS ORTOGRÁFICOS (TILDES) / การลงเสียงหนัก

Acentos ortográficos o tildes

Las tildes (acentos ortográficos) en nuestra transcripción son lo más aproximadas posibles para que la lectura y la comprensión sea fácil para un hispanohablante.

Tilde (Acento) oblícuo hacia la derecha (´)

La tilde situada oblicuamente hacia la derecha es parecida a la de la palabra "talismán" o a la de "así".

Acento tónico en nuestros libros para tailandeses

En la transcripción al tailandés hemos subrayado las sílabas en donde recae el acento tónico (en vez de la diéresis que ponemos en los libros para españoles), para así, ponérselo más fácil a los tailandeses. Ejemplos:

Medida	เมดีดา
Medición	เมดิซิโอ้น

Signo de diéresis (*) (encima de vocal)

Cuando encima de una vocal ponemos el signo de diéresis (Ä, Ë, Ï, Ö, Ü) significa que esa vocal es la que lleva el acento tónico (semi-acento).
La mayoría de las veces el acento tónico recae en la última sílaba y se pronuncia casi tan fuerte como el propio acento de la palabra "diéresis".
Cuando una sílaba que lleva una vocal "corta" (minúscula), va acentuada y le sigue una sílaba con vocal "larga" y con diéresis sobre ella, la vocal que más suena es la más larga.

ควาย	KHUÄAI	Búfalo
แมลง	MáLÆËNG	Insecto

Cuando la tilde ascendente (ˇ) o la descendente (^) se encuentre al final de una sílaba (y no encima de una vocal), nos indica el tono de la sílaba anterior, eso es porque la fuente del ordenador no acepta ciertas tildes sobre las vocales/diptongos "Œ" y "Æ". Ejemplos:

1-SaMŒˇ / เสมอ / Constantemente/ Siempre
2-QHÆNGˇRÆENG / แข็ง แรง / Fuerte
3-KHOoM≈PPÏU≈TŒร์^ / คอม พิว เตอร์ / Ordenador

SIGNOS PUNTUACIÓN / เครื่องหมายวรรคตอน

Signo de la coma (,) detrás de AM,

La coma la utilizamos para diferenciar los 2 tipos de "AM"...

◌ำ	◌AM
◌รรม *	◌AM,

... y también para 2 de los diptongos "ÄI"

ไ◌ย	◌ÄAI,
◌ัย	◌ÄI,

* Cuando en una palabra hay dos รร (rr) seguidas, y siempre que haya una consonante detrás de ellas, las 2 erres se convierten en una "A".

Signo de enlace ≈

El signo (≈) de "enlace" se encuentra siempre entre 2 sílabas. Este símbolo nos advierte que las sílabas anterior y posterior a dicho signo se deben pronunciar prácticamente seguidas. Y sin olvidarnos de la entonación que nos marquen las tildes.

เท่า ไหร่	THÂO.≈RHÄI.	¿Cuánto es?
ไม่ มี	MÂI.≈MII	No tener
เข้า ใจ	QHÂO≈LLÄI	Entender
ยุ โรป	¥ú≈RÔOP	Europa
หนัง สือ	NHĂNG≈S<u>Ŭ</u>U	Libro
ทำ ไม	THAM≈MÄI	¿Por qué?
ขนม ปัง	QHaNŎM≈PANG	Pan

Signo de igual (=)

1.- Cuando el signo de igual (=) se encuentra en medio de una palabra, nos indica que la consonante anterior y posterior al signo de igual es la misma en la escritura tailandesa, es decir, en tailandés se escribe una sola consonante pero se pronuncian dos.
Y los 2 fonemas pueden ser iguales o distintos.
Cuando en una palabra el guion de igual (=) separa dos sílabas, dichas sílabas hay que pronunciarlas seguidas, igual que las que llevan el guion de enlace (≈).

ผ<u>ล</u>ไม้ *	PPŎ<u>N</u>=<u>L</u>aMÁAI *	Fruta

* La letra ล (L) de ผลไม้ tiene 2 sonidos distintos: la "N" final y la "L" inicial de sílaba. La consonante de "unión" (de ambas) es la misma.

2.- Hay otros casos donde el fonema puede ser el mismo, por ejemplo:

วิทยุ	UÍT=TáYú	Radio
มาตรา	MÂAT=TRAA	Sistema métrico
ยุติธรรม	YúT=TiTÄM,	Justicia
อัตรา	AT=TRAA	Tasa / Tarifa

En estas palabras sólo se escribe una ท (T) en tailandés, aunque se pronuncian dos, una (t) al final de la silaba UÍT y la otra al principio de la segunda sílaba ("Tá").
En estos casos (donde hay un signo de igual) la sílaba anterior y posterior al signo se leen seguidas.

Signo de paréntesis ( )

Todo lo que va entre paréntesis es aclaratorio. Cuando al final de una palabra transcrita se encuentran dos caracteres latinos entre paréntesis y con una barra ortográfica oblicua entre las dos letras (N/L) (L/N) (T/S) (S/T) significa que en una conversación informal ambas letras pueden ser la terminación de la palabra dependiendo del interlocutor. Normalmente estas terminaciones son adoptadas del inglés.

Paracetamo**L**	Paracetamo**N**

Signo de paréntesis con letra "P" (P=ฟ)

Cuando una "P" se encuentra dentro de un paréntesis seguida de un guion de igual (P=ฟ), significa que la letra final se pronuncia como una "P" aunque se escribe con la letra "ฟ" (foo-fan) que es el otro tipo de letra "F".

En algunas palabras cuando la primera sílaba es una consonante sola (debido a que no se "ve" la vocal "a" invisible) y va seguida de otra sílaba (como en el caso de la palabra "insecto" (ม แลง), la vocal เ (EE) o แ (ÆE) de la segunda sílaba cambia de posición y se pone al principio de la palabra: แมลง / แสดง = Æ+M+L+NG = MáLÆËNG

Signo de paréntesis con 4 letras (T=ศ / T=ส)

Las palabras que llevan una consonante final que se pronuncia distinta a su fonema real, las insertamos entre paréntesis al final de la palabra transcrita, para recordar esta irregularidad, ejemplo:

ประเทศฝรั่งเศส	PRaTHÊET-FaRÄNG.ŞEET (T=ศ/T=ส)	(País) Francia

La primera "T" final de la palabra (PRaTHÊET), se escribe con la letra ศ = Ş (ŞŎO-ŞĂA≈LAA) y la segunda "T" final de la palabra "ŞEET" se escribe con la letra ส = S (SŎO-SŬUA). Ambas se pronuncian como una "T" (final), pero se escriben con "S".

2 Signos de paréntesis con signo igual y 2 letras (T=ศ) (T=ส)

La letra "T" es la que tiene más participación en el alfabeto tailandés con 8 letras distintas. Además de estas hay otras 4 terminaciones de palabras con fonemas distintos que cuando son terminación de palabra se transforman en "T", son las letras siguientes:

จ	LLOO-LLAAN
ส	SŎO-SŬUA
ศ	ŞŎO-ŞĂA≈LAA
ษ	sOO-RUU≈sĬÍ

Estas terminaciones se pueden reconocer al encontrarse entre paréntesis al final de algunas palabras transcritas.

Cuando la "T" se encuentra entre paréntesis y va seguida del guion de igual (=) y de una letra en tailandés, significa que esa letra se pronuncia como un "T" aunque en la escritura tailandesa es otra, la que va detrás del guion:

(T=จ) (T=ส) (T=ษ) (T=ศ)

NOMBRES PROPIOS ESCRITOS EN TAILANDÉS

Adrián	อาดริอัน
Alejandro	อาเลฆันโดร
Alfonso	อัลฟอนโซ
Álvaro	อัลบาโร
Antonio	อันโตนิโอ
Carlos	การ์โลส (*)
Carmen	การ์เมน (*)
Daniel	ดานิเอล
David	ดาบิด
Enrique	เอนริเก
Francisco	ฟรังซิสโก (*)
Iván	อิบัน
Javier	ฆาบิเอร์ (*)
Peter (Piter)	ปีเตอร์
Helen	เฮเลน

Jesús	เฆซุซ
José // Josefa	โฆเซ//โฆเซฟา
Juan	ฆวน
Manuel	มานูเอล
María	มาริอา
Melodie	เมโลดี
Pablo	ปาบลอ
Pepe	เปเป
Ramón	รามอน
Roberto	โรเบร์โต (*)
Quique	กิเก
Sara	ซ่ารา
Frank	แฟรงค์
Cristina	คริสตินา

* La "n" de Fra**n**cisco" la escriben con una "NG" en vez de una "n" (Frangsisco). Y también la "n" de "Frank".

*Cuando en la escritura tailandesa haya una palabra con la letra ร (Roberto) y encima de ella haya el símbolo ์ llamado "caaranť" (การันต) significa que los tailandeses no pronunciarán dicha letra. En nuetros libros para tailandeses le ponemos el símbolo "mái-llat=tauäa." (๋) encima de la ร para que sepan que han de pronunciar la ร (ร๋),...¡aunque les cueste!.

TEST
Traducir las siguientes frases en nuestro idioma *(soluciones en la pág. 313)*

1	นั่น อะไร NÂN.≈aRÄI	
2	นี่ ไข่ ใช่ ไหม NÎÌ.CÄI.ĊHÂÌ.≈MHÁI	
3	นี่ รถ ไฟ หรือ เครื่อง บิน NÎÌ.RÓŤ≈FÄI-RHŬU-KRÛUANG.≈BIN	
4	นี่ สี เทา NÎÌ.SÌÍ≈THÄO	
5	ฉัน กิน ยา อยู่ CHÁN-ĶIN≈¥AA-¥UU.	
6	ปิด กี่ โมง PID.ĶII.≈MOONG	
7	ไม่ ใช่ นี่ ไม่ ใช่ สี ดำ MÂI.≈ĊHÂÌ. NÎÌ.MÂI.≈ĊHÂÌ.SÌÍ≈DAM	
8	คุณ กิน อะไร มา KHuŅ-ĶIN≈aRÄI-MAA	
9	ฉัน/ผม จะ มา ถึง ตอน 12 นาฬิกา ตรง CHÁN/PPŎM-LLa.MAA≈ŤHŬNG-TOoN 12 NAAŁíCÄA≈TRONG	
10	ไป ไหน มา PÄI≈NHĂI≈MAA	
11	กำลัง นอน CAMLANG≈NOoN	

TEST
Enlazar los números de la columna 1 con las letras que correspondan

1	Amarillo	=	A	สี แดง	SÌÍ-DÆENG
2	Ámbar	=	B	สี ฟ้า	SÌÍ-FÁA
3	Azul	=	C	สี ครีม	SÌÍ-KRIIM
4	Blanco	=	D	สี ทอง	SÌÍ-THOoNG
5	Verde	=	E	สี โก เมน	SÌÍ-COO≈MEEN
6	Crema	=	F	สี คราม	SÌÍ-KRAAM
7	Dorado	=	G	สี เทา	SÌÍ-THÄO
8	Rubí	=	H	สี น้ำ ตาล	SÌÍ-NÁAM≈TAAn
9	Granate	=	I	สี ม่วง	SÌÍ-MÛANG.
10	Gris	=	J	สี อ่อน	SÌÍ-OoN.
11	Índigo	=	K	สี ส้ม	SÌÍ-SÔM
12	Lila / Violeta	=	L	สี ชาด	SÌÍ-ĊHÂAD
13	Marrón	=	M	สี ขาว	SÌÍ-QHĂAŮ
14	Naranja	=	N	สี เขียว	SÌÍ-QHĬAŮ
15	Negro	=	Ñ	สี ดำ	SÌÍ-DAM
16	Plateado	=	O	สี เงิน	SÌÍ-NGE̲N
17	Rojo	=	P	สี อำ พัน	SÌÍ-AM≈PPAN
		=	Q	สี เหลือง	SÌÍ-LHŬU̲ANG
	(soluciones, pág. 314)	=	R	สี ทับ ทิม	SÌÍ-THÁB≈THIM

TEST
Enlazar los números de la columna 1 con las letrras que correspondan

1	País / Nación	=	A	KHOoN≈DOO	คอนโด
2	Pero	=	B	¥ÎAM.≈MÂAĶ	เยี่ยม มาก
3	En	=	C	CLÂA	กล้า
4	Pensar	=	D	PPÛU-KHON	ผู้ คน
5	Gustar	=	E	DII	ดี
6	Comida	=	F	ĊHÔoB	ชอบ
7	Conocer	=	G	AAJĂAŇ	อาหาร
8	Gente	=	H	KHUUN≈NÍÍ	คืน นี้
9	Fiarse	=	I	¥AANG.≈RÄI	อย่าง ไร
10	Mejor	=	J	Co.	เกาะ
11	El más.... / La más...	=	K	RÚU≈LLAĶ.	รู้ จัก
12	Lla. (partíc. indica futuro)	=	L	CAN	กัน
13	Genial	=	M	SaNüĶ.	สนุก
14	Isla	=	N	PRaTHÊET (T=ศ)	ประเทศ
15	¿Cómo...?	=	Ñ	THÍI.≈SuD.	ที่ สุด
16	Mutuamente / Juntos / Recíprocamente	=	O	TÆE.	แต่
17	Nosotros(-tras)	=	P	NÄI	ใน
18	Esta noche	=	Q	KHÍD (KHÍT)	คิด
		=	R	CHÛUA.LLÄI	เชื่อ ใจ
	(soluciones en la pág. 314)	=	S	DII≈CUÄA.	ดี กว่า
		=	T	LLa.	จะ
		=	U	RÄO	เรา

Lección 11

Contenido:

VOCABULARIO (ENFERMERA)

Buenos días / Hola	สวัสดี ครับ (ค่ะ)	SaUÄT.≈DII-KRÁB (KHâ.) (T=ส)
Citarse / Tener una cita	นัด	NÁD (NÁT)
Compañía / Empresa	บริษัท	BORísÄT.
Doctor(-ora)	หมอ	MHŎo
Encontrar / Tener un encuentro	พบ	PPÓB (PPÓP)
Español (idioma)	ภาษา สเปน	ppAAsĂA-SaPËEN
Esperar	รอ	ROo
Hablar	พูด	PPÛD (PPÛT)
Inglés (idioma)	ภาษา อังกฤษ	pAAsĂA-ANGRÏT. (T=ษ)
Invitar	เชิญ	ĊHEEŃ
Italiano (idioma)	ภาษา อิตา เลียน	ppAAsĂA-ITÄA≈LÏAN
No // Vacío(-cía)	เปล่า	PLÄAO.
No tener	ไม่ มี	MÂI.≈MII
Privado(-da)	เอก ชน	EEĶ.=CaĊHÖN
(de) Salud / Sanitario	สุข ภาพ	SuQ=QHappÄAP
Seguro (vehículo, etc.)	ประ กัน	PRaCÄN
Sentar(-se)	นั่ง	NÂNG.
Urgente	ด่วน	DÜAN.
Vacío / Desocupado(-da) / Libre // No	เปล่า *	PLÄAO. *

* 1- PLÄAO. (เปล่า=No) se utiliza como respuesta negativa y como una expresión de rechazo para denegar la realización de una acción.

2- PLÄAO. cuando va acompañado de "rh<u>ŭu</u>" sirve para preguntar "¿o no?" (RH<u>ŬU</u>-PLÄAO.)

3- PLÄAO. (เปล่า) también puede significar "vacio/sin nada", ejemplo:

CD virgen = ŠII-DII-PLÄAO. ซี ดี เปล่า

El diptongo "äo" de la palabra "plaao." se pronuncia largo", es una excepción.

CONVERSACIÓN (ENFERMERA)

P- Hola buenos días, quiero ver (encontrarme con) al doctor, por favor
สวัสดี ครับ ผม ต้อง การ พบ หมอ
SaUÄT.≈DII-KRÁB PPŎM-TÔNG≈CAAŇ-PPÓB-MHŎo (T=ส)

R- Buenos días, ¿tiene usted cita con el doctor (o no)?
*สวัสดี ค่ะ คุณ นัด กับ หมอ ไว้ หรือ เปล่า คะ**
*SaUÄT.≈DII-KHâ.KHuŅ-NÁD-CAB.MHŎo-UÁI-RHŬU≈PLÄAO.KHá**

P- Sí, a las 10.00 horas
มี ครับ ตอน 10 โมง เช้า
MII-KRÁB TOoN-SIB.≈MOONG-CHÁAO

* Para decir "he visto a... (alguien)" se dice "CHÁN/PPŎM-JĔN...". y cuando se dice "he visto a..." en el sentido de haberse encontrado con" entonces se debe decir "CHÁN/PPŎM-LLŒ..."

P- No, no he/había pedido cita previa
ไม่ มี ครับ ไม่ ได้ ทำ นัด ไว้ ครับ
MÂI.≈MII-KRÁB MÂI.≈DÂAI-THAM≈NÁD-UÁI-KRÁB

R- ¿Es urgente?
*ด่วน ไหม คะ**
*DÜAN.MHÁI-KHá**

P- Sí, es muy urgente
ด่วน มาก ครับ/ค่ะ*
DÜAN.≈MÂAĶ-KRÁB/KHâ.*

P- ¿Hay algún doctor que hable español?
มี หมอ คน ไหน พูด ภาษา สเปน ได้ บ้าง ครับ
MII-MHŎo-KHON-NHĂI-PPÛUD-ppAAsAA-SaPËEN-DÂAI≈BÂANG-KRÁB

R- !No hay ninguno que hable español! pero hay uno que habla inglés/ italiano
ไม่ มี เลย ค่ะ แต่ มี คน หนึ่ง พูด ภาษา อังกฤษ / อิตาเลียน ได้
MÂI.≈MII-LÖOI-KHâ. TÆE.MII-KHON-NHUNG.PPÛUD-ppAAsAA-ANGRÏT. / ITÄA≈LÏAN-DÂAI

* La partícula de cortesía femen. varía dependiendo de si la frase es afirmativa o interrogativa: KHâ./ค่ะ con tono descendente se dice cuando es afirmativa, y KHá/ คะ con tono alto cuando es interrogativa.

P- ¿Usted/Tú habla(-s) inglés?
คุณ พูด ภาษา* อังกฤษ ได้ ไหม ครับ // คุณ พูด อังกฤษ ได้ ไหม ครับ
KHuŅ-PPÛUD-ppAAsAA-ANGRÏT.DÂAI≈MHÁI-KRÁB/KHâ. //
KHuŅ-PPÛUD-ANGRÏT.DÂAI≈MHÁI-KRÁB/KHâ.

R- ¿Tiene usted algún seguro (de salud/sanitario) privado?
คุณ มี ประกัน สุขภาพ กับ บริษัท เอกชน ไหม คะ
KHuŅ-MII≈PRaCÄN-SuQ.=QHapÂAP-CAB.BORísÄT.EEĶ.=CaĊHÖN-MHÁI-KHâ.

P- No, no tengo seguro
ไม่ มี (ประกัน) ครับ
MÂI.≈MII-PRaCÄN-KRÁB

P- Sí, lo tengo con la compañía....
มี ครับ ทำ ประกัน กับ บริษัท...ไว้
MII≈KRÁB-THAM≈PRaCÄN-CAB.BORísÄT. ...

R- Siéntese y espere por favor
เชิญ นั่ง และ รอ ก่อน ค่ะ*
ĊHEEŃ≈NÂNG.Læ-ROo≈COoN.KHâ.*

* La palabra ĊHEEŃ (เชิญ) cuando va al principio de la oración significa "estás invitado a... / Te invito a..."

1-Siéntate por favor (te invito a sentarte)=เชิญ นั่ง = ĊHEEŃ-NÂNG.

2- Entra, por favor = เชิญ เข้า มา = ĊHEEŃ-QHÁO-MAA

P- Gracias
ขอบ คุณ ครับ/ค่ะ
QHOoB.≈KHuŅ-KRÁB/KHâ.

VOCABULARIO (CON EL DOCTOR)

Ahogar(-se)	หาย ใจ ไม่ ค่อย ออก	JÄAI≈LLÄI-MÂI.≈KHÖoI.OoĶ.
Alérgico(-ca)	แพ้	PPÆE
Antibiótico	ยา ปฏิ ชี วนะ	¥AA-PaÐTÏ.≈ĊHII≈UáNá
Bajar / Reducir	ลด	LÓD
Bebida alcohólica	เหล้า	LHÂO
Cada / Por cada	ต่อ	TOo.

VOCABULARIO (CON EL DOCTOR)

Cara / Rostro	หน้า / ใบ หน้า	NHÂA / BÄİ≈NHÂA
(Partículas de interrogación)	ใช่ ไหม // ไหม	ĊHÂİ.≈MHÁI // MHÁI
Cirrosis	โรค ตับ แข็ง	RÔOK-TAB.≈QHÆNGˇ
Coger	จับ	LLAB.
Comer (forma pulida)	ทาน	THAAN
Como / Como si...	เหมือน	MHŬUAN
¿Cómo...?	อย่าง ไร	¥AANG≈RÄI
Copa / Vaso	แก้ว	ĶÆÊŮ
Corte (herida)	รอย แผล บาด	RÖoI-PPLÆĔ-BAAD.
Coser	เย็บ	¥ÉB
Dâai (Partícula que indica que algo ha sucedido ya) // Poder	ได้	DÂAI
Dejar de/Abandonar/Cesar/Desistir	เลิก	LÊEĶ
¿De verdad? / ¿Sí o no?	จริง หรือ	LLINGƨ≈RHŬU
Deber (v.)	ควร	KHÜAŃ
Dentro de / En	ภาย ใน	ppÄAI≈NÄİ
Doler / Dolor	เจ็บ	LLEB.
Echar un vistazo / Examinar	ตรวจ ดู	TRÜAT.≈DUU
En realidad	อัน ที่ จริง	AN-THÎİ.≈LLINGƨ
En... / Dentro de....	ภาย ใน	ppÄAI≈NÄİ
Engañar / Mentir	โก หก	COO≈JOĶ.
Examinar	ตรวจ ดู	TRÜAT.≈DUU
Fiebre	ไข้	QHÂI
Fumar	สูบ บุหรี่	SUUB.≈BuRHĬI.

Gripe	ไข้ หวัด ใหญ่	QHÂI≈HUĂD.YHĂI.
Grupo	พวก	PPÜAĶ
Horrible / Malo(-la) / Mal	แย่	¥ÆÊ.
Intenso(-sa) / Fuerte	จัด	LLAD.
Intentar	พยา ยาม	PPá¥ÄA≈¥AAM
Inyectar / Pinchar(-se)	ฉีด ยา	CHIID.≈¥AA
Jarabe	ยา น้ำ	¥AA≈NÁAM
Poco a poco / Gradual	ค่อย	KHÖoI.
Justo aquí / Aquí	ตรง นี้	TRONG≈NÍÍ
Licor / Alcohol	เหล้า	LHÂO
Mal / Malo(-la)	แย่	¥ÆÊ.
Más de... / Más que...	มาก กว่า...	MÂAĶ≈CUÄA.
Medicina	ยา	¥AA
Merecer	สม ควร	SŎM≈KHÜAŇ
Mucho(-cha) / Cantidad	เยอะ	Yó
Ná (partícula para suavizar la frase)	นะ	Ná
(Tener) Náuseas	คลื่น ไส้	KLÛUN.≈SÂI
No haber (tener) problema	ไม่ มี ปัญหา	MÂI.≈MII-PAŃJĂA
No... (de prohibición)	อย่า...	¥AA. ...
Paquete / Sobre / Cajetilla	ซอง	ŠOoNG
Poner una inyección	ฉีด ยา	CHIID.≈¥AA
Problema	ปัญหา	PAŃJĂA
Profundo(-da) / Hondo(-da)	ลึก	LÚĶ

Radiografía	(ภาพ) เอ็กซ เรย์	ppÂAP-EĶS.≈REEย์
Recetar (medicina)	สั่ง ยา	SANG.≈¥AA
Reducir / Bajar	ลด	LÓD
Resfriado	หวัด / ไข้ หวัด	HUÄD. / QHÂI≈HUÄD.
Respirar	หาย ใจ	JĂAI≈LLÄI
Sabor	รส / รส ชาติ	RÓT / RÓT≈ĊHÂATติ (T=ส)
Salir / Irse // Expedir	ออก	OoĶ.
Sangre // Sangrar	เลือด // เลือด ออก	LÛUAD / LÛUAD≈OoĶ.
Sentir(-se) / Encontrarse	รู้ สึก	RÚU≈SUĶ
Siguiente / Próximo(-ma)	ต่อ ไป / ถัด ไป	TOo.≈PÄI / ŤHAD.≈PÄI
Síntoma	อาการ	AACAAŇ
Tabaco	ยา สูบ	¥AA≈SUUB
Tener miedo / Pánico/Temer	กลัว	CLÜA
Tocar / Coger	จับ	LLAB.
Tomar / Comer (formal)	ทาน	THAAN
Toser	ไอ	ÄI
Tremendo / Muy fuerte	หนัก มาก	NHAĶ.≈MÂAĶ
Vale / Bueno (poder)	โอเค / ได้	OOKHEE / DÂAI
Vaso / Copa	แก้ว	ĶÆÊŮ
Ver	เห็น	JĚN
Verdad (La)	ความ จริง	KHUÄAM≈LLINGร
Whisky	วิส กี้	UÍT=SaĶÍÌ

CONVERSACIÓN (CON EL DOCTOR)

P1- ¿En qué puedo ayudarle? (habla el doctor)
มี อะไร ให้ หมอ ช่วย บ้าง ครับ/คะ
MII≈aRÄI-JÂI≈MHŎo-ĊHÛAI.≈BÄANG-KRÁB/KHâ.

P2- ¿Dónde tiene/Cuál es el problema?
คุณ มี ปัญหา ตรง ไหน ครับ/คะ
KHuŅ-MII≈PAŃJĂA-TRONG≈NHĂI-KRÁB/KHâ.

R1- (Yo) No me encuentro bien
ฉัน/ผม รู้สึก ไม่ ค่อย ดี เลย
CHÁN/PPŎM-RÚU≈SUĶ.MÂI.≈KHÖol.DII-LÖOI

R2- (Yo) Me siento/encuentro mal
ฉัน/ผม รู้ สึก แย่
CHÁN/PPŎM-RÚU≈SUĶ.¥ÆÊ.

R3 -(Yo) Tengo fiebre
ฉัน/ผม มี ไข้
CHÁN/PPŎM-MII-QHÂI

P- (Tú/Usted) ¿Qué síntomas tiene(-s)?
คุณ มี อาการ อย่างไร บ้าง ครับ/คะ
KHuŅ-MII-AACAAŇ-¥AANG.≈RÄI-BÂANG-KRÁB/KHâ.

R1- Me duele justo aquí
ฉัน/ผม เจ็บ ตรงนี้
CHÁN/PPŎM-LLEB.TRONG≈NÍI

Los tailandeses no son muy dados a los excesos en las expresiones gramaticales, quizás por ello utilizan pocas veces la palabra "demasiado", acostumbran más bien a usar el adverbio "mucho(-cha)".

R2- (Yo) Tengo mucha fiebre (la fiebre muy alta) // Tengo náuseas
ฉัน/ผม มี ไข้ สูง มาก // ผม รู้ สึก คลื่น ไส้
CHÁN/PPŎM-MII-QHÂI-SŬUNG≈MÂAĶ // PPŎM-RÚU≈SUĶ.KLÛUN≈SÂI

R3- (Yo) Siento como si me ahogara
ฉัน/ผม รู้สึก เหมือน หายใจ ไม่ ค่อย ออก
CHÁN/PPŎM-RÚU≈SUĶ.MHŬUAN-JĂAI≈LLĂI-MÂI.≈KHÖol-OoĶ.

P- ¿Puedo echarle un vistazo?
ขอ ตรวจ ดู หน่อย นะ ครับ/คะ
QHŎo-TRÜAT.≈DUU-NHÖoI.Ná≈KRÁB/KHâ.

R- Claro, por supuesto / Puede, sí
ได้ ครับ
DÂAI≈KRÁB

P- ¿Le duele poco o mucho cuando le toco aquí?
คุณ รู้สึก เจ็บ นิดหน่อย หรือ เจ็บ มาก เมื่อ หมอ จับ ตรง นี้
KHuN̦-RÚU≈SUḴ.LLEB.NÍD≈NHÖoI-RHŪU-LLEB.MÂAḴ-MŪUA-MHŎo-LLAB.TRONG≈NÍÍ

R- No me duele / (Yo) No siento dolor // Me hace daño / Me duele
ฉัน/ผม ไม่ รู้สึก เจ็บ // ฉัน/ผม เจ็บ
*CHÁN/PPŎM-MÂI.RÚU≈SUḴ.LLEB. // CHÁN/PPŎM-LLEB. **

P- ¿Hace mucho tiempo que le pasa? / ¿Los síntomas son duraderos?
คุณ มี อาการ มา นาน หรือ ยัง
KHuN̦-MII-AACAAN̆-MAA-NAAN-RHŪU≈¥ANG

R1- Hace unos dos días
ประมาณ สอง วัน ได้
PRaMÄAN̆-SŎoNG≈UÄN-DÂAI

> * En caso de herida se debe decir "lleb.". Pero cuando es un dolor "ciego" se debe poner la palabra "püad." delante del órgano (parte) del cuerpo dolorido. Para decir "dolor de garganta" no se pone ni el verbo "tener", ni el verbo "sentir", hay que decir solamente "püad.khoo" (dolor-cuello/dolor-garganta).

R2- Hace más de un mes
เป็น มา มาก กว่า หนึ่ง เดือน
PEN≈MAA-MÂAḴ≈CUÄA.NHUNG.≈DŪUAN

P- ¿Es usted alérgico(-ca) a algo?
คุณ แพ้ อะไร ไหม
KHuN̦-PPÆE-aRÄI-MHÁI

> * Si se tiene un corte en la piel se debe decir la palabra "baad." (corte).

R1- (Yo) No soy alérgico(-ca) a nada
ไม่ ครับ ฉัน/ผม ไม่ แพ้ อะไร เลย
MÂI.≈KRÁB - CHÁN/PPŎM-MÂI.≈PPÆE-aRÄI-LÖOI

R2- Sí, yo soy alérgico(-ca) a....
ครับ ฉัน/ผม แพ้...*
*KRÁB * CHÁN/PPŎM-PPÆE...*

* Las partículas "kráb/khâ." también se usan para contestar "sí".

P- ¿Está tomando algún medicamento, o no?
คุณ กำลัง ทาน ยา อะไร อยู่ หรือ ไม่
KHuN̥-CAMLANG-THAAN≈¥AA-aRÄI-¥UU.RHŬU-MÂI.

R1- No estoy tomando nada
ไม่ ครับ ฉัน/ผม ไม่ ได้ ทาน ยา อะไร เลย
MÂI.≈KRÁB CHÁN/PPŎM-MÂI.≈DÂAI-THAAN≈¥AA-aRÄI-LÖOI

R2- Sí, estoy tomando estas pastillas
ครับ ฉัน/ผม ทาน ยา เหล่า นี้ อยู่
KRÁB CHÁN/PPŎM-THAAN≈¥AA-LHAO.≈NÍÍ-¥UU.

P- ¿Bebe usted mucho alcohol?
คุณ ดื่ม เครื่อง ดื่ม ที่ มี แอลกอฮอล์ บ่อย ไหม
KHuN̥-DUUM.KRÛUANG.≈DUUM.THÎÌ.MII-ÆEn≈COoĴOoร์ BÖoI.MHÁI (n/L)

R1- Unos 2 whiskys cada día
ฉัน/ผม ดื่ม วิสกี้ สอง แก้ว ต่อ วัน
CHÁN/PPŎM-DUUM.UÍT=SaK̦Íì-SŎoNG-K̦ÆÊŮ-TOo.≈UĂN

P- ¿Me está diciendo usted la verdad?, (yo, el doctor) creo que por el color de (tu) su cara me está(s) engañando.
คุณ พูด ความจริง กับ หมอ ใช่ ไหม ดู จาก สี หน้า คุณ แล้ว หมอ คิด ว่า คุณ กำลัง โกหก
KHuN̥-PPÛUD-KHUÄAM≈LLINGร-CAB.≈MHŎo-ĊHÂÌ.≈MÂI.DUU-LLAAK̦.Si.NHÂA-KHuN̥-LÆEŮ-MHŎo-KHÍD≈UÂA.KHuN̥-CAMLANG-COO≈JOK̦.

P-Si sigue(-s) bebiendo así, dentro de poco tendrá(-s) cirrosis
- ถ้า คุณ ยัง ดื่ม หนัก ต่อ ไป อีก ไม่ นาน คุณ จะ เป็น โรค ตับ แข็ง
- ŤHÂA-KHuN̥-¥ANG-DUUM.NHAK̦.TOo.≈PÄI-IIK̦.MÂI.≈NAAN-KHuN̥-LLa.PEN-RÔOK≈TAB.QHÆNGˇ

P- ¿Fuma(-s) (tú/usted) mucho?
คุณ สูบบุหรี่ จัด ไหม
KHuN̥-SUUB.≈BuRHÏI.LLAD.MHÁI

R- Una cajetilla (de tabaco) por día (diaria)
หนึ่ง ซอง ต่อ วัน
NHUNG.≈ŠOoNG-TOo.≈UÄN

P-¿De verdad?
จริง หรือ
LLINGร≈RHŬU

R- (Bueno) En realidad me fumo tres paquetes al día
อัน ที่ จริง ผม สูบ สาม ซอง ต่อ วัน
AN-THÍÌ.≈LLINGร-PPŎM-SUUB.(BuRHÏI.) SĂAM≈ŠOoNG-TOo.≈UÄN

P- (Tú/Usted) Debería(-s) intentar fumar menos
คุณ ควร ลด การ สูบ บุหรี่
KHuŅ-KHÜAŇ-LÓD-CAAŇ-SUUB.≈BuRHÏI.

R- (Yo) Intentaré dejar el tabaco y el alcohol
ผม จะ พยายาม เลิก บุหรี่ และ เหล้า
PPŎM-LLa.Pá¥ÄA≈¥AAM-LÊEĶ-BuRHÏI.Læ-LHÂO

P- Tengo una fiebre intensa
ผม เป็น ไข้ หนัก มาก
PPŎM-PEN-QHÂI-NHÁĶ≈MÂAĶ

P- Tosa lo más fuerte posible
ไอ ออก มา ให้ แรง ที่ สุด
ÂI-OoĶ.≈MAA-JÂI≈RÆENG-THÍÌ.≈SuD.

P- (Yo, el médico) Le recetaré un jarabe que sabe a gloria
หมอ* จะ จ่าย ยาน้ำ ที่ รสชาติ ดี มาก
MHŎo* LLa.LLÄAI.¥AA≈NÁAM-THÍÌ.RÓT≈ĊHÂATติ-DII≈MÂAĶ (T=ส)

R- Todos esos jarabes están horribles de sabor
ยา น้ำ รส ชาติ แย่ ทั้ง นั้น
¥AA≈NÁAM-RÓT≈ĊHÂATติ-¥ÆÊ-THÂNG≈NÁN (T=ส)

R- Me sale mucha sangre
เลือด ออก เยอะ มาก
LHÛUAD≈OoĶ.¥ó≈MÂAĶ

P- Es un corte profundo, necesitaremos ponerle unos 5 puntos de sutura
รอย แผล บาด ลึก มาก ต้อง เย็บ ประมาณ 5 เข็ม
RÖoI-PPLÆĔ≈BAAD.LÚḴ≈MÂAḴ-TÔNG≈¥ÉB-PRaMÄAṈ-JÂA≈QHĔM

P- Le debemos poner una inyección (deber inyectar)
ต้อง ฉีด ยา
TÔNG-CHIID.≈¥AA

R- (Doctor) Recéteme lo que quiera, pero por favor no me pinche, le tengo pánico
หมอ จะ ทำ อะไร ก็ได้ แต่ อย่า ฉีดยา เลย ผม กลัว
MHŎo-LLa.THAM≈aRÄI-CÔO≈DÂAI-TÆE.¥AA.CHIID.≈¥AA-PPŎM-CLÜA

P- Le voy a recetar (repartir/distribuir) estos antibióticos, deberá tomarlos cada 8 horas
*หมอ จะ จ่าย ยา ปฏิชีวนะ พวก นี้ ให้ คุณ ต้อง ทาน ทุกๆ 8 ชม.**
*MHŎo-LLa.LLÄAI.¥AA-PaÐTÏ.≈ĊHII≈UáNá-PPÜAḴ≈NÍI-JÂI≈KHuṈ-TÔNG-THAAN-THúḴ≈THúḴ≈PÆED.ĊHÛA.≈MOONG **

* ชม. es la abreviación de ชั่วโมง ĊHÛA.≈MOONG (hora)

P- (Nosotros) Le debemos hacer una radiografía
เรา ต้อง เอกซเรย์ คุณ
RÄO-TÔNG-EEḴS≈REEย์-KHuṈ

R- Hagan lo que vean que deben hacer (lo que merezca)
ทำ ตาม ที่ เห็น สมควร เถอะ ครับ
THAM-TAAM-THÍÌ.JĔN-SŎM≈KHÜAŇ-ŤHœ-KHuṈ

R- (Yo) Quisiera que me hiciera un justificante médico
ฉัน/ผม อยาก ให้ คุณ ช่วย ออก ใบ รับ รอง แพทย์ ให้ หน่อย
CHÁN/PPŎM-¥AAḴ.JÂI≈KHuṈ-ĊHÛAI.OoḴ.≈BÄI-RÁB≈ROoNG-PPÆÊTย์-JÂI≈NHÓoI

P- No hay problema, se lo hago en 5 minutos
ไม่ มี ปัญหา หมอ จะ ไป ทำ ให้ ภาย ใน 5 นาที*
MÂI.≈MII-PAŃJĂA-MHŎo LLa.≈PÄI-THAM≈JÂI-ppÄAI≈NÄI-JÂA≈NAATHII*

* Los doctores en Tailandia apenas usan el pronombre personal "yo", ellos se llaman a sí mismos "MHŎo" / หมอ (doctor).

TEST
Leer y escribir en español las siguientes palabras *(soluciones en la pág. 314)*

1	ของ	QHŎoNG	
2	กับ	CAB.	
3	อยู่	¥UU.	
4	คน	KHON	
5	ใคร	KRÄİ	
6	ได้	DÂAI	
7	ชิม	ĊHIM	
8	รู้	RÚU	
9	อะไร	aRÄI	
10	ชั้น	ĊHÁN	
11	จริง หรือ	LLINGڑ≈RHŬU	
12	หมอ	MHŎo	
13	พยายาม	PPá¥ÄA≈¥AAM	
14	แพ้	PPǼE	
15	ซอง	SOoNG (tabaco)	

* Las 2 vocales "OO" largas las diferenciamos poniéndole a la vocal อ (oo-aang.) la segunda "o" en minúscula. Ejemplo: ของ = QHŎ**o**NG
Mientras que la vocal โ (sa.ra. "OO") tiene las dos "OO" en mayúsculas.
Ejemplo: โมง = MOONG (hora)

* Cuando una palabra lleve el signo (≈) de enlace significa que las dos sílabas (la anterior y posterior al signo) se deben leer muy seguidas. Ejemplos:
1- THAM≈aRÄI
2- RÁB≈ROoNG

TEST

Escribir las transcripciones de la izquierda en tailandés *(soluciones en pág. 314)*

	A	
1	BAAร์	
2	¥AA.	
3	QHÄO.	
4	MÁA	
5	MÂI.	
6	SÄI.	
7	MHĂA *	
8	BÂA	
9	QHĂO	
10	FĂA	
11	MHÄI. *	
12	MAA	
13	PPAA.	
14	¥AA	
15	¥ÂA	
16	S<u>ŬU</u>A	
17	FÁA	

	B	
1	JÂI	
2	CAN	
3	QHŎo	
4	¥AAĶ.	
5	QHÄI	
6	THAAN	
7	QHÜAD	
8	PP<u>ÛU</u>AN *.	
9	PP<u>Û</u>NG *	
10	NÍÌ.	
11	CHING.	
12	PÄI	
13	THÍÌ.	
14	LLa.	
15	RÄO	
16	THAM	
17	UÄN≈NÍÍ	

* La letra ห (jŏo-jiib.) acostumbra a ser muda, nosotros la transcribimos para que esto nos ayude a recordar las palabras que se escriben con dicha consonante (ห).

* Cuando la vocal "<u>U</u>" media va subrayada es la vocal que parece un "sombrerito" ื , pero si la vocal "<u>UU</u>" va subrayada y es doble, entonces la vocal es esta: ื / ือ (en una de sus 2 versiones).

TEST (DOCTOR)
Enlazar los números de la columna 1 con las letras que correspondan

1	Resfriado	=	A	จับ	LLAB.
2	Todavía	=	B	เจ็บ	LLEB.
3	Toser	=	C	กลัว	CLÜA
4	Doler	=	D	วิส กี้	UÍT=SaĶÎÌ (T=ส)
5	Fiebre	=	E	โอเค / ได้	OOKHEE / DÂAI
6	Ver	=	F	หวัด	HUÄD.
7	Fumar	=	G	ไอ	ÂI
8	Jarabe	=	H	โก หก	COO≈JOĶ.
9	Engañar / Mentir	=	I	ไข้ หวัด ใหญ่	QHÂI-HUÄD.≈YHÄI.
10	Tocar / Coger	=	J	ยัง	¥ANG
11	Medicina	=	K	ยา น้ำ	¥AA≈NÁAM
12	Minuto	=	L	ไม่ มี ปัญหา	MÂI.≈MII-PAŃJĂA
13	Gripe	=	M	สูบ บุหรี่/สูบ	SUUB.≈BuRHÏI. / SUUB.
14	Vale / Bueno (Puedo)	=	N	ไข้	QHÂI
15	No hay problema	=	Ñ	นาที	NATHII
16	Whisky	=	O	หนัก มาก	NHÁĶ≈MÂAĶ
17	Tener miedo	=	P	ยา	¥AA
		=	Q	แก้ว	ĶÆÊŮ
	(soluciones, pág. 314)	=	R	เห็น	JĔN

TEST
Escribir estas palabras con nuestra transcripción

A

1	ปี	
2	ยัง	
3	กับ	
4	กี่	
5	ของ	
6	อายุ	
7	อยู่	
8	มาก	
9	อีก	
10	เลย	
11	คน	
12	เดียว	
13	โม ร ศัพท์	
14	หนึ่ง	
15	คุณ	
16	ผม	
17	ฉัน	
18	ชั้น	
19	ได้	
20	ใคร	
21	อะไร	
22	เปิด	*(soluciones, pág. 314)*

B

ไหม	
บาร์	
บ้า	
ผ้า	
ยา	
มา	
ใกล	
ใก้ล	
เพื่อน	
กิน	
ให้	
วัน นี้	
ไป	
ขอ	
ได้ ไหม	
ทำ งาน	
คอน โด	
คืน	
เมือง	
ติด	
รวม	
ร้าน	*(soluciones, pág.315)*

Lección 12

Contenido:

VOCABULARIO ("LIGANDO" EN TAILANDIA)

Calle	ถ นน	ŤHaNŎN
Caravana / Atasco	รถ ติด	RÓŤ≈TID.
Cenar	ทาน อาหาร เย็น	THAAN-AAJĂAŇ≈¥EN
Centro comercial	ห้าง (สรรพ สิน ค้า)/ ศูนย์ การ สิน ค้า	JÂANG (SAP,=Pá-SĬN≈KHÁA) / ŞŬUNย์-CAAŇ-SĬN≈KHÁA
Comida española	อาหาร สเปน	AAJĂAŇ-SaPËEN
Comida tailandesa	อาหาร ไทย	AAJĂAŇ-THÄAI,
Embotellamiento	รถ ติด	RÓŤ≈TID.
Esquina	หัว มุม	JŬA≈MuM
Fin de semana próximo	สุด สัป ดาห์ หน้า	SuD.SAP.≈DAAห์-NHÂA
Ir de viaje / Ir a pasear	ไป เที่ยว	PÄI≈THÎAŮ.
Justo(-ta)	ตรง	TRONG
Llegar tarde	มา สาย	MAA≈SĂAI
Lo siento / Perdón	ขอ โทษ / ขอ อภัย	QHŎo≈THÔOT /QHŎo≈appÄI,
Mía (de ella)	ของ ฉัน	QHŎoNG≈CHÁN
Persuadir / Invitar / Convencer	ชวน	ĊHÜAN
Plan	แผน	PPÆĔN
Por la tarde	ตอน บ่าย	TOoN≈BÄAI.
Quedar / Encontrarse / Reunirse	เจอ กัน	LLŒ≈CAN
Recoger / Ir a recoger	ไป รับ	PÄI≈RÁB
Restaurante (italiano/mejicano)	ร้าน อาหาร (อิตาเลียน/เม็กซิกัน)	RÁAN≈AAJĂAŇ (ITÄA≈LĬAN / MÉĶ≈ŠíCAN)

CONVERSACIÓN (¨LIGANDO EN TAILANDIA¨)

P- ¿Qué vas a hacer esta noche?
คุณ จะ ทำ อะไร คืน นี้
KHuŅ-LLa.THAM≈aRÄI-KHUUN-NÍÍ

R1- No voy a salir (a ningún sitio) / Estoy muy cansada
ฉัน จะ ไม่ ออก ไป ไหน / ฉัน เหนื่อย มาก
OoĶ.LLa.MÂI.OoĶ.≈PÄI-NHĂI / CHÁN-NHÜUAI.≈MÂAĶ

R2- No lo he pensado (aún) / Si me invitas (persuades) a algún sitio voy
ฉัน ยัง ไม่ ได้ คิด เลย / ถ้า คุณ ชวน ฉัน ฉัน จะ ไป
CHÁN-¥ANG-MÂI.≈DÂAI.KHÍD-LÖOI / ŤHÂA-KHuŅ-ĊHÜAN≈CHÁN-LLá.≈PÄI

P- ¿Tienes algún plan para ...(o aún no)?
คุณ มี แผน อะไร สำ หรับ...หรือ ยัง
KHuŅ-MII-PPÆĔN-aRÄI-SĂM≈RHAB. ... RHŬU-¥ANG

...esta noche? / ...para mañana? / ...el fin de semana (este)?
..คืน นี้ /...พรุ่ง นี้ /...สุด สัป ดาห์ นี้
... KHUUN≈NÍÍ / ... PRûNG≈NÍÍ / ... SAP.≈DAAห์-NÍÍ

P- ¿Estás libre...
คุณ ว่าง...ไหม
KHuŅ-UÂANG. ...MHÁI

...esta noche? /...mañana por la tarde? /...el fin de semana que viene?
...คืน นี้... /...พรุ่ง นี้ ตอน บ่าย /...สุด สัป ดาห์ หน้า
... KHUUN≈NÍÍ... / ... PRûNG≈NÍÍ-TOoN≈BÄAI. / ... SuD.SAP.≈DAAห์-NHÂA

P- ¿Te gustaría salir esta noche?
คุณ อยาก จะ ออก ไป เที่ยว คืน นี้ ไหม
KHuŅ-¥AAĶ.LLa.OoĶ.PÄI≈THÎAů.KHUUN≈NÍÍ-MHÁI

R1- Lo siento no puedo / Estoy muy ocupada esta noche
ขอ โทษ ด้วย ฉัน ไป ไม่ ได้ / คืน นี้ ฉัน ยุ่ง มาก*
QHŎo≈THÔOT-DÛAI CHÁN-PÄI-MÂI.≈DÂAI. / KHUUN≈NÍÍ-CHÁN-¥ûNG.≈MÂAĶ (T=ษ)*

R2- Tengo mucho trabajo por hacer
ฉัน มี งาน ต้อง ทำ เยอะ มาก
CHÁN-MII≈NGAAN-TÔNG≈THAM-¥ó≈MÂAĶ

R3- Bueno, pero me pasas a recoger
ได้ แต่ คุณ ต้อง มา รับ ฉัน
DÂAI TÆE.KHuŅ-TÔNG≈MAA-RÁB≈CHÁN

* ได้ (dâai) es una palabra irregular, se escribe con el diptongo medio "äi" pero normalmente se pronuncia como si fuera un diptongo largo de duración. Nivel 6.

R4- ¡Me parece genial! / Yo pienso que eso es lo mejor
ฉัน คิด ว่า มัน เป็น ความ คิด ที่ ดี มาก
CHÁN-KHÍD≈UÂA.MAN-PEN-KHUÄAM≈KHÍD-THÎÌ.≈DII-THÎÌ.≈SuD.

P- ¿Quieres ir a cenar (por la noche) a un restaurante español?
คุณ อยาก จะ ไป ทาน อาหาร ค่ำ ที่ ร้าน อาหาร สเปน ไหม
KHuŅ-¥AAĶ.LLa.PÄI-THAAN≈AAJĂAŇ-KHAM.THÎÌ.RÁAN≈AAJĂAŇ-SaPËEN-MHÁI

R- Me encanta la comida española
ฉัน ชอบ อาหาร สเปน มาก
CHÁN-ĊHÔoB-AAJĂAŇ-SaPËEN-MÂAĶ

* Cuando se habla de "la noche" lo normal es decir "khuun" (คืน), pero "kham" (ค่ำ) también significa "noche/crepúsculo".

R2- Prefiero (más) ir a un restaurante tailandés
ฉัน อยาก ไป ร้าน อาหาร ไทย มาก กว่า
CHÁN-¥AAĶ.PÄI-RÁAN≈AAJĂAŇ-THÄAI,MÂAĶ≈CUÄA.

R3- Podíamos ir (Vamos) a un restaurante italiano/mejicano/francés
เรา ไป ร้าน อาหาร อิตาเลียน/เม็กซิกัน/ฝรั่ง เศส ก็ ได้
RÄO-PÄI-RÁAN≈AAJĂAŇ-ITÄA≈LÏAN/MÉĶ≈ŠíCÄN/-FaRÄNG.≈ŞEET-CÔO≈DÂAI (T=ส)

P- ¿A qué hora quedamos nos vemos/nos encontramos?
เรา จะ เจอ กัน กี่ โมง
RÄO-LLa.LLŒ≈CAN-ĶII.≈MOONG

R1- Nos vemos (encontramos) a las 7 de la tarde
เจอ กัน ตอน หนึ่ง ทุ่ม ตรง
LLŒ≈CAN-TOoN NHUNG.≈THûM.TRONG

P- ¿Dónde quieres que nos encontremos?
เรา จะ นัด เจอ กัน ตรง ไหน ดิ
RÄO-LLA.LLŒ≈CAN-TRONG≈NHĂI-DI

R1- En la esquina de la calle de mi oficina
ตรง หัว มุม ถนน ออฟ ฟิศ ของ ฉัน
TRONG-JŬA≈MuM-ŤHaNŎN-OoP≈FÍT-QHŎoNG≈CHÁN (P=ฟ) (T=ศ)

R2- Justo enfrente de la puerta del Karaoke Helen´s
ตรง หน้า ประตู ร้าน คาราโอเกะ เฮเลน
TRONG-NHÂA-PRaTÜU-RÁAN≈KHAARAA≈OOĶe. JELEN

R3- En la entrada del centro comercial...
ตรง ทางเข้า ห้าง (สรรพ สินค้า)...
TRONG-THAANG≈QHÁO-JÂANG (SAP,=Pá-SĬN≈KHÁA)

P- De acuerdo, allí estaré justo a la hora/a la hora en punto
ตกลง ผม จะ ไป เจอ คุณ ที่ นั่น ตรง เวลา
TOĶ.≈LONG-PPŎM-LLa.≈PÄI--LLŒ≈KHuŅ-THÍÌ.≈NÂN.TRONG-UËE≈LAA

P- ¿Has estado esperando mucho tiempo?
คุณ รอ ฉัน/ผม นาน มาก ไหม
KHuŅ-ROo-CHÁN/PPŎM-NAAN-MÂAĶ-MHÁI

R- Te estoy esperando desde hace 20 minutos
ฉัน/ผม รอ คุณ มา 20 นาที แล้ว
CHÁN/PPŎM-ROo-KHuŅ-MAA-¥ÍÌ.≈SIB.NAATHII-LǼEŮ

P- ¿A qué hora has llegado?
คุณ มา ถึง กี่ โมง
KHuŅ-MAA≈ŤHŬNG-ĶII.≈MOONG

R- Acabo de llegar hace dos minutos (ya)
ฉัน/ผม มา ถึง ได้ 2 นาที แล้ว
CHÁN/PPŎM-MAA≈ŤHŬNG-DÂAI-SŎoNG≈NAATHII-LǼEŮ

P- Siento el llegar tarde, pero había mucho tráfico
ขอโทษ นะ ที่ มา สาย แต่ รถติด มาก
QHŎo≈THÔOT-Ná-THÍÌ.MAA≈SĂAI-TǼE.RÓŤ≈TID.MÂAĶ

LAS ESTACIONES DEL AÑO / ฤดู

Las estaciones del año en Tailandia no son Primavera, Verano, Otoño e Invierno, para los tailandeses sólo hay 3 estaciones, la Calurosa, la Lluviosa y la Fría.

Forma coloquial

หน้า ร้อน	NHÂA-RÓoN	Estación caliente (verano)
หน้า หนาว	NHÂA-NHĂAŮ	Estación fría (invierno)
หน้า ฝน	NHÂA-FŎN	Estación de lluvias

Forma más formal

ฤดู ร้อน	RúDÜU-RÓoN	Estación caliente (verano)
ฤดู หนาว	RúDÜU-NHĂAŮ	Estación fría (invierno)
ฤดู ฝน	RúDÜU-FŎN	Estación de lluvias

1/ La estación fría comprende los meses de noviembre a febrero
2/ La estación caliente comprende los meses de marzo a junio
3/ La estación de lluvias comprende los meses de julio a octubre

ฤดู น้ำ หลาก	RúDÜU-NÁAM-LHAAK̦.	*Estación de inundaciones**

* Aunque no es una estación propiamente dicha, últimamente dicen mucho¨estación de inundaciones¨a causa de las grandes inundaciones que ha sufrido Tailandia en los últimos años.

Temporadas de turismo: alta y baja

Temporada alta	.ÎÄI-ŠII≈ŠAN. / RúDÜU-CAAŇ-THÔoNG.≈THÎAŮ.	ไห ซี ซั่น/ ฤดู การ ท่อง เที่ยว
Temporada baja	LOOร์-ŠII≈ŠAN.	โลว์ ซี ซั่น

VERBO "QUERER" (diferentes formas del verbo querer)

1- "TÔNG≈CAAŇ" es la forma más formal para "querer" algo.

ต้องการ	TÔNG≈CAAŇ	Querer / Necesitar

¿Qué te gustaría hacer hoy?	TÔNG≈CAAŇ-THAM≈aRÄI-UÄN≈NÍÍ	ต้องการ ทำ อะไร วันนี้
¿Quieres agua?	TÔNG≈CAAŇ-NÁAM≈DUUM.NHÖol.MHÁI	ต้อง การ น้ำ ดื่ม หน่อย ไหม
No sabes lo que quieres	MÂI.≈RÚU-UÂA.KHuŅ-TÔNG≈CAAŇ-aRÄI	ไม่ รู้ ว่า คุณ ต้อง การ อะไร
¿Tú qué quieres de mí?	TÔNG≈CAAŇ-aRÄI-LLAAĶ.CHÁN	คุณ ต้อง การ อะไร จาก ฉัน
Haremos lo que tú quieras	CHÁN-LLa.THAM≈aRÄI-TAAM≈LLÄI-TÔNG≈CAAŇ	ฉัน จะ ทำ อะไร ตาม ใจ ต้อง การ

2- "¥AAK." es un verbo auxiliar, siempre va seguido de otro verbo

อยาก	¥AAĶ. ...	Querer / Desear / Apetecer

No quiero ver la tele (televisión)	CHÁN-MÂI.≈**¥AAĶ.DUU**-THII≈UÏI	ฉัน ไม่ อยาก ดู ที วี
Quiero agradecer...	CHÁN-**¥AAĶ.QHOoB.≈KHuŅ**...	ฉัน อยาก ขอบ คุณ

3- Al verbo "AO" normalmente le sigue un sustantivo

เอา	ÄO	Querer / Coger / Traer

De acuerdo, quiero este	TOĶ≈LONG-CHÁN-ÄO≈NÍÍ	ตกลง ฉัน เอา นี้
Cógelo	ÄO-MAN≈MAA	เอา มัน มา
No quiero	MÂI.≈ÄO	ไม่ เอา

ÄO≈PÄI literalmente significa "querer ir", pero su significado real es "coger algo".

4- ¥AAĶ.DÂAI

อยาก ได้	¥AAĶ.≈DÂAI	Querer conseguir/obtener

A mí me gustaría tener ...	CHÁN-¥AAĶ.≈DÂAI...	ฉัน อยาก ได้

PREFIJOS / คำอุปสรรค

KHUÄAM / ความ

El prefijo "KHUÄAM" se utiliza para convertir un adjetivo o un verbo en un sustantivo.

จำ เป็น	LLAM≈PEN	Necesitar
ความ จำ เป็น	KHUÄAM-LLAM≈PEN	La necesidad

จริง	LLINGร	Verdadero(-da) / Cierto(-ta)
ความ จริง	KHUÄAM-LLINGร	La verdad

ตาย	TÄAI	Morir
ความ ตาย	KHUÄAM-TÄAI	La muerte

CAAŇ / การ

El prefijo "CAAŇ" se utiliza para convertir un verbo o un adjetivo en un sustantivo verbal. Tiene un significado más dinámico.

ผลิต	PPaLÏT.	Producir / Manufacturar
การ ผลิต	CAAŇ-PPaLÏT.	La producción

ขี่	QHII.	Pasear (en)
การ ขี่	CAAŇ-QHII.	El paseo (en)

อนุญาต	aNúYÂAT	Permitir
การอนุญาต	CAAŇ-aNúYÂAT	El permiso

VOCABULARIO (EN EL TAXI)

Abrir // Bajar (ventana)	เปิด	PEED.
Apretar	กด	COD.
Cortar / Partir / Dividir	ตัด	TAD.
Dar el cambio / Devolver el dinero	ทอน เงิน	THOoN-NGEN
Dinero	เงิน	NGEN
Dirección	ที่ อยู่	THÎÌ.≈¥UU.
Estar mareado(-da)	เมา รถ	MÄO≈RÓŤ
Extender / Hacer (cheque,etc.)	ออก	OoĶ.
Llevar / Guiar	พา	PPAA
Marearse (vehículo//barco)	เมา รถ//เมา เรือ	MÄO≈RÓŤ // MÄO≈RÜUA
Medidor / Contador	มิเตอร์	MíTŒ$^
Parar	หยุด	¥HuD.
Poder / Poder hacer algo	สามารถ	SĂA≈MÂAŤ$
Poner / Apretar	กด	COD.
Presionar / Apretar	กด	COD.
Recibo	ใบ เสร็จ	BÄİ≈ŠET.
Seguir / Perseguir	ตาม	TAAM
Subir al vehículo	ขึ้น รถ	QHÛN≈RÓŤ
Taxi	แท็ก ซี่	THÆĶ≈ŠÎÌ.
Taxímetro	แท็ก ซี่ มิเตอร์	THÆĶ≈ŠÎÌ.MíTŒ$^
Vehículo	รถ	RÓŤ
Ventanilla / Cristal / Vidrio	กระจก	CRaLLÖĶ.

CONVERSACIÓN (EN EL TAXI)

P- (Yo) Estoy en...
ฉัน/ผม อยู่ ที่...
CHÁN/PPŎM-¥UU.THÍÌ..

...el hotel / el apartamento.../ ....la esquina (de la calle), entre la calle 23 y la calle 25
...โรง แรม.../...อพาร์ทเมนท์ /...หัว มุม ถนน 23 ตัด กับ ถนน 25
... ROONG≈RÆEM ... / ...aPÁATร์≈MÉENท์ / ...JŬA≈MuM-ŤHaNŎN 23 CAB.ŤHaNŎN 25

P- ¿Le molesta si abro la ventanilla (de vehículo)?, por favor (Yo-pedir-abrir-cristal..)
ฉัน/ผม ขอ เปิด กระจก รถ ได้ ไหม
CHÁN/PPŎM-QHŎo-PEED.CRaLLŎĶ.RÓŤ-DÂAI≈MHÁI

P- Lléveme a esta dirección, por favor
ช่วย พา ผม ไป ตาม ที่ อยู่ นี้ ด้วย ครับ/ค่ะ
ĊHÛAI.PPAA-PPŎM-PÄI-TAAM-THÍÌ.≈¥UU.NÍÍ-DÛAI-KRÁB/KHâ.

P- Me estoy mareando, pare el coche por favor
ฉัน/ผม รู้ สึก เมา รถ ช่วย หยุด รถ ด้วย ครับ/ค่ะ
CHÁN/PPŎM-RÚU≈SUĶ≈.MÄO≈RÓŤ-ĊHÛAI.¥HuD.≈RÓŤ-DÛAI-KRÁB/KHâ.

P- ¿(Tú/Usted) Me podría(-s) hacer un recibo?
คุณ ออก ใบ เสร็จ ให้ ฉัน (ผม) ได้ไหม
KHuŅ-OoK.BÄI≈ŚÉT-JÂI≈CHÁN (PPŎM) DÂAI≈MHÁI

P- ¿(Tú/Usted) Me puede(-s) recoger en mi hotel a las ... en punto?
คุณ ช่วย มา รับ ฉัน(ผม) ที่ โรง แรม ตอน...ตรง ได้ ไหม
KHuŅ-ĊHÛAI.MAA≈RÁB-CHÁN THÍÌ.ROONG≈RÆEM-TOoN... TRONG-DÂAI≈MHÁI

P- Pon/Ponga el contador/taxímetro por favor
ช่วย กด มิเตอร์ หน่อย ครับ/ค่ะ
ĊHÛAI.COD. .MíTŒร์^-NHÖol.KRÁB/KHâ.

P- Quédese con el cambio / No hace falta que me dé el cambio
ไม่ ต้อง ทอน (เงิน)
MÂI.≈TÔNG-THOoN (NGEN)

P- (Yo) Quiero que me lleve a esta dirección
ฉัน/ผม อยาก ให้ คุณ พา ผม ไป ตาม ที่ อยู่ นี้
CHÁN/PPŎM-¥AAḴ.JÂI≈KHuṆ-PPA-PPŎM-PÄI-TAAM-THÎÌ.≈¥UU.NÍÍ

P- Si no pone el medidor (taxímetro) no nos subimos (en su coche)
ถ้า คุณ ไม่ กด มิเตอร์ (แท็กซี่มิเตอร์) เรา จะ ไม่ ขึ้น รถ ของ คุณ
ŤHÂA-KHuṆ-MÂI.≈COD.MíTŒŕ^ (THÆḴ≈ŠÌÌ.≈MíTŒŕ^) RÁO-LLa.MÂI.≈QHÛN-RÓŤ-QHŎoNG≈KHuṆ

P- ¿Se puede fumar aquí (encima/sobre) en el taxi?
สามารถ สูบ บุหรี่ บน รถ แท็กซี่ ได้ ไหม
SĂA≈MÂAŤS-SUUB.≈BuRHÏI.BON≈RÓŤ-THÆḴ≈ŠÌÌ.DÂAI≈MHÁI

P- ¿Tiene(-s) el número (de teléfono) de alguna compañía de taxis?
คุณ มี หมาย เลข โทรศัพท์ ของ บริษัท รถ แท็กซี่ ไหม
KHuṆ-MII-MHĂAI≈LÊEQ-THOORáSÄPΉ-QHŎoNG-BORísÄT.RÓŤ-THÆḴ≈ŠÌÌ.MHÁI

TEST
Leer las siguientes palabras en voz alta y escribir el significado en español

1	เป็น / คือ	PEN / KHUU	
2	คุณ	KHuṆ	
3	เพื่อน	PPÛUAN.	
4	กิน	ḴIN	
5	ขอ	QHŎo	
6	ใช่	ĊHÂI.	
7	ทำ งาน	THAM≈NGAAN	
8	โรง แรม	ROONG≈RAEEM	
9	ผม	PPŎM	
10	เดียว	DÏAŮ	*(soluciones, en la parte baja de la pág.315)*

USO DEL "MÂI.≈DÂAI" ไม่ได้ (NO PODER / NO)

MÂI.≈DÂAI significa "no poder", pero también se usa para decir "no".

1	Yo pienso que ya no podré hacerlo de nuevo	ฉัน คิด ว่า จะ ไม่ ได้ ทำ อีก แล้ว	CHÁN-KHÍD≈UÂA.LLa.MÂI.≈ DÂAI-THAM-IIĶ.LǼEŮ

2	Yo no volveré a casa	ฉัน จะ กลับ บ้าน ไม่ ได้	CHÁN-LLa.CLAB.≈BÂAN-MÂI.≈DÂAI

Pero cuando MÂI.≈DÂAI va situado delante de un verbo, significa que no se ha podido o que no se ha hecho lo que el verbo posterior a MÂI.≈DÂAI diga:

1	No he ido a.... / No he podido ir a...	ไม่ ได้ ไป...	MÂI.≈DÂAI-PÄI...

2	Yo no dije mentiras	ฉัน ไม่ ได้ พูด โก หก	CHÁN-MÂI.≈DÂAI-PPÛUD-COO≈JOĶ.

3	Yo no he pedido esto	ฉัน ไม่ ได้ สั่ง อัน นี้	CHÁN-MÂI.≈DÂAI-SANG. AN≈NÍÍ

Hay 5 formas diferentes de contestar con la palabra "no" :

1- MÂI. / 2- MÂI.≈CHÂI. / 3-PLÄAO. / 4- MÂI.≈DÂAI / 5- MÂI.≈ÄO
1- ไม่ / 2- ไม่ ใช่ / 3- เปล่า / 4- ไม่ ได้ / 5- ไม่ เอา

¿Lo has entendido?	เขา ใจ ไหม	QHÂO≈LLÄI-MHÁI

No lo entiendo	ไม่ เขา ใจ	CHÁN-MÂI.≈QHÂO≈LLÄI

BREVE GUÍA DE PRONUNCIACIÓN DE ALGUNOS DIPTONGOS Y TRIPTONGOS

Diptongos

-ÄI (ไ-/ใ-)	Diptongo parecido al de la palabra "t**ai**landés".
-ÄAI (-าย)	Diptongo parecido al de "fum**áis**", pero un poco más largo.
-ÄO (เ-า)	Diptongo parecido al de la palabra "**ao**rta".
-ÄAŮ (-าว)	Diptongo parecido al de la palabra "**Au**stralia".
-ÏA (เ-ีย)	Diptongo con vocales parecidas a las de la palabra "m**ía**".
-ÖOI (โ-ย)	Diptongo parecido al de "h**oy**", pero un poco más largo.
-ÜA (-ัว/-ว)	Diptongo parecido al de la palabra "p**úa**".
UËE- (เ-ว)	Diptongo parecido al de "h**ue**vo", pero un poco más largo.
UÏI (วี)	Diptongo parecido al de la palabra "h**ui**r" .

Triptongos

-ÏAŮ (เ-ียว)	Triptongo parecido al de la palabra "resfr**iao**" (resfriado, en voz de un andaluz), pero con la ¨**o**¨ más cerrada.
UÄI (ไว)	Triptongo parecido al de "S**UÄI**S" (sudáis, en voz de un andaluz).
UÏA (เวีย)	Triptongo parecido al de la palabra "hu**ía**".

TEST
Practicar la pronunciación con los tonos correspondientes

Tono medio	Tono bajo	Tono descen-dente	Tono alto	Tono as-cendente
BAA§	DEĶ.	KHâ.	KRÁB	QHŎoNG
KHuŅ	CÄI.	MÂI	CHÁN	RÄO
KHON	IIĶ.	PPÔo.	KRÁNG	NHĂI
PLAA	TÄO.	MÆÊ.	PPÁĶ	PPŎM
DÏAŮ	LLOD.	DÂAI	RÚU	JĂA
CUÄA	TUĶ.	MÂAĶ	PPÓB	SŬAI
KRÄİ	¥UU.	CHÛU.	THúK	QHĂO

Diferentes tonos en la misma palabra	Diferentes tonos en la misma palabra
MÛUA.≈RÄI.	THÍÌ.≈NHĂI
THÂO.≈RÄI.	THÍÌ.≈NÍÌ.
SaUÄT.≈DII	PPÔo.≈MÆÊ.
MÂI.≈RÚU	MHĂAI≈LÊEQ
QHOoB.≈KHuŅ	AA¥ú
IIĶ.≈KRÁNG	THOORáSÄPท์
¥ÍÌ.≈SIB	¥ÍÌ.≈SIB.SII.
THÍÌ.≈SII.	THÁNG≈MHOD.

TEST
Leer en voz alta estas sílabas que llevan consonantes "altas"

ขะ	ขา	เข	ขิ	ขี	โข	ขุ	ขู	เขา	ไข	ขาย
ฉะ	ฉา	เฉ	ฉิ	ฉี	โฉ	ฉุ	ฉู	เฉา	ไฉ	ฉาย
ถะ	ถา	เถ	ถิ	ถี	โถ	ถุ	ถู	เถา	ไถ	ถาย
ผะ	ผา	เผ	ผิ	ผี	โผ	ผุ	ผู	เผา	ไผ	ผาย
ศะ	ศา	เศ	ศิ	ศี	โศ	ศุ	ศู	เศา	ไศ	ศาย
ษะ	ษา	เษ	ษิ	ษี	โษ	ษุ	ษู	เษา	ไษ	ษาย
หะ	หา	เห	หิ	หี	โห	หุ	หู	เหา	ไห	หาย
สะ	สา	เส	สิ	สี	โส	สุ	สู	เสา	ไส	าย

TEST (VOCALES)

Pronunciar estas palabras que llevan vocales con diferente duración

1	Sa.≈Ra.	Vocal	1	SaDÆËNG	Enseñar / Mostrar
2	CHING.	Platillo musical	2	PPíŞËET.	Especial / Extra
3	KHuŅ	Tú / Usted	3	ŦHĂAN	Base / Plataforma
4	LLOD.	Apuntar / Anotar	4	ꞘĂA	Tapa
5	KHâ.	Partíc. femenina	5	NAAN	Duradero(-ra)
6	KRÄİ	Quién	6	DÂAI	Poder
7	SŬAI	Guapa	7	QHOoB≈.KHuŅ	Gracias
8	KHON	Persona	8	PII	Año
9	PÄI	Ir	9	MÂAĶ	Mucho(-cha)
10	JÂİ	Dar / Ofrecer / Entregar	10	THÍÌ.≈NÌÌ.	Aquí
11	PPÛUAN.	Amigo(-ga)	11	ĊHÛU	Nombre
12	SŬUA	Tigre	12	¥UU.	Estar
13	PPÛNG	Abeja	13	QHŎoNG	De
14	QHÄI.	Huevo	14	IIMEE / IIMEEL	Correo electrónico (E-mail)
15	CAB.	Con / Y	15	PRaMÄAŅ	Aproximadamente
16	TEM	Llenar / Completar	16	PRaTHÊET	País
17	UÁD	Templo	17	AA¥ú	Edad

TEST (VERBOS)
Enlazar los siguientes verbos con las letras que correspondan

1	Comprar	=	A	ปรุง อาหาร/ ทำ อาหาร	PRuNG≈AAJĂAŇ / THAM≈AAJĂAŇ
2	Dormir	=	B	พัก	PPÁĶ
3	Ser	=	C	ทำ	THAM
4	Avisar	=	D	ทำ งาน	THAM≈NGAAN
5	Querer / Amar	=	E	ขอ	QHŎo
6	Reservar	=	F	คิด	KHÍD
7	Jugar // Tocar instrumento music.	=	G	รัก	RÁĶ
8	Venir	=	H	ซื้อ	ŠÚU
9	Alojarse	=	I	เตือน	TÜUAN
10	Usar	=	J	จอง	LLOoNG
11	Volver / Regresar	=	K	ใช้	ĊHÁİ
12	Estar	=	L	เล่น	LÊN.
13	Cocinar	=	M	อ่าน	AAN.
14	Dar / Ofrecer	=	N	ชอบ มาก กว่า	ĊHÔoB-MÂAĶ≈CUÄA.
15	Trabajar	=	Ñ	เต้น / เต้น รำ	TÊEN / TÊEN≈RAM
16	Hacer	=	O	มา	MAA
17	Pedir / Solicitar	=	P	เป็น / คือ	PEN / KHUU
18	Pensar	=	Q	นอน	NOoN
19	Divertirse	=	R	ให้	JÂİ
	-	=	S	อยู่	¥UU.
	(soluciones, pág.315)	=	T	สนุก	SaNuĶ.
	-	=	U	กลับ มา	CLAB.≈MAA

Lección 13

Contenido:

VOCABULARIO (ALQUILAR VEHÍCULO)

Aburrirse / Hartarse	เบื่อ / เบื่อ หน่าย	BÜUA. / BÜUA.NHĂAI.
Alquilar	เช่า / ให้ เช่า	ĊHÂO. / JÂI≈ĊHÂO.
Aquí lo tiene(-s)	นี่ ครับ / นี่ ค่ะ	NÍÌ.≈KRÁB / NÍÌ.≈KHâ.
Automático(-ca)	อัต โน มัติ	AT.=TaNÖO≈MÁTติ
Botón / Tecla	กด	COD.
!Buen viaje! / !Deseo que tengas un buen viaje!	ขอ ให้ เดิน ทาง โดย สวัสดิ ภาพ	QHŎo≈JÂI-DEEN≈THAANG-DÖOI-SaUÄT.≈DI.ppÂAP (T=ส)
Carnet de conducir	ใบ ขับ ขี่	BÄI-QHAB.≈QHII.
Coche	รถยนต์	RÓŤ≈¥ONต์
Conducir	ขับ ขี่	QHAB.≈QHII.
Dejar fianza / D. depósito	มัด จำ	MÁD≈LLAM
Dejar / Poner / Colocar	วาง	UÄANG
Depósito / Tanque	ถัง	ŤHĂNG
Derecha	ขวา	QHUĂA
Devolver / Retornar	คืน	KHUUN
Ello / Él / Ella / A él / A ella (pron.) // Grasa	มัน	MAN
Este es / Aquí lo tiene	นี่ ครับ/ค่ะ	NÍÌ.≈KRÁB/KHâ.
Gasolina	น้ำ มัน	NÁAM≈MAN
Girar / Virar	เลี้ยว	LÍAŮ
Intermitente / Inter. de señal de girar	สวิตซ์ สัญ ญาณ ไฟ เลี้ยว	SaUÍTซ์-SĂŃYÄAŅ-FÄI≈LÍAŮ
Interruptor	สวิตซ์	SaUÍTซ์
Izquierda	ซ้าย	ŠÁAI
LLenar / Añadir	เติม	TEEM

Lleno(-na) / Completo(-ta) / Repleto(-ta) / Cargado-(da)	เติม	TEEM
Maletero	กระ โปรง หลัง	CRaPRÖONG-LHĂNG
Marcha manual (m. normal)	เกียร์ ธรรมดา	ĶÏAร์-ŢHAM,=MaDÄA
Moto / Motocicleta	มอเตอร์ ไซค์/ รถ จัก รยานยนต์	MOoTŒร์^ŠÄIค์ / RÓŤ-LLAĶ.=CRa¥ÄANต์
Recordar	จำ	LLAM
Seguro a terceros	ประกัน แบบ ประแภท 3	PRaCÄN-BÆEB.pRaPÊET 3
Seguro a todo riesgo	ประกัน แบบ ประเภท 1	PRaCÄN-BÆEB.pRaPÊET 1
Señal	สัญ ญาณ	SĂŃYÄAŅ
Tanque / Depósito	ถัง	ŤHĂNG
Tapón / Tapa	ฝา	FĂA
Tarjeta de crédito	บัตร เครดิต	BATร.≈KREEDIT.
Visa	วีซ่า	UÏI≈ŠÂA.

TEST
Leer en tailandés y escribir el significado en nuestro idioma

1	NÍD≈NHÖol.	นิด หน่อย	
2	AAJĂAŇ	อาหาร	
3	SaNuĶ.	สนุก	
4	DII	ดี	
5	NÄİ	ใน	
6	RÚU≈LLAĶ.	รู้ จัก	
7	QHÜAD.	ขวด	
8	MAA	มา	*(soluciones en la parte baja de la pág.315)*

CONVERSACIÓN (ALQUILAR VEHÍCULO)

P- Me gustaría alquilar un coche / una moto (sólo)
ฉัน/ผม อยาก จะ เช่า รถยนต์ / จักรยานยนต์ สัก คัน หนึ่ง
CHÁN/PPŎM-ŽAAĶ.LLa.ĊHÂO.RÓŤ≈ŽONต์ / LLAĶ.=CRaŽÄAN-SAĶ.≈KHAN* NHUNG.

* KHAN es el clasificador de vehículos

P- ¿Para cuántos días (lo alquila)? /¿Para cuánto tiempo lo quiere (alquilar)?
คุณ ต้องการ เช่า กี่ วัน / คุณ ต้องการ เช่า นาน เท่า ไหร่
KHuŅ-TÔNG≈CAAŇ-ĊHÂO.ĶII.≈UĂN / KHuŅ-TÔNG≈CAAŇ-CHÂO.NAAN-THÂO.≈RHĂI.

R- Lo/La quiero para 3 días
ฉัน/ผม ต้องการ เช่า 3 วัน
CHÁN/PPŎM-TÔNG≈CAAŇ-CHÂO. 3 UĂN

P- ¿Quiere el coche/la moto manual o automático(-ca)?
คุณ ต้อง การ รถยนต์/จักรยานยนต์ แบบ เกียร์ ธรรมดา หรือ เกียร์ อัตโนมัติ
KHuŅ-TÔNG≈CAAŇ-RÓŤ≈ŽONต์/LLAĶ.=CRaŽÄAN-BÆEB.ĶÏAร์-ŢHAM,=MaDÄA-RHŬU-ĶÏAร์-AT.=TaNÖO≈MÁTติ

R- Prefiero que sea con marcha manual, el (cambio) automático me aburre
ฉัน/ผม ต้อง การ แบบ เกียร์ ธรรมดา แบบ อัตโนมัติ มัน น่า เบื่อ หน่าย สำหรับ ฉัน/ผม
CHÁN/PPŎM-TÔNG≈CAAŇ-BÆEB.ĶÏAร์-ŢHAM,=MaDÄA BÆEB.ĶÏAร์-AT.=TaNÖO≈MÁTติ-MAN-NAM-BŬUA.NHĂAI.SĂM≈RHAB.CHÁN/PPŎM

P- ¿Se debe dejar algo de fianza? / ¿(Yo) Tengo que dejar algo de fianza?
ฉัน/ผม ต้อง วาง มัดจำ ไหม
CHÁN/PPŎM-TÔNG≈UÄANG-MÁD≈LLAM-MHÁI

R- (Tú/Usted) Debe(-s) dejar 10.000 baht de depósito/fianza o la tarjeta Visa
คุณ ต้อง วาง มัดจำ 10,000 บาท หรือ บัตร เครดิต วีซ่า
KHuŅ-TÔNG≈UÄANG-MÁD≈LLAM 10.000 BAAT. RHŬU-BATร.≈KREEDIT. UÏI≈ŠÂA.

P- ¿Puede dejarme su carnet de conducir?, por favor
ขอ ใบ ขับขี่ คุณ หน่อย
QHŎo-BĂI-QHAB.≈QHII.KHuŅ-NHÖoI.

R- Aquí lo tiene / Este es
นี่ ครับ/ค่ะ = NÍÌ.KRÁB/KHâ.

P-El vehículo se lo entrego con el depósito de gasolina lleno, cuando nos lo devuelva debe traerlo lleno de gasolina (también)
เรา เติม น้ำ มัน รถ ไว้ เต็ม ถัง แล้ว เมื่อ คุณ นำ รถ มา คืน เรา คุณ ต้อง เติม น้ำ มัน กลับ มา ให้ เต็ม ถัง ด้วย
RÄO-TEEM-NÁAM≈MAN-RÓŤ-UÁI-TEM-THĂNG-LÆEŮ-MÛUA.KHuŅ-NAM≈RÓŤ-MAA-KHUUN-RÄO KHuŅ-TÔNG-TEEM-NÁAM≈MAN-CLAB.≈MAA-JÂÌ-TEM-THĂNG-DÛAI

P- ¿A qué hora debo entregarlo (venir a devolverlo)?
ผม ต้อง นำ รถ มา คืน กี่ โมง
PPŎM-TÔNG-NAM≈RÓŤ-MAA≈KHUUN-ĶII.≈MOONG

R- Debe (traer el vehículo y) devolverlo antes del mediodía
คุณ ต้อง นำ รถ มา คืน ก่อน เที่ยง
KHuŅ-TÔNG-NAM≈RÓŤ-MAA≈KHUUN-THÎANG.

P- ¿Dónde están los (las)... / ¿Dónde está el (la)....
...อยู่ ที่ ไหน = ¥UU.THÍÌ.≈NHĂI

...interruptor del intermitente?/...tapón de la gasolina
...สวิตช์ สัญญาณ ไฟ เลี้ยว/...ฝา น้ำ มัน /..ปุ่ม กด เพื่อ เปิด กระโปรง หลัง
... SaUÍTช-SĂŃYÄAŅ-FÄI≈LÍAŮ / ... FĂA-NÁAM≈MAN / ... PuM.COD.PPÛUA.PEED. CRaPRÖONG-LHĂNG

P- ¿Está asegurado a todo riesgo o a terceros?
คุณ ทำ ประกัน แบบ ประเภท 1 หรือ ประเภท 3
KHuŅ-THAM-PRaCĂN-BÆEB.pRaPÊET 1 RHUU pRaPÊET 3

R- Está (Yo lo he) asegurado a terceros
ผม ทำ แบบ ประเภท 3
PPŎM-THAM-BÆEB.pRaPÊET 3

P- !Buen viaje! y recuerde que debe conducir por la (izquierda/derecha)
ขอ ให้ เดิน ทาง โดย สวัสดิ ภาพ และ จำ ไว้ ว่า คุณ ต้อง ขับ รถ ชิด (ซ้าย)
KHuŅ-JÂÌ-DEEN≈THAANG-DÖOI-SaUÄT.≈DI≈ppÂAP-Læ-LLAM≈UÁI-UÂA.KHuŅ-TÔNG-QHAB.≈RÓŤ-CHÍD (ŠÁAI) (T=ส)

VOCABULARIO (GASOLINERA)

Aire del neumático	ลม ยาง	LOM≈¥AANG
Aparato	เครื่อง	KRÛUANG.≈BIN
Apartado / Lejano(-na)	ห่าง	JAANG.
Comprobar / Revisar	เช็ค	ĊHÉK
Dar / Presionar / Tocar	กด	COD.
Enseñar / Instruir	สอน	SŎoN
Freno	เบรค	BREEK.
Gasolina sin plomo	น้ำ มัน ไร้สาร ตะกั่ว	NÁAM≈MAN-RÁI-SĂA≈Rá-TaCÜA.
Gasolinera	ปั๊ม น้ำ มัน	PÁM-NÁAM≈MAN
Hoja	ใบ	BÄÌ
Kilómetro	กิโล (เมตร)	ĶILÖO (MÉET)
La más cercana	ที่ ใกล้ ที่ สุด	THÍÌ.CLÂI-THÍÌ.≈SuD.
Líquido de frenos	น้ำ มัน เบรก	NÁAM≈MAN-BREEK.
Litro	ลิตร	LÍTร
Máquina	เครื่อง	KRÛUANG.
Neumático	ยาง รถ	¥AANG≈RÓT
Octanos	ออก เทน	OoĶ.≈THEEN
Poner / Llenar	เติม	TEEM
Presión	ความ ดัน	KHUÄAM-DAN
Puedo ver	ขอ ดู	QHŎo≈DUU
Pues	ถ้า อย่าง นั้น	ŤHÂA-¥AANG.≈NÁN
Punto de servicio	จุด บริ การ	LLuD.BORíCÄN
Revisar	เช็ค	ĊHÉK
Rueda	ยาง	¥AANG
Seguro (la hoja del s.)	ใบ ประ กัน	BÄÌ≈PRaCÄN
Tipo / Grupo / Apartado	ประ เภท	PRappÊET

CONVERSACIÓN (GASOLINERA)

P- ¿Dónde está la gasolinera más cercana?
ปั๊ม น้ำ มัน ที่ ใกล้ ที่ สุด อยู่ ตรง ไหน
PÁM-NÁAM≈MAN-THÍÌ.CLÂI-THÍÌ.≈SuD.¥UU.TRONG≈NHĂI

R- Está (apartada/lejana) a unos 10 kilómetros de aquí
อยู่ ห่าง จาก ที่ นี่ 10 กิโล
¥UU.JAANG.LLAAĶ.THÍÌ.≈NÍÌ. 10 KILÖO.

P- El próximo punto de servicio....
จุด บริการ ต่อไป...
LLuD.BORíCÄN-TOo≈PÄI...

R- A unos 5 minutos más a menos
อีก ประมาณ 5 นาที
IIĶ.PRaMÄAŅ-JÂA≈NAATHII

P- ¿Puedo ver el documento (hoja) del seguro?
ขอ ดู ใบ ประกัน หน่อย ครับ
QHŎo≈DUU-BÄI≈PRaCÄN-NHÖoI.KRÁB

R- Aquí lo tiene
นี่ ครับ/ค่ะ
NÍÌ.KRÁB/KHâ.

P- ¿Puede revisar la presión de los neumáticos?, por favor
ช่วย เช็ค ความ ดัน ลม ยาง ให้ หน่อย ได้ ไหม ครับ/ค่ะ
ĊHÛAI.ĊHÉK-KHUÄAM≈DAN-LOM≈¥AANG-JÂI≈NHÖoI.DÂAI≈MHÁI

P- ¿Puede revisar el nivel del líquido de frenos?, por favor
ช่วย เช็ค น้ำ มัน เบรค ให้ หน่อย ได้ ไหม ครับ
ĊHÛAI.ĊHÉK-NÁAM≈MAN-BREEK.JÂI≈NHÖoI.DÂAI≈MHÁI-KRÁB/KHâ.

R- Por supuesto / Si, claro (puedo, sí)
ได้ ครับ/ค่ะ
DÂAI≈KRÁB/KHâ.

P-¿Puede ponerle aire a las ruedas?, por favor. No sé cómo funciona la máquina
ช่วย เติม ลม ยาง ให้ หน่อย ได้ ไหม ครับ ฉัน/ผม ไม่ รู้ ว่า เครื่อง นี้ ใช้ งาน อย่าง ไร
ĊHÛAI-TEEM-LOM-¥AANG-JÂI≈NHÖoI.DÂAI≈MHÁI-KRÁB-CHÁN/PPŎM-MÂI.≈RÚU-UÂA. KRÛUANG.≈NÍÍ-ĊHÁI≈NGAAN-¥AANG≈RÄI

R-Yo mismo(-ma) le enseño, usted (mismo) debe darle a éste botón...
ฉัน/ผม จะ สอน คุณ เอง คุณ ต้อง กด ปุ่ม นี้...
CHÁN/PPŎM-LLa.SŎoN-KHuŅ≈EENG-KHuŅ-TÔNG-COD.PuM.≈NÍÍ...

P-¿Cuánto vale el litro de gasolina?
น้ำ มัน หนึ่ง ลิตร ราคา เท่า ไหร่
NÁAM≈MAN-NHUNG.≈LÍTร-RAKHAA-THÂO.≈RHÄI.

R-Cada litro 40 baht / El litro está a 40 baht / Vale 40 baht el litro
ลิตร ละ 40 บาท / 40 บาท ต่อ ลิตร (*)
*LÍTร-Lá SII.≈SIB.BAAT.TOo.≈LÍTร **

P-Pues póngale...
ถ้า อย่าง นั้น เติม...
ŤHÂA-¥AANG.NÁN-TEEM...

* Cuando haya una letra tailandesa al final de una palabra de nuestra transcripción significa que se escribe, pero no se pronuncia. Ejemplo: LÍTร (ลิตร)

... 700 baht /...llene el depósito / ...póngale 7 litros de gasolina 91 octanos
.... 700 บาท / ... เต็ม เติม ถัง /... เต็ม น้ำมัน 91 7 ลิตร
... LLED.≈RÓoI-BAAT./...TEM-TEEM-ŤHĂNG /...TEM-NÁAM≈MAN-CÂAO≈NHUNG. LLED.≈LÍTร

P-¿Qué tipo de gasolina lleva este vehículo?
รถ คัน นี้ ใช้ น้ำมัน ประเภท ไหน
RÓŤ≈KHAN-NÍÍ-ĊHÁI-NÁAM≈MAN-pRaPÊET-NHĂI

R-Usa gasolina sin plomo/gasolina 91 octanos
ใช้ น้ำ มัน ไร้สาร ตะกั่ว / ใช้ น้ำ มัน ออก เทน 91
ĊHÁI-NÁAM≈MAN-RÁI-SĂA≈Rá-TaCÜA./ĊHÁI-NÁAM≈MAN-OoĶ.THEEN-CÂAAO≈NHUNG.

FRASES

Leer estas frases en tailandés

A-คุณ อายุ เท่า ไหร่

¿(Tú/usted) Cuántos años tienes?

B-หมายเลข โทรศัพท์ ของ ฉัน คือ...

Mi teléfono es....

C-ทำไม คุณ ถึง มา ประเทศ ไทย

¿(Tú/usted) Por qué has venido a Tailandia?

D-พรุ่งนี้ เปิด ถึง ตี สาม

Mañana está abierto(-ta) hasta las 3 de la mañana

E-ผับ เปิด ทุก วัน ไม่ มี วัน หยุด

El pub/La discoteca abre todos los días del año (no tiene día de fiesta)

F-ผม/ฉัน ไป กิน อาหาร เย็น ที่ ร้าน อาหาร

(Yo) Voy a cenar a un restaurante

G-(ผม/ฉัน) กิน ข้าว ก่อน จะ ออก ไป ทำ งาน

(Yo) Como antes de ir/salir a trabajar

H-ฉัน ไม่ กล้า ไป กับ คุณ

(Yo) No me atrevo a ir contigo

I-ขอบ คุณ คืนนี้ ฉัน สนุก มาก

Gracias lo he pasado muy bien contigo esta noche

J-ฉัน/ผม อาบน้ำ และ แปรง ฟัน

(Yo) Me ducho y me cepillo los dientes

K-(ผม/ฉัน) กิน ข้าว เที่ยง / กิน ข้าว เที่ยง วัน

(Yo) Como a las 12 del mediodía

L-วัน ไหน มี การ แสดง ดนตรี สด บ้าง

¿Qué día hay música en vivo? / ¿Algún día tienen música en vivo?

A-ข้าม เรือ ใช้ เวลา เท่าไหร่

¿Cuánto se tarda en hacer la travesía?

B-คุณ ชอบ นวด แบบ ไหน

¿Qué tipo de masaje te gusta?

C-คุณ ช่วย เตือน ฉัน/ผม หน่อย ได้ ไหม ถ้า เรา ถึง...แล้ว

¿Podría avisarme cuando lleguemos a...?

D-คุณ ชอบ ทำ อะไร อีก

¿Qué más te gusta hacer?

E-ใน ห้อง มี ...ไหม

¿La habitación tiene...?

F-ช่วย จอด ตรง...หน่อย ได้ ไหม ครับ

¿Podría por favor parar en....?

G-คุณ ชอบ อ่าน หนังสือ แนว ไหน

(A ti/Usted) ¿Qué tipo de lectura te gusta leer?

H-ฉัน/ผม ซื้อ ตั๋ว บน เรือ ได้ ไหม

(Yo) ¿Puedo comprar el billete dentro del barco?

I-คุณ เล่น ดนตรี เป็น ไหม

(Tú/Usted) ¿Sabes tocar algún instrumento (musical)?

J-คุณ ชอบ ทำ อะไร ยาม ว่าง

¿Qué te gusta hacer en tu tiempo libre?

K-คุณ ชอบ ดนตรี ไหม

(A ti/Tú/Usted) ¿Te(Le) gusta la música?

L-คุณ ชอบ ร้อง เพลง หรือ ฟัง เพลง แนว ไหน

(Tú/Usted) ¿Te(Le) gusta cantar o escuchar canciones?

M-คุณ เล่น กีฬา ไหม

¿Practicas algún deporte? / ¿Juegas a algún deporte?

TEST
Traducir las siguientes frases en nuestro idioma *(soluciones en medio de la pág.315)*

1	ไม่ ต้อง ทอน (เงิน) MÂI.≈TÔNG-THOoN (NGE̲N)	
2	ถ้า คุณ ไม่ กด มิเตอร์ (แท็กซี่มิเตอร์) เรา จะ ไม่ ขึ้น รถ ของ คุณ ŤHÂA-KHuŅ-MÂI.≈COD.MíTŒ̲ร์^ (THǼĶ≈ŠÍÌ.MíTŒ̲ร์^) RÄO-LLa.MÂI.QHÛ̲N-RÓŤ-QHŎoNG≈KHuŅ	
3	ฉัน ชอบ อาหาร สเปน มาก CHÁN-ĊHÔoB-AAJĂAŇ-SaPËEN-MÂAĶ	
4	คุณ จะ ทำ อะไร คืน นี้ KHuŅ-LLa.THAM≈aRÄI-KHU̲U̲N≈NÍÍ	
5	สามารถ สูบ บุหรี่ บน รถ แท็กซี่ ได้ ไหม SĂA≈MÂAŤร-SUUB.≈BuRHÏI.BON≈RÓŤ-THǼĶ≈ŠÍÌ.DÂAI≈MHÁI	
6	เจอ กัน ตอน (หนึ่ง) ทุ่ม ตรง LLŒ̲≈CAN-TOoN (NHU̲NG.) THûM.TRONG	
7	คุณ มี หมาย เลข โทรศัพท์ ของ บริษัท รถ แท็กซี่ ไหม KHuŅ-MII-MHĂAI≈LÊEQ-THOORáSÄPท์-QHŎoNG-BORísÄT.RÓŤ-THǼĶ≈ŠÍÌ.MHÁI	
8	คุณ มา ถึง กี่ โมง KHuŅ-MAA≈ŤHŬ̲NG-ĶII.≈MOONG	
9	คุณ อยาก จะ ออก ไป เที่ยว คืน นี้ ไหม KHuŅ-¥AAĶ.LLa.≈OoĶ.PÄI≈THÎAŮ.KHU̲U̲N≈NÍÍ-MHÁI	
10	คุณ ชอบ นวด แบบ ไหน KHuŅ-ĊHÔoB-NÛAD-BǼEB.≈NHĂI	

TEST

Escribir las siguientes palabras en tailandés *(soluciones en la parte derecha de la pág.315)*

1	PPÛUAN. (amigo-ga)	
2	DÂAI≈SI. (claro que sí)	
3	THAAN (comer, forma educada)	
4	ROONG≈RÆEM (hotel)	
5	THAM (hacer)	
6	BŒร์≈THOOร (número de teléfono)	
7	¥AAĶ. (querer, verbo auxiliar)	
8	THAM≈NGAAN (trabajar)	
9	KÜAŇ (deber)	
10	MAA≈ŤHŬNG (venir/llegar)	
11	MHo. (adecuado/apropiado)	
12	NÁAM (agua)	
13	ŤHUUĶ. (barato)	
14	TÏANG (cama)	
15	JĂA≈NGAAN (buscar trabajo)	
16	NÍD≈NHÖoI. (un poco/una poca)	
17	TOĶ.≈LONG (de acuerdo)	

1	FÆEN (novio-a)	
2	LÉĶ (pequeño-ña)	
3	NAAŁÍCÄA (hora/reloj)	
4	RAA≈KHAA (precio)	
5	CUÄA. (que)	
6	TÔNG≈CAAŇ (querer/necesitar)	
7	PÏANG (solamente/sólo)	
8	MII (tener/haber)	
9	PAA≈MAA (traer)	
10	TOoN (sección/apartado/por la // castrar)	
11	UÍŮ≈THáLËE (vistas al mar)	
12	TRÜAT.≈DUU (T=จ) (examinar)	
13	QHÂI (fiebre)	
14	ppÄAI≈NÄİ (dentro de/en)	
15	JÂİ (dar/entregar/ofrecer)	
16	CAMLANG (partícula)	

* ¥AAĶ. ... (significa querer...) es un verbo auxiliar, por lo tanto siempre debe ir acompañado de otro verbo.

Lo más difícil para los que estudian el idioma tailandés es la pronunciación. Todos los libros de enseñanza deben tener un sistema de transcripción dada la complejidad del alfabeto. Al conocer nuestro sistema de transcripción usted podrá saber cómo se escribe cualquier palabra, porque a cada consonante y a cada vocal le hemos asignado un tipo de letra o signo que las identifica.

Lección 14

Contenido:

VOCABULARIO (TELÉFONO)

Acabar de	เพิ่ง	PPÊEM.
Acabarse / Agotarse	หมด	MHOD.
Amante (la)	เมีย น้อย	MÏA≈NÓol
¿Cierto? / ¿Verdad? / ¿A que sí?	...ใช่ ไหม	...ĊHÂİ.≈MHÁI
Coger / Recibir / Aceptar	รับ	RÁB
Cortarse la línea/ Entrecortarse	สาย มัน ตัด	SĂAI-MAN≈TAD.
Decir / Hablar / Informar	บอก	BOoĶ.
Dejar / Guardar / Colocar	ไว้	UÁI
Dejar / Prestar	ยืม	¥UUM
En este(-tos) momento(-s)	ขณะ นี้	QHaŅa.≈NÍÍ
Espere(-ra) / Un momento	สัก ครู่	SAĶ.≈KRÛU.
Ex-mujer	ภรร ยา เก่า// เมีย เก่า	ppAN,=Rá¥ÄA-CÄO. // MÏA≈CÄO. (informal)
Fuera / Parte de afuera	ข้าง นอก	QHÂANG-NÔoĶ
Hablar (por la línea telefónica)	สาย	SĂAI
Hablaremos luego / Seguimos en contacto	ไว้ คุย กัน	UÁI-KHüI≈CAN
Llamar más tarde (de nuevo)	โทร กลับมา ใหม่	THOOร-CLAB.≈MAA-MHÄİ.
Llevar / Traer / Conducir	นำ	NAM
Lo siento	ขอ โทษ / ขอ อภัย	QHŎo≈THÔOT (T=ษ) / QHŎo-appÄI,
Luego	แล้ว	LǼEŮ

Mensaje	ข้อ ความ	QHÔo≈KHUÄAM
Móvil / Teléfono móvil	โทรศัพท์ มือ ถือ	THOORáSÄPห์-MUU≈ŤHŬU
Mujer / Señora	ภรรยา	ppAN,=Rá¥ÄA
No estar disponible	ไม่ ว่าง	MÂI.≈UÂANG.
Pasar la llamada	โอน สาย	OON≈SĂAI
Preceder	นำ หน้า	NAM≈NHÂA
Prefijo	รหัส นำ หน้า	RáJÄT.NAM≈NHÂA (T=ส)
Prestar *	ยืม	¥UUM
Recargar dinero	เติม เงิน	TEEM≈NGEN
Saldo en el teléfono	เงิน ใน โทรศัพท์	NGEN-NÄI≈THOORáSÄPห์
Sostener / Coger	ถือ	ŤHŬU
Terminarse / Agotarse	หมด	MHOD.
Transferir	โอน	OON

* Para pedir algo prestado la formación de la frase más común es:
1- QHŎo≈¥UUM + objeto + NHÖol. + DÂAI≈MHÁI
(NHÖol.es una partícula que suaviza la petición/solicitud)

4 DETALLES DE LOS VERBOS PPÛUD (hablar), QHĬAN (escribir) y DÂAI (poder/ser capaz)

PPÛUD-OoĶ.≈MAA	DECÍRSELO	พูด ออก มา
QHĬAN-OoĶ.≈MAA	ESCRIBÍRSELO	เขียน ออก มา
QHĬAN-DÂAI	SER CAPAZ DE ESCRIBIR	เขียน ได้
AAN.OoĶ.≈MAA	SER CAPAZ DE LEER	อ่าน ออก มา

1ª. CONVERSACIÓN (TELEFONICA)
P- Hola, ¿puedo hablar con el Sr./Srta. ...?
สวัสดี ครับ ผม ขอ สาย คุณ ... หน่อย ครับ
SaUÄT.≈DII-KRÁB PPŎM-QHŎo-SĂAI-KHuŅ... NHÖoI-KRÁB (T=ส)

R- Sí, ¿quién le llama?
ได้ ครับ/ค่ะ สาย จาก ไหน ครับ/ค่ะ
DÂAI≈KRÁB/KHâ.SĂAI-LLAAĶ.NHĂI-KRÁB/KHâ.

P- Soy Xavi Malé, del Restaurante Melodie
ผม ชื่อ ชาบี มาเล้ จาก ร้าน อาหาร เมโลดี
PPŎM-CHÛU XAVI MALÉ LLAAĶ.RÁAN≈AAJĂAŇ-MELODIE

R- Espere un momento por favor, no cuelgue (manténgase a la escucha)
รอ สักครู่ นะ ครับ/ค่ะ ถือ สาย ไว้ ก่อน นะ ครับ/ค่ะ
ROo-SÁĶ≈KRUU.Ná≈KRÁB/KHâ. THŬU-SĂAI-UÁI-COoN.Ná≈KRÁB/KHâ.

R2- Lo siento (pero) el Sr./la Srta......
ขอ อภัย ครับ/ค่ะ...
QHŎo≈appĂI-KRÁB/KHâ.

...en estos momentos se encuentra (está) ocupado(-da)
...ขณะนี้ คุณ...กำลัง ยุ่ง อยู่
... QHaŅa.≈NÍI-KHuŅ... CAMLANG-ɎûNG.ɎUU.

...en estos momentos el Sr./Srta. ....está al teléfono con otra persona
...ขณะนี้ คุณ ... ติด สาย กับ อีก คน หนึ่ง อยู่
,,, QHaŅa.≈NÍI-KHuŅ,,, TID.≈SĂAI-CAB.IIĶ.≈KHON-NHUNG.ɎUU.

...me dicen que (él) acaba de salir (fuera)
...มี คน บอก ว่า เขา เพิ่ง ออก ไป ข้าง นอก
... MII-KHON-BOoĶ.≈UÂA-QHÁO-PPÊEM.OoĶ.≈PÄI-QHÂANG≈NÔoĶ

...(él) se acaba de ir con su ex-mujer//amante
...เขา เพิ่ง ออก ไป กับ ภรรยา เก่า//เมีย น้อย
... QHÁO-PPÊEM.OoĶ.≈PÄI-CAB.ppAN,≈RáɎÄA-CÄO. // MÏA≈NÓoI

... no está disponible en este momento/no está libre para coger el teléfono
...ขณะนี้ เขา ไม่ ว่าง รับ สาย
... QHaṆa.≈NÍÍ-QHÁO-MÂI.≈UÂANG.RÁB≈SĂAI

P- ¿Puede decirle (a él) que me llame (haga una llamada)?
ฝาก บอก เขา หน่อย ได้* ไหม ว่า ผม โทร มา
FAAK̦.BOoK̦.QHÁO≈NHÖoI.DÂAI≈MHÁI-UÂA.PPŎM-THOOร≈MAA

R- Sí, Sr. Xavi, dígame su número (de teléfono) por favor
ได้ ครับ/ค่ะ คุณ ชาบี ขอ หมาย เลข โทรศัพท์ ของ คุณ ด้วย ครับ/ค่ะ*
DÂAI≈KRÁB/KHâ.KHuṆ XAVI QHŎo-MHĂAI≈LÊEQ-THOORáSÄPท์-QHŎoNG≈KHuṆ. DÛAI-KRÁB/KHâ.

* En el idioma tailandés normalmente se contesta con el mismo verbo con el que se ha sido preguntado.

P- Mi número (de teléfono) es......
หมาย เลข โทรศัพท์ ของ ผม คือ...
MHĂAI≈LÊEQ-THOORáSÄPท์-QHŎoNG≈PPŎM-KHUU...

2ª CONVERSACIÓN TELÉFONICA

P- ¡Hola! ¿(tú) eres Isabel?
สวัสดี ครับ... คุณ คือ อิซาเบล์ ใช่ ไหม
SaUÄT.≈DII-KRÁB... KHuṆ.KHUU ISABEL ĊHÂI≈MHÁI

R- Sí, yo misma, ¿quién es usted?
ใช่ ฉัน เอง คุณ เป็น ใคร คะ
ĊHÂI CHÁN≈EENG KHuṆ-PEN≈KRÄI-KHá

P- Soy Chema Marrero, el canario, ¿puedo hablar con la Srta. Katerina Miroshnichenko?, por favor
ผม ชื่อ เชมา มาร์เรโร เป็น คน กานาเรียส (หมู่ เกาะ กานาเรียส) ผม ขอ สาย คุณ Katerina คาเตรินา มิโรชนิเขนโค น่อย ครับ
PPŎM-CHÛU Chema Marrero PEN-KHON-CANARIAS (MHUU.Co.CANARIAS) PPŎM-QHŎo-SĂAI-KHuṆ Katerina Miroshnichenko NHÖoI.KRÁB

R- Hola Chema, te paso (te transfiero la llamada) con ella
สวัสดี เชมา ฉัน จะ โอน สาย ไป ให้
SaUÄT.≈DII Chema CHÁN-LLa.OoN.≈SĂAI-PÄI≈JÂI (T=ส)

R2- Lo siento pero ella ha salido ya
ขอ โทษ ที่ นะ เขา ออก ไป แล้ว
QHŎo≈THÔOT-THÍÍ.Ná QHÁO-OoK̦.≈PÄI-LǢEŮ

R3- Llámale más tarde (otra vez)
โทร กลับ มา (อีก ที่) นะ
THOOร-CLAB.≈MAA (IIḲ.THÎI.) Ná

R4- ¿Quieres que le diga que te llame?/¿Me dejas que le diga que te llame?
คุณ จะ ให้ ฉัน บอก ให้ เขา โทร กลับ หา คุณ ไหม
KHuŅ-LLa.JÂI≈CHÁN-BOoḲ.JÂI≈QHÁO-THOOร≈CLAB.JĂA-KHuŅ-MHÁI

P-¿Puedes darme tu (su) número de móvil y luego te (le) llamo yo?, por favor
ฉัน ขอ หมาย เลข โทรศัพท์ ของ คุณ ไว้ ได้ ไหม แล้ว
ฉัน จะ โทร หา คุณ เอง
CHÁN-QHŎo-MHĂAI≈LÊEQ-THOORáSĂPท์.QHŎoNG≈KHuŅ-UÁI-DÂAI≈MHÁI-LǼEŮ-CHÁN-LLa.THOOร≈JĂA-KHuŅ-EENG

R- Sí, toma nota, su teléfono es el 083115632
ได้ครับ/ค่ะ จด ตาม นะ ครับ/คะ หมาย เลข โทรศัพท์ ของ เขา คือ 083115632
DÂAI≈KRÁB/KHâ.LLOD.TAAM-Ná≈KRÁB/KHâ.MHĂAI≈LÊEQ-THOORáSĂPท์-QHŎoNG≈ QHÁO-KHUU 083115632

P- Muchas gracias, (yo) le llamaré más tarde (nuevamente)
ขอบ คุณ มาก ไว้ ผม จะ โทร กลับ มา ใหม่
QHOoB.≈KHuŅ≈MÂAḲ-UÁI-PPŎM-LLa.THOOร-CLAB.≈MAA-MHĂI.

R- Hablaremos luego Chema / Nos hablamos Chema /Estamos en contacto
ไว้ คุย กัน เชมา / UÁI-KHüI≈CAN CHEMA

OTRAS PREGUNTAS SOBRE TELÉFONOS/LLAMADAS

P- ¿Puedes prestarme tu teléfono móvil?
ฉัน/ผม ขอ ยืม โทรศัพท์ มือ ถือ ของ คุณ ได้ ไหม
CHÁN/PPŎM-QHŎo-¥UUM-THOORáSĂPท์-MUU≈ŤHŬU-QHŎoNG≈KHuŅ-DÂAI≈MHÁI

P- ¿Te puedo llamar a las....?
ฉัน/ผม โทร ไป หา คุณ ตอน...ได้ ไหม
CHÁN/PPŎM-THOOร≈PĂI-JĂA≈KHuŅ-TOoN... DÂAI≈MHÁI

P- ¿Puede pedirte(-le) su número de teléfono?
คุณ ช่วย ขอ หมาย เลข โทรศัพท์ ของ เขา ให้ ฉัน(ผม) หน่อย ได้ ไหม
KHuŅ-ĊHÛAI.QHŎo-MHĂAI≈LÊEQ-THOORáSĂPท์-QHŎoNG≈QHÁO-JÂI≈CHÁN (PPŎM) NHŎoI.DÂAI≈MHÁI

P- ¿Le puede(-s) dejar un mensaje (a él)?
คุณ ช่วย ฝาก ข้อ ความ ไป ถึง เขา ให้ หน่อย ได้ ไหม
KHuŅ-ĊHÛAI.ƑAAĶ.QHÔo≈KHUÄAM-PÄI≈ŤHŬNG-QHÁO-JÂI≈NHÖoI.DÂAI≈MHÁI

P- ¿Me podría dar el número de teléfono para....?
คุณ มี หมาย เลข โทรศัพท์ สำ หรับ...ไหม
KHuŅ-MHĂAI≈LÊEQ-THOORáSÄPห์-SĂM≈RHAB. ... MHÁI

P- ¿Sabe usted el número de teléfono de...?
คุณ รู้ หมาย เลข โทรศัพท์ ของ ... ไหม
KHuŅ-RÚU-MHĂAI≈LÊEQ-THOORáSÄPห์-QHŎoNG... MHÁI

P-¿Me puede decir el número de...?
คุณ ช่วย บอก หมาย เลข โทรศัพท์ ของ ... ได้ ไหม
KHuŅ-ĊHÛAI.BOoĶ.MHĂAI≈LÊEQ-THOORáSÄPห์-QHŎoNG... DÂAI≈MHÁI

P- ¿Me puede decir el código/prefijo para llamar a....?, por favor
คุณ ช่วย บอก รหัส นำ หน้า สำ หรับ โทร ไป...ได้ ไหม
KHuŅ-ĊHÛAI.BOoĶ.RáJÄT.NAM≈NHÂA-SĂM≈RHAB.THOOร≈PÄI... DÂAI≈MHÁI (T=ส)

OTRAS RESPUESTAS HABLANDO POR EL TELÉFONO

R- (Luego) Te dejaré un mensaje
ไว้ ผม จะ ส่ง ข้อ ความ หา คุณ
UÁI-PPŎM-LLa.SONG.QHÔo≈KHUÄAM-JĂA≈KHuŅ

R- Se corta/entrecorta la línea, la señal es baja/mala
สาย มัน ตัด ไป สัญญาณ ต่ำ/ไม่ ดี
SĂAI-MAN≈TAD.PÄI-FÄI≈SĂŃYÄAŅ-TAM. / MÂI.≈DII

R- Se me está acabando el saldo del teléfono (está cerca de acabarse)
เงิน ใน โทรศัพท์ ของ ฉัน/ผม ใกล้ หมด แล้ว
NGEN-NÄI-THOORáSÄP-QHŎoNG≈CHÁN/PPŎM-CLÂI-MHOD.LÆEŮ

R- Tengo que recargar (dinero) en el teléfono móvil
ผม ต้อง เติม เงิน ใน โทรศัพท์ มือ ถือ
PPŎM-TÔNG-TEEM-NGEN-NÄI-THOORáSÄPห์-MUU≈ŤHŬU

SÍMBOLOS DE LA ESCRITURA TAILANDESA

Símbolo ์ llamado "CAARANต์" การันต์

El símbolo ์ llamado "caaran" es el que se pone encima de una consonante para advertirnos de que esa consonante no se pronuncia, es muda.

ร์	BAAร์	Bar
ร์	BÏAร์	Cerveza

La letra (o letras) tailandesa que aparece situada al final de una palabra en la transcripción, nos indica que la palabra escrita en tailandés lleva una (o dos) letra muda. La palabra "luna" tiene 2 letras agregadas.

จันทร์	LLANทร์	Luna

Las tres primeras letras se lee "LLAN" (จัน). Normalmente las letras agregadas sirven para diferenciarlas de otras palabras.

Símbolo ๆ llamado "MÁI-YáMÓḲ" ไม้ยมก

El símbolo ๆ llamado "mái-yámók" es un repetidor de la última palabra escrita.

ช้าๆ	CHÁA≈CHÁA	Despacio / Lentamente
จริงๆ	LLINGร≈LLINGร	Cierto / Verdadero

Símbolo ฯ llamado "PÄI-YAAn-NÓoI" ไปยาลน้อย

El símbolo **ฯ** llamado "päi-yaan-nóoi" sirve para abreviar algunas palabras, como por ejemplo: "Bangkok... " *(ver página 267).*

กรุงเทพฯ	CRuNG≈THÊEP	Bangkok
นายกฯ	NÄAI≈¥ÓḲ (RÁT=TaMONTRÏI)	Primer ministro / Presidente

Símbolo ฯลฯ llamado "PÄI-¥AAn YHÄI" ไปยาลใหญ่

El símbolo **ฯลฯ** llamado "päi-yaan-yhäi." viene a ser como nuestro "etc.", se usa para indicar que hay algo más de algo.

Símbolo ั llamado "MÁI-JAN-AACAAT. " ไม้หันอากาศ

El símbolo ั llamado "mái-jan≈aacaat." es la vocal "a" (media/corta II). Siempre se pone encima de una consonante.

กัน	CAB.	Con

Símbolo ็ llamado "MÁI-TÄI.KHÚU" ไม้ไต่คู้

El símbolo ็ llamado "mái-täi.≈khúu" es el que acompaña a las vocales medias เ/E y "แ/ÆE", otras veces este signo se pone encima de una consonante, por ejemplo ก็ (CÔO).

เห็น	JĚN	Ver

La palabra "taläad." (mercado) es una palabra que lleva la vocal invisible "a" (ต...ลาด). Esta vocal es corta de duración.

Todas las palabras que en la transcripción acaben en una "d" (ด) se deben pronunciar como una "t" (final). El motivo de transcribirla así es para recordar que se escribe con la "d"

MATICES DE LAS CONSONANTES "จ/LL" y "ช/CH" (y de la "Ů")

Las consonantes en nuestra transcripción se deben pronunciar tal cual están escritas, no hay que pensar en "inglés", pero hay 2 consonantes que debemos matizar sobre su pronunciación, la "ll" y la "ch".

1- La pronunciación de la letra "ll" es parecida al tono en que la pronuncia un argentino.

2- La letra "ch" cuando lleva un puntito sobre la "c" (Ċh) es una consonante más parecida a la "x" catalana (o gallega), que a la "ch" normal: "Xavi/Xunta"

*-La vocal que lleva el circulito sobre la **"Ů"** ni es una "o", ni es una "u", su sonido está en medio de estas dos vocales.*

IRREGULARIDADES DEL IDIOMA / ข้อยกเว้นในภาษา

Estas son algunas de las irregularidades del idioma del antiguo Reino de Siam.

Palabras irregulares

Hay algunas palabras que se pronuncian más largas de lo que indica su escritura y otras que se escriben con vocal "larga" pero se pronuncian como vocal "media".

ได้	DÂAI	Poder/Ser capaz

La "a" de ¨dâai¨ se escribe "media" pero se pronuncia "larga".

เช้า	ĊHÂAO	La mañana

La "A" se escribe "media" pero se pronuncia "larga" (AA).

น้ำ	NÁAM	Agua

La "A" de ¨náam¨ se escribe "media" y se pronuncia "larga".

เก้า	CÂAO	Nueve

La "A" de ¨câao¨ se escribe "media" pero se pronuncia "larga".

ไม้	MÁAI	Madera

La "A" de ¨máai¨ se escribe "media" pero se pronuncia "larga".

รองเท้า	ROoNG≈THÁAO	Zapato

La "A" de ¨roong-tháao¨ la pronuncian más larga de lo normal

En las palabras siguientes pasa lo contrario, se escriben con vocal "larga" y se pronuncian como vocal "media".

เงิน	NGE̲N	Dinero

La "E̲" se escribe "larga" pero se pronuncia "media".

ต้อง	TÔNG	Haber de/Tener que

La "Oo" se escribe "larga "pero se pronuncia "media".

ท่าน	THÂN.	Usted

La "A" se escribe "larga" pero se pronuncia "media".

ช่าง	ĊHÂNG.	Mecánico/Técnico

La "A" se escribe "larga" pero se pronuncia "media".

La palabra อีเมล์ (e-mail/correo electrónico), algunos la pronuncian como "iimee" y otros como "iimeel".

Hay algunas palabras que se escriben con tono "ascendente" y se pronuncian con tono "bajo".

ประโยค	PRa¥ÔOK.	Sentencia / Frase
ประวัติ	PRaUÄT.	Historia

Palabras que se escriben con tono "descendente" y se pronuncian con tono "alto"

ฉัน	CHAN	Yo (femenino)

Se escribe "CHAN", con tono medio, pero lo pronuncian con tono alto "CHÁN"

Otros casos distintos

La partícula de interrogación "MHĂI" (ไหม), algunos la pronuncian con tono ascendente y otros con tono alto "MHÁI (ไหม)" (esta última es más usual).

Letra "R" ร

En la escritura del idioma tailandés hay algunas irregularidades. Las siguientes palabras llevan una "r" muda. Estos casos se dan cuando las consonantes **สร / ศร / ชร** van seguidas. La letra **ร** "R" no se pronuncia en estos casos.

Acabar / Terminar	**เสร็จ**	ŠET.
Cabeza *	**ศีร**ษะ	Şìí≈sa.
Collar	**สร้**อย คอ	ŠÔol-KHOo
Construir	**สร้**าง	ŠÂANG
Diamante	เพ**ชร**	PPÉETร (T=ช)
Económico(-ca)	เ**ศร**ษ ฐกิจ	ŞETษ.=ŦHaĶÏT. (T=ษ/T=จ)
Millonario(-ria)	เ**ศร**ษ ฐี	ŞEET≈Ŧìí
Añadir / Adicionar	เ**สริ**ม	ŠĚ̲E̲Mร
Phetchaburi* (Phetburi)	เพ**ชร** บุรี	PPÉET≈BuRïI (T=ช)
Piscina	**สระ** ว่าย น้ำ	Ša.UÂAI.≈NÁAM
Poder	สา มา**รถ**	SĂA≈MÂAŤร
Reino	กรุง **ศรี**	CRuNG≈Şìí
Servir *	เ**สิร์**ฟ	SE̲E̲Pร์. (P=ฟ) *
Tristeza / Pena	ความ **เศร้**า	KHUÄAM-ŞÂO
Verdad / Cierto	จ**ริ**งๆ	LLINGร≈LLINGร

* La ciudad de Phetchaburi coloquialmente la pronuncian como Phetburi (sin el "cha").

* La letra "Ş" es una "s" normal, la representamos con cedilla para diferenciarla.

* La palabra "servir" lleva el silenciador ์ llamado "caaran" **เสิร์ฟ**, se debe pronunciar SE̲E̲Pร์. sin la "r".

Más detalles sobre la letra "R"

1- Si la รร "RR" es doble y va en medio de una palabra, actúa como una A "media", como por ejemplo en la palabra...

ธรรมดา	(Ţ+RR+M(a)+D+AA) ŢHAM,=MáDÄA	Normal
บรร เทา	BAN,THÄO	Aliviar / Remediar

2- Si la letra "R" es la letra final de una palabra, pasa a pronunciarse como una "N", como en el caso de la palabra...

นคร	NáKHÖOŇ	Ciudad
โรง ละ คร	ROONG-LáKHÖOŇ	Sala de teatro

* La forma más común de decir "ciudad" es MÜUANG.

3- Lo mismo que les pasa a los chinos a la hora de pronunciar la "R" les sucede a los tailandeses, les cuesta mucho. Donde haya escrita una "R" probablemente ellos la pronuncien como una "L"...

อะไร	aRÄI	¿Qué?	aLÄI
รู้	RÚU	Saber	LÚU

... y en otros casos lleguan a omitir la "L" cuando dicha consonantes va detrás de alguna de las consonantes siguientes: "B", "P", "C", "R" o la "K"...

ปลา	PLAA	Pez / Pescado	PAA
กล้วย *	CLÛAI	Plátano	CÛAI

Palabras que empiezan con บริ

Las palabras que empiezan por บริ llevan la vocal invisible "O" que es una vocal larga, pero esta acostumbran a pronunciarla como una vocal media.
Nivel 4.

บริการ	BORíCÄAŇ	Servicio
บริษัท	BORísÄT.	Empresa
บริจัก	BORíLLÄĶ.	Donar

Palabras con la letra ฤ del sánscrito

En algunos casos la letra ฤ se pronuncia con un tipo de vocal distinta dependiendo de la palabra en la que vaya (I/E/U).

อังกฤษ	ANGRÏT. (T=ษ)	Inglés
ฤดู	**Rú**DÜU	Estación (del año)
ฤกษ์	**RÊĶ**	Favorable / Propicio
พ**ฤ**ศจิกายน	P**Rú**TŞa.≈LLICÄA≈¥ON (T=ศ)	Noviembre

Consonantes "finales" adoptadas del inglés S / T / N / L

Las palabras adoptadas del inglés que tienen terminación "T" y "S", es muy posible que algunos tailandeses cambien su terminación usando la "T" o la "S" indistintamente, es por eso que las ponemos entre paréntesis.

จี พี เอส	LLii-ppii-eeS LLii-ppii-eeT	Navegador GPS (S/T)
แก๊ส	ĶæeS ĶæeT	Gas (S/T)

Lo mismo ocurre con las consonantes finales "L" y "N".

พาราเ ซตา มอล	Ppaaraa-šeetaa-mooL Ppaaraa-šeetaa-mooN	Paracetamol (L/N)

Consonantes "finales" que cambian de fonema (13)

Hay una serie de consonantes que cambian su valor vocálico cuando van al final de la palabra. Esto viene a ser como si por ejemplo en el idioma español cuando la letra "L" fuera al final de una palabra la pronunciáramos siempre con "N": FIEL = FIEN o REAL = REAN

LETRA	SE ESCRIBE	SE PRONUNCIA	DOS FONEMAS
B	บ	P	
D	ด	T	
F	ฟ	P	
L	ล	n (transcrita en minúscula)	ล (*)
Ł	ฬ	N	
LL	จ	T	จ (*)
R	ร	Ň *	
ĊH	ช	T	ช (*)
Š	ซ	T	ซ (*)
S	ส	T	
Ş	ศ	T	ศ (*)
s	ษ	T	ษ (*)
W / U	ว	Ů (Sonido entre la U y la O)	

* Las 6 consonantes de la columna de la derecha (las que llevan asterisco) cuando van en medio de una palabra pueden tener 2 funciones a la vez, pueden hacer de consonante final de una sílaba y también hacer de consonante inicial de la siguiente sílaba (aunque solo se escribe una consonante en estos casos).

Ejemplos de las mismas 7 consonantes con posición final o inicial

Letra	Si es letra inicial se escribe	Ejemplos con la consonante inicial	Letra	Si es letra final se escribe	Ejemplos con la misma consonante al final
ล	L	**ลา** / **L**AA / Burro (asno)	ล	n (minúsc.)	ผ**ล** / PPŎ**n=L**aMÁAI / Fruta
จ	LL	**จ**าก / **LL**AAK. / De (desde)	จ	LL	ปีศา**จ** / PII≈ŞAAT./ Demonio
ช	ĊH	**ชื**ด / **ĊH**ÛUD / Soso (insípido)	ช	ĊH	รา**ช** / RÂAT / Monarca
ส	S	**ส**าขา / **S**ĂA-QHĂA / Sucursal	ส	S	ร**ส** / RÓT / Sabor
ศ	Ş	**ศ**ูนย์ /**Ş**ŬUN / Cero // Centro	ศ	Ş	อุทิ**ศ** / uTHÍT /Dedicar /Sacrificar
ษ	s	**ษ**อฤๅษี/ **s**OO-RUU-sǏI/Letra 39	ษ	s	พิเศ**ษ** / PPÍŞËET. / Especial
ญ	Y	**ญ**าณ / **Y**ÄAŅ / Percepción	ญ	Y	สั**ญ** ญาณ / SAŃ=YAAŅ

Consonantes "finales" que también hacen de "iniciales" en mitad de la palabra

Letra tailan.	Letra inicial	Letra final	Ejemplos de consonantes ¨duplicadas¨
ล	L	n (minúsc.)	ผ**ล** ไม้ / PPŎ**n=L**aMÁAI / Fruta ศิ**ล** ปะ / ŞǏ**n=L**á≈Pa. / Arte
จ	LL	T	กิ**จ** กรรม / ĶIT.**=LL**aCÄM, (T=จ) / Actividad กิ**จ** การ / ĶIT.**=LL**aCÄAŇ /Trabajo / Negocio / Empresa
ช	ĊH	T	รา**ช** วงศ์ / RÂAT**=ĊH**áUÖNGศ (T=ช) / Dinastía รา**ช** การ / RÂAT**=ĊH**áCÄAŇ (T=ช) / Asunto oficial
ส	S	T	ศา**ส** นา / ŞAAT.**=S**aNĂA / Religión พั**ส** ดุ / PÁT**=S**aDu / Paquete o bulto
ศ	Ş	T	ทั**ศ** นียภาพ / THAT**=Ş**aNĬIYA≈pÂAP (T=ศ) / Paisaje-Vista-Panorámica ปริ**ศ** นาอักษรไขว้ / PRIT.**=Ş**aNĂA-AĶ.≈sŎOŇ-QHUÂI (T=ศ) / Crucigrama
ษ	s (minúsc.)	T	1-มนุ**ษ** ย อวกาศ / MáNúT**=s**aYá-UáCÄAT. / Astronáuta 2-บุ**ษ** ราคัม / BuT.**=s**aRÄA≈KHAM / Topacio

LAS 20 PALABRAS QUE SE ESCRIBEN CON LA LETRA ไ (ÄI,)

Hay tan solo 20 palabras que llevan la letra ไ "mái≈múan". La mayoría de ellas se usan frecuentemente.

Cerca	ใกล้	CLÂİ
Claro / Transparente	ใส	SĂİ
Corazón	ใจ / หัว ใจ	LLÄİ / JŬA≈LLÄİ
¿Qué? (pron.) // Cualquiera	ใด / ใดๆ	DÄİ / DÄİ≈DÄİ
Dar / Ofrecer	ให้	JÂİ
Debajo (*) / Por debajo	ใต้ / ล่าง	TÂAİ / LÂANG.
En	ใน	NÄİ
Estar loco(-ca) por / Estar fascinado por	หลง ใหล	LHŎNG≈LHĂİ
Nuera	สะใภ้	SappÂİ
Grande	ใหญ่	YHÄİ.
Hoja	ใบ	BÄİ
Mudo(-da)	ใบ้	BÂİ
Nuevo(-va)	ใหม่	MHÄİ.
Poner	ใส่	SÄİ.
Quién	ใคร	KRÄİ
Sí	ใช่	ĊHÂİ.
Telaraña	ใย	¥ÂI
Tener deseos / Querer	ใคร่	KRÂİ.
Tener interés en	ใฝ่	FÄİ
Usar	ใช้	ĊHÁİ

LAS 4 PALABRAS QUE LLEVAN LA LETRA "MUDA" อ (oo-aang.)

Hay 4 palabras que se escriben con la vocal-consonante **อ** llamada "oo-aang." Estas palabras son fáciles de recordar porque se usan mucho. Todas ellas llevan el tono "bajo". En las 4 palabras siguientes la letra es "muda":

1	Estar	อ+ยู่	อยู่ = ¥UU.
2	No (de prohibición)	อ+ย่า	อย่า = ¥AA.
3	Querer (verbo auxiliar)	อ+ยาก	อยาก = ¥AAĶ.
4	Tipo/Categoría // Modo/Estilo	อ+ย่าง	อย่าง = ¥AANG.

LLANG≈LÖOI / จังเลย

"LLANG≈LÖOI" es una expresión que se pone al final de la frase para poner énfasis en algo, o para intensificar una cualidad. Ejemplos:

DII-LLANG≈LÖOI	ดี จังเลย	¡Qué bueno!
KHÍD≈ŤHŲNG-LLANG≈LÖOI	คิดถึง จังเลย	¡Te extraño tanto!
SŬAI-LLANG≈LÖOI	สวย จังเลย	¡Qué guapa!
¥ÆÊ.LLANG≈LÖOI	แย่ จังเลย	¡Qué mal!

* En la escritura tailandesa no se pone nunca el signo + (mái-llat=tauäa) encima de la "ร" (R) cuando es consonante "final de palabra" (ร์), pero en la transcripción de nuestros libros para tailandeses le "agregamos" dicho símbolo para recordarles (a los tailandeses) que dicha consonante, en español, hay que pronunciarla ¡aunque les cueste!
En las altas esferas sociales de Bangkok o Chiang Mai es más común que pronuncien bastante bien la letra "R" (ร).

LAS 8 CONSONANTES QUE PUEDEN PRECEDER A LA LETRA ห

En el idioma tailandés al igual que en el idioma español existe un tipo de letra "H" (ห) muda.
Esta letra a veces es muda y otras veces (la H) tiene un sonido parecido a la "J", pero nasal.
Podíamos haber omitido la "H" en los casos en los que no se pronuncia pero la incluimos para los que quieran aprender a escribir correctamente el idioma tailandés.

Cuando la letra "H" es muda, se encuentra delante de las siguientes consonantes:

น	Noo-Nhŭu	la N	la N de nhŭu	Rata
ม	Moo-Máa	la M	la M de máa	Caballo
ง	Ngoo-Nguu	la NG	la NG de nguu	Serpiente
ย	¥oo-¥áķ	la Y	la de ¥ yáķ	Gigante
ล	Loo-Ling	la L	la L de ling	Mono
ร	Roo-Rüua	la R	la R de rüua	Barco
ว	Huöo-Huæĕn	la U/W	la U/W de huæĕn	Anillo
ญ	Yoo-yhĭng	la Y	la Y de yhĭng	Mujer

He aquí un ejemplo con la letra "H" muda.

ม	MHŭN≈UÏAN	หมุนเวียน	Circular

Y otros ejemplos donde la la letra "H" se usa para indicar que las consonantes K, Q y T son consonantes aspiradas (kh/qh/th).

ค	KHOo	คอ	Garganta
ข	QHŎo≈THÔOT	ขอโทษ	Perdone / Disculpa
ท	THÂO.≈CAN	เท่ากัน	Lo mismo
ถ	ŤHŭNG	ถุง	Bolsa

* Hay 2 formas de decir "debajo"; son TÂAİ y LÂANG. La palabra TÂAİ se usa para objetos que están uno encima de otro, y LÂANG. se usa cuando se habla de edificios, escaleras, etc.

En este primer grupo de palabras "A" se puede ver que la letra **ห** (h) va delante de la primera consonante. Cuando se da esta circunstancia, aproximadamente la mitad de las palabras llevan el tono descendente ^.

TEST Leer las siguientes palabras que llevan la letra "H muda" (**ห**) y después escribirlas en las casillas de la derecha.

A				
1	O	**หรือ**	RHŬU	
2	Perro (coloq.)	**หมา**	MHĂA	
3	Número	**หมาย** เลข	MHĂAI≈LÊEQ	
4	Mujer / Chica	ผู้ **หญิง**	PPÛU≈YHĬNG	
5	Uno	**หนึ่ง**	NHUNG.	
6	Un poco	นิด **หน่อย**	NÍD≈NHÖoI.	

... pero cuando la misma letra **ห** (H) está en una palabra que contiene cualquiera de los diptongos "ÄI", ya sea ไ "mái-maläi" o ใ mái-múang", entonces la letra **ห** se debe escribir detrás de cualquiera de ellas (o detrás de la letra ไ "mái≈maläi" o detrás de la letra ใ mái≈múang").

B				
1	Partícula interrogat.	ไ**หม**	MHÁI	
2	¿Cuándo?	เมื่อ ไ**หร่**	MÛUA.≈RHÄI.	
3	Seda	ไ**หม**	MHĂI	
4	Nuevo(-va)	ใ**หม่**	MHÄI.	
5	Grande	ใ**หญ่**	YHÄI.	
6	¿Dónde?	ที่ ไ**หน**	THÎI.≈NHĂI	

La vocal "A" de las letras ไ "m**áa**i≈maläi" y ใ m**áa**i≈múang" teóricamente es larga en el alfabeto, pero la mayoría de palabras con dichas letras las pronuncian con un nivel 4.

TEST
Leer estas palabras y escribir el significado y nuestra transcripción

-	Nombre	Significado	Transcripción
1	เตียง	Cama	TÏANG
2	กิน ข้าว		
3	หลัง...		
4	และ		
5	ร้อน		
6	อ้วน		
7	ยาว		
8	เบา		
9	พอ ใจ		
10	มืด		
11	น้อย		
12	จน		
13	สบาย		
14	บาง		
15	ใจ ร้อน		
16	ปี		*(soluciones a la izquierda de la pág.316)*

El tailandés básico no es tan difícil porque la gramática es muy simple. Con tan solo dos palabras se pueden formar muchísimas frases.
Este libro está diseñado para enseñarte y darte a conocer lo básico para que puedas entender a los demás y hacerte entender.
Este libro puede parecer un "2 x 1" porque además de ser un libro de aprendizaje, en él vienen las frases más usuales de un turista, esas que se encuentran en las guías de viaje.

TEST
Enlazar los números de la columna 1 con las letras que correspondan

1	Echar de menos / Extrañar	=	A	บ้า	BÂA
2	Querer... (verbo auxiliar)	=	B	สเป็ค	SaPËK.
3	Porque	=	C	ผิด หวัง	PPID.≈HŬÄNG.
4	De verdad / Realmente	=	D	แต่ง งาน	TÆNG.≈NGAAN
5	Estilo / Tipo / Forma	=	E	คิด ถึง	KHÍD≈ŤHŬNG
6	Usar	=	F	อยาก	¥AAĶ.
7	Juntos(-tas)	=	G	เพราะ	PRó
8	Sonrisa	=	H	เซ็ก ซี่	ŠÊĶ≈ŠÍÌ.
9	Interesante	=	I	ชี วิต	ĊHII≈UÍT
10	Seguir / Perseguir // Acompañar	=	J	ร่วม กัน	RÜAM≈CAN
11	Loco(-ca)	=	K	กับ ฉัน/ผม	CAB.≈CHÁN/PPŎM
12	Partícula que pone énfasis en la frase	=	L	น่า สน ใจ	NÂA.SŎN≈LLÄİ
13	Guapísima	=	M	ตาม	TAAM
14	Sexy	=	N	แบบ	BÆEB.
15	Conmigo	=	Ñ	สวย มาก	SŬAI≈MÂAĶ
16	Vida	=	O	รอย ยิ้ม	RÖoI≈¥ÍM
	-	=	P	ใช้	ĊHÁİ
	-	=	Q	จริง ๆ	LLINGƽ≈LLINGƽ
	(soluciones en la pág.316)	=	R	เลย	LÖOI

Lección 15

Contenido:

VOCABULARIO (FRASES PARA UNA CHICA)

Caminar // El caminar	เดิน // การ เดิน	DEEN // CAAŇ-DEEN
Casar(-se)	แต่ง งาน	TÆNG.≈NGAAN
Cautivador(-ra) (provocar)	เย้า ยวน	¥ÁO≈¥ÜAN
Decepcionar	ผิด หวัง	PPID.≈HŬANG
Echar de menos / Extrañar	คิด ถึง	KHÍD≈ŤHŲNG
Forma / Manera	ท่า ทาง	THÂA.THAANG
Guapísima	สวย มาก	SŬAI≈MÂAĶ
Interesante	น่า สน ใจ	NÂA.SŎN≈LLÄI
Juntos(-tas)	ร่วม กัน	RÜAM≈CAN
Lo siento mucho	ขอ โทษ จริงๆ	QHŎo≈THÔOT-LLINGร≈LLINGร (T=ษ)
Loco(-ca)	บ้า	BÂA
(Yo) Pienso que...	(ฉัน) คิด ว่า...	(CHÁN) KHÍD≈UÂA. ...
Posiblemente / Probablemente/Seguramente	คง	KHONG
Ser atractiva	มี เสน่ห์	MII-SaNËEห์.
Sexy	เซ็ก ซี่	ŠÉĶ≈ŠÍl.
Sinceramente	จริงๆ	LLINGร≈LLINGร
Sonrisa	รอย ยิ้ม	RÔol≈¥ÍM
Tener encanto	มี เสน่ห์	MII-SaNËEห์.
Tipo / Prototipo	ส เป็ค	SaPËK.
Veo que... / Pienso que...	คิด ว่า...	KHÍD≈UÂA. ...
Vivir la vida (usar la vida)	ใช้ ชี วิต	ĊHÁI-CHII≈UÍT

FRASES PARA UNA CHICA

- Eres guapísima / Estás guapísima
คุณ สวย มาก
KHuŅ-SŬAI≈MÂAĶ

- (Tú) Eres muy sexy, de verdad/sinceramente
คุณ เซ็ก ซี่ มาก จริงๆ
KHuŅ-ŠÉĶ≈ŠÎÌ.MÂAĶ-LLINGS≈LLINGS

- (Tú) Tienes una sonrisa cautivadora
คุณ มี รอย ยิ้ม ที่ มี เสน่ห์ เย้า ยวน
KHuŅ-MII-RÔoI≈¥ÍM-THÎÌ.MII-¥ÁO≈¥ÜAN

- Me gusta tu forma de caminar
ฉัน/ผม ชอบ ท่า ทาง การ เดิน ของ คุณ
CHÁN/PPŎM-ĊHÔoB-THÂA.≈THAANG-CAAŇ≈DEEN-QHŎoNG≈KHuŅ

- (Yo gustar) Me encantan tus ojos
ฉัน/ผม ชอบ ดวง ตา ของ คุณ มาก
CHÁN/PPŎM-ĊHÔoB-DÜANG≈TAA-QHŎoNG≈KHuŅ-MÂAĶ

- ¿(Tú) Qué piensas (opinas) de mí?
คุณ คิด อย่าง ไร กับ ฉัน/ผม
KHuŅ-KHÍD-¥AANG.≈RÄI-CAB.≈CHÁN/PPŎM

- ¿(Tú/Usted) Piensa(-s) que soy interesante?
คุณ คิด ว่า ฉัน/ผม เป็น คน น่า สนใจ ไหม
KHuŅ-KHÍD≈UÂA.CHÁN/PPŎM-PEN-KHON-NÂA.≈SŎN≈LLÄl-MHÁI

- (Yo) Creo que (tú) eres la persona que estaba buscando
ฉัน/ผม คิด ว่า คุณ คือ คน ที่ ฉัน/ผม กำลัง ตาม หา อยู่
CHÁN/PPŎM-KHÍD≈UÂA.KHuŅ-KHUU-KHON-THÎÌ.CHÁN/PPŎM-CAMLANG-TAAM-JĂA-¥UU.

- (Yo) Te veo (pienso que eres) una persona muy interesante
ฉัน/ผม คิด ว่า คุณ เป็น คน ที่ น่า สนใจ มาก
CHÁN/PPŎM-KHÍD≈UÂA.KHuŅ-PEN-KHON-THÎÌ.NÂA.≈SŎN≈LLÄI-MÂAĶ

- Me gustan mucho las mujeres como tú (de tu estilo)
ผม ชอบ ผู้ หญิง แบบ คุณ มาก
PPŎM-ĊHÔoB-PPÛU≈YHĬNG-BÆEB.≈KHuŅ-MÂAĶ

- Me gusta mucho tu forma de ser / Me gustan las mujeres con tu...
ฉัน/ผม ชอบ ผู้ หญิง แบบ คุณ มาก
CHÁN/PPŎM-ĊHÔoB-PPÛU≈YHĬNG-BÆEB.KHuŅ-MÂAĶ

- (Yo) Estoy loco(-ca) por (porque tú) tí
ฉัน/ผม เป็น บ้า เพราะ คุณ
CHÁN/PPŎM-PEN≈BÂA-PRó≈KHuŅ

- Lo siento mucho (de verdad) pero !no eres mi tipo!
ขอ โทษ จริงๆ แต่ คุณ ไม่ ใช่ สเป็ค ฉัน/ผม เลย
QHŎo≈THÔOT-LLINϚG≈LLINGϚ-TÆE.KHuŅ-MÂI.≈ĊHÂI-SaPĔK.CHÁN/PPŎM-L<u>ÖO</u>I

- (Tú) Me has decepcionado
คุณ ทำ ให้ ฉัน/ผม ผิด หวัง
KHuŅ-THAM≈JÂI-CHÁN/PPŎM-PPID.≈HŬANG

Me has decepcionado te esperaba de otra manera/diferente
ฉัน หวัง ไว้ ว่า คุณ จะ เป็น อีก แบบ หนึ่ง
CHÁN-HŬANG-UÁI-UÂA.KHuŅ-LLa.PEN-IIĶ.BÆEB.NH<u>U</u>NG.

- Tú y yo (nosotros) probablemente no vamos a llegar lejos si tú....
เรา คง ไป กัน ไม่ ได้ ไกล ถ้า คุณ...
RÄO-KHONG-PÄI≈CAN-MÂI.≈DÂAI-CLÄI-ŤHÂA-KHuŅ...

- ¿Quieres que vivamos juntos?
คุณ อยาก ใช้ ชีวิต ร่วม กัน ไหม
KHuŅ-ɎAAĶ.ĊHÁI-ĊHII≈UÍT-RÜAM.≈CAN-MHÁI

- ¿(Tú) Quieres casarte conmigo?
คุณ อยาก แต่ง งาน กับ ฉัน/ผม ไหม
KHuŅ-ɎAAĶ.TÆNG.≈NGAAN-CAB.CHÁN/PPŎM-MHÁI

- Te echo mucho de menos / Te extraño mucho
ฉัน/ผม คิด ถึง คุณ มาก
CHÁN/PPŎM-KHÍD≈ŤH<u>Ŭ</u>NG-KHuŅ-MÂAĶ.

* El verbo “ser” no se usa con los adjetivos:
KHuŅ-ŠÉĶ≈ŠÍI.MÂAĶ-LLINGϚ≈LLINGϚ (Usted-sexy-mucho/muy-de verdad/sinceramente)

VOCABULARIO (CARTA)

Abrazar	กอด	COoD.
Agradecer // Gracias	ขอบ คุณ	QHOoB.≈KHuŅ
Alegrarse / Ponerse contento(-ta)	ดี ใจ	DII.≈LLÄİ
!Amor! / !Amor mío! / !Cielo!	ที่ รัก	THÍÌ.≈RÁĶ
Amor / El amor	ความ รัก	KHUÄAM-RÁĶ
Apreciado(-da)	เรียน	RÏAN
Artículo / Cosa	สิ่ง	SING.
Asegurar / Garantizar / Confirmar / Certificar	รับ รอง	RÁB≈ROoNG
Atentamente	ขอ แสดง ความ นับ ถือ	QHŎo-SaDÆËNG-KHUÄAM-NÁB≈ŤŬU
Ayuda (la)	ความ ช่วย เหลือ	KHUÄAM-ĊHÛAI.≈LHŬUA
Besar	จูบ	LLUUB
Carta	จด หมาย	LLOD.≈MHĂAI
Certificar / Garantizar	รับ รอง	RÁB≈ROoNG
Charlar / Conversar / Platicar	พูด คุย	PPÛUD≈KHüI
Confirmar / Asegurar	ยืน	¥UUN
Contento(-ta)	ดี ใจ	DII≈LLÄİ
Contestar / Responder	ตอบ	TOoB
Cordialmente	ขอ แสดง ความ นับ ถือ	QHŎo-SaDÆËNG-KHUÄAM-NÁB≈ŤŬU
Cosa	สิ่ง	SING.
Dato / Información	ข้อ มูล	QHÔo≈MUUn
De nuevo / Otra vez	อีก ครั้ง	IIĶ.≈KRÁNG

Demostrar / Mostrar	แสดง	SaDÆËNG
Deprisa / Rápido	เร็ว	RËŮ
Desear (que) / Esperar (que)	หวัง (ว่า)	HŬANG (UÂA.)
Encantado(-da) de conocerte(-le)	ยินดี ที่ ได้ รู้ จัก	¥INDÏI-THÍÌ.≈DÂAI-RÚU≈LLAĶ
Enseñar / Mostrar / Exponer	แสดง	SaDÆËNG
Estar bien (de salud)	สบาย ดี	SaBÄAI≈DII
Estimado(-da)	เรียน	RÏAN
Feliz / Contento(-ta)	ดี ใจ	DII≈LLÄI
Información / Dato	ข้อ มูล	QHÔo-MUUn
Lo más / La más	ที่ สุด	THÍÌ.≈SuD.
Lo siento	ขอ โทษ	QHŎo≈THÔOT (T=ษ)
Madre	แม่ / คุณ แม่	MÆÊ. / KHuŅ≈MÆÊ.
Manera / Estilo / Forma	แบบ	BÆEB.
Mayor brevedad posible	อย่าง เร็ว ที่ สุด	¥AANG.≈RËŮ-THÍÌ.≈SuD.
Mostrar / Enseñar /Exponer	แสดง	SaDÆËNG
Noticias	ข่าว คราว / ข่าว	QHÄAŮ.KRÄAŮ. / QHÄAŮ.
Oír	ได้ ยิน	DÂI≈¥IN (DÂAI≈¥IN)
Otra vez	อีก ครั้ง	IIĶ.≈KRÁNG
Perdona	ขอ โทษ	QHŎo≈THÔOT (T=ษ)
Perdona que...	ขอ โทษ ที่...	QHŎo≈THÔOT-THÍÌ. ... (T=ษ)
Platicar / Conversar	พูด คุย	PPÛUD≈KHüI
Poder / Estar capacitado(da)	สามารถ	SĂA≈MÂAŤs
Pronto / Próximamente	เร็วๆ นี้	RËŮ≈RËŮ≈NÍÍ

Hacer bien	ทำ ดี	THAM≈DII
Querido(-da) / Estimado(a)	เรียน	RÏAN
Rápido(-da)	เร็ว	RËŮ
Recibir	ได้ รับ	DÂAI≈RÁB
Regalo	ของ ขวัญ	QHŎoNG≈QHŬAŃ
Responder / Contestar	ตอบ	TOoB.
Respuesta	คำ ตอบ	KHAM≈TOoB.
Saludar	ทัก ทาย	THÁĶ≈THÄAI
Sorpresa	เซอร์ ไพรส์	ŠŒร์^≈PRÄIส์
Te quiero	ฉัน/ผม รัก คุณ	CHÁN-RÁĶ≈KuŅ
Ver / Encontrar	เจอ	LLŒ
Verse / Encontrarse	เจอ กัน	LLŒ≈CAN
Vez * / Ocasión // Turno	ครั้ง	KRÁNG *

• La forma más común de decir "vez/ocasión" es "KRÁNG" (ครั้ง), pero dependiendo del contexto también se puede usar "THÎI." (ที่).

<u>ENFADO // ENOJO</u> / "CROOŢ." // MOO≈JŎO

El adjetivo "CROOŢ." se usa en un tipo de enfado diagamos que algo "light", para situaciones en las que el enojo es mayor se usa "MOO≈JŎO".

1- No te enfades conmigo, por favor = อย่าโกรธฉันนะ = ¥AA.CROOŢ.CHÁN-Ná

2- Estoy muy enfadado con mi novia, ella me ha mentido = ผมโมโหแฟนของผมเขาโกหกผม = PPŎM-MOO≈JŎO-FÆEN-QHŎoNG≈PPŎM-QHÁO-COO≈JOK.PPŎM

CONVERSACIÓN (CARTA A MAMÁ)

P- Querida mamá
คุณ แม่ ที่ รัก
KHuŅ-MÆÊ.THÍÌ.≈RÁĶ

P- Hola querida(-do) / Hola amor
สวัสดี ที่ รัก
SaUÄT.≈DII-THÍÌ.≈RÁĶ (T=ส)

P- Querido(-da)... // Estimado(-da)... / Apreciado(-da)
...ที่ รัก // เรียน...
... THÍÌ.≈RÁĶ // RÏAN...

P- Gracias por...
ขอบ คุณ สำ หรับ...
QHOoB.≈KHuŅ-SĂM≈RHAB. ...

1-...tu regalo / 2-...tu sorpresa / 3-...tu ayuda
...ของ ขวัญ ของ คุณ /...เซอร์ไพรส์ ของ คุณ /
...ความ ช่วย เหลือ ของ คุณ
1-... QHŎoNG≈QHŬAŃ-QHŎoNG≈KHuŅ / .2-... Š<u>Œ</u>ร์^PRÄIส์-QHŎoNG≈KHuŅ /
3-... KHUÄAM-ĊHÛAI.≈LH<u>ŬU</u>A-QHŎoNG≈KHuŅ

P- Quiero agradecerte....
ฉัน/ผม อยาก จะ ขอบ คุณ คุณ...
CHÁN/PPŎM-¥AAĶ.LLa-ĊHÔoB-QHOoB.≈KHuŅ

...lo que has hecho por mí / ...como (lo haces) te muestras conmigo
...ใน สิ่ง ที่ คุณ ทำ เพื่อ ฉัน /...ใน สิ่ง ที่ คุณ ทำ ให้ ฉัน เห็น
1-... NÄI-SING.THÍÌ.KHuŅ-THAM-PP<u>ÛU</u>A.CHÁN
2-... NÄI-SING.THÍÌ.KHuŅ-THAM≈JÂI-CHÁN-JĔN

...el que lo hagas tan bien conmigo /
...que hayas venido a verme (para encontrarnos) desde tan lejos
...ที่ ทำ ดี กับ ฉัน/ผม เหลือ เกิน /...ที่ เดิน ทาง มา ไกล เพื่อ พบ ฉัน/ผม
1-... THÍÌ.THAM-DII-CAB.CHÁN/PPŎM-LH<u>ŬU</u>A-ĶIN /
2-... THÍÌ.D<u>EE</u>N≈THAANG-MAA-CLÄI-PP<u>ÛU</u>A.PPÓB-CHÁN/PPŎM

P- Perdona que... // ขอ โทษ ที่... // QHŎo≈THÔOT-THÍÌ. ... (T=ษ)

...haya tardado tanto tiempo en contestar/no haya respondido a tu correo
...ตอบ จด หมาย ช้า /...ไม่ ตอบ จด หมาย ของ คุณ
...TOoB.LLOD.≈MHĂAI-CHÁA / ...MÂI.≈TOoB-LLOD.≈MHĂAI-QHŎoNG≈KHuŅ

...no haya ido / ...que no te haya hecho caso (no interesar usted)
...ไม่ ไป / ...ที่ ไม่ สนใจ คุณ
... MÂI.≈PÄI / THÍÌ.MÂI.≈SŎN≈LLÄÌ-KHuŅ

P- Espero que...
หวัง ว่า...
HŬANG-UÂA. ...

...estés bien de salud
...คุณ จะ สบาย ดี
... KHuŅ-LLa.SaBÄAI≈DII

P- 1-Me alegro mucho... // P-2- Encantado(-da) de conocerte
1-ฉัน/ผม ดี ใจ มาก... // 2--ยินดีที่ได้รู้จัก
1-CHÁN/PPŎM-DII≈LLÄÌ-MÂAĶ... // 2-¥INDÏI-THÍÌ.≈DÂAI-RÚU≈LLAĶ.

...de verte / ...de poder abrazarte y besarte de nuevo (otra vez)
...ที่ ได้ เจอ คุณ / ...ที่ ได้ กอด และ จูบ คุณ อีก ครั้ง
... THÍÌ.DÂAI-LLŒ≈CAN-KHuŅ /... THÍÌ.DÂAI-COoD.Læ-LLUUB.KHuŅ IIĶ.≈KRÁNG

P- Espero volver....
หวัง ว่า...
HŬANG-UÂA. ...

...a verte próximamente / ...a saludarte, conversar, y demostrarte mi amor
...จะ ได้ กลับ มา เจอ คุณ เร็วๆ นี้ /...จะ ได้ กลับ มา พูด คุย ทัก ทาย และ แสดง ความ รัก ที่ ฉัน มี ต่อ คุณ
... LLa.DÂAI-CLAB.≈MAA-LLŒ-KHuŅ-RËŮ≈RËŮ≈NÍÍ / ... LLa.DÂAI-CLAB.≈MAA-PPÛUD≈KHüI-THÁĶ≈THÄAI-Læ-SaDÆËNG-KHUÄAM≈RÁĶ-THÍÌ.CHÁN-MII-TOo.KHuŅ

...a recibir buenas noticias
...จะ ได้ รับ ข่าว ดี อีก
... LLa.DÂI≈RÁB-QHÄAŮ.DII-IIĶ.

P- Te/Le agradecería que me contestara(-s) lo más rápido posible
หาก คุณ จะ สามารถ ตอบ กลับมา ได้ เร็ว ที่ สุด ฉัน/ผม จะ ขอบคุณ มาก
JAAĶ.≈KHuŅ-LLa.SĂA≈MÂAŤʢ-TOoB.CLAB.≈MAA-DÂAI-RËŮ-THÍÌ.≈SuD.CHÁN/PPŎM-LLa.QHOoB.≈KHuŅ-MÂAĶ

P-Este mensaje que te envío es para confirmar que podré ir a la cita del día
ฉัน/ผม ส่ง ข้อ ความ นี้ มา เพื่อ ยืน ยัน ว่า ฉัน/ผม
สามารถ ไป ตาม นัด วัน ที่ ... ได้
CHÁN/PPŎM-SONG.QHÔo≈KHUÄAM-NÍÍ-MAA-PPÛUA.¥UUN-¥AN-UÂA.CHÁN/PPŎM-SĂA≈MÂAŤs-PÄI-TAAM-NÁD-UÄN≈THÎÌ. ... DÂAI

P- Te confirmo (garantizo) que mañana estaré allí a las.... (horas)
ฉัน/ผม รับ รอง ว่า พรุ่งนี้ ฉัน/ผม จะ ไป อยู่ ที่ นั่น เวลา...
CHÁN/PPŎM-RÁB≈ROoNG-UÂA.PRûNG.≈NÍÍ-CHÁN/PPŎM-LLa.≈PÄI-¥UU.THÎÌ.≈NÂN.UËE≈LAA...

P- Si necesitas cualquier información (dato), tan sólo debes decírmelo
หาก คุณ ต้อง การ ข้อ มูล อะไร ให้ บอก ฉัน/ผม มา ได้
JAAĶ.≈KHuŅ-TÔNG≈CAAŇ-QHÔo≈MUUn-aRÄI-JÂI-BOoĶ.≈CHÁN/PPŎM-MAA≈DÂAI

P- Espero tener (oír) más noticias tuyas/suyas
ฉัน/ผม หวัง ว่า จะ ได้ ยิน ข่าว คราว จาก คุณ อีก
CHÁN/PPŎM-HŬANG-UÂA.LLa.DÂI≈¥IN-QHÄAŮ.KRÄAŮ-LLAAĶ.KHuŅ-IIĶ.QHÄAŮ.LLAAĶ.

P- Espero recibir su respuesta a la mayor brevedad posible
ผม หวัง ว่า จะ ได้ รับ คำ ตอบ จาก คุณ อย่าง เร็ว ที่ สุด
PPŎM-HŬANG-UÂA.LLa.DÂI≈RÁB-KHAM≈TOoB.LLAAĶ≈.KHuŅ-¥AANG.RËŮ-THÎÌ. ≈SuD.

P- Cordialmente/Atentamente/Con todo mi respeto
ขอ แสดง ความ นับ ถือ
QHŎo-SaDÆËNG-KHUÄAM-NÁB≈ŤHUU

P- Un saludo cordial / Recibe un saludo cordial
ด้วย ความ เคา รพ อย่าง สูง
DÛAI-KHUÄAM-KHÄO≈RÓP-¥AANG.SŬUNG

P- Con mis mejores deseos
ด้วย ความ ปรารถนา ดี อย่าง ที่ สุด
DÛAI-KHUÄAM-PRAAŤs=ŤHáNĂA-DII-¥AANG-THÎÌ.≈SuD.

P- Te quiero
ฉัน/ผม รัก คุณ
CHÁN/PPŎM-RÁĶ≈KHuŅ

OTRAS PARTÍCULAS DEL IDIOMA / คำลงท้ายอื่นๆ

Además de las partículas de cortesía, que ya vimos anteriormente (*en la pág. 6)*, en el idioma tailandés existen otras partículas que son utilizadas habitualmente a la hora de hablar y escribir.

De la A a la Z

Partícula: | กำลัง | CAMLANG |

"Camlang" es una partícula que sirve para poner el verbo en presente continuo tenso ("saliendo, fingiendo, yendo", etc.)

Él/Ella está bebiendo mucho

เขา กำลัง ดื่ม มาก
Qháo-camlang-duum.mâaķ

Él/ella (partícula) beber mucho

Partícula: | โดย | DÖoI |

La partícula "dööi" se utiliza para componer algún adverbio, y en algunos casos también sirve para decir que se va en algún tipo de vehículo.

ตรง	Trong	Directo / Recto
โดย ตรง	Dööi-trong	Directamente
โดย เรือ	Dööi-rüua	Por / En Barco

Partícula: | ด้วย | DÛAI |

La palabra "Dûai" tiene varios significados:

1- Puede significar... -También, -Igualmente, -Así"

ฉัน อยาก ไป ด้วย	CHÁN-¥AAĶ.PÄI≈DÛAI	Yo quiero ir también

2/ La mayoría de las veces DÛAI se usa para hacer una petición". Ejemplo:

ช่วย ฉัน ด้วย	ĊHÛAI.CHÁN-DÛAI	Ayúdame

3/ Puede significar "con/por/porque/a través de/debido a". Ejemplo:

เขา ทำ ไป ด้วย รัก	QHÁO-THAM-PÄI-DÛAI-RÁĶ	Lo hizo por amor

4/ Y en otros casos DÛAI se puede traducir como "de":

ประกอบ ด้วย...	PRaCÖOB.DÛAI...	Estar compuesto de...

Partícula:	จ๋า	LLĂA

"LLăa" es una partícula que se pone al final de la frase para que suene más educada o más amistosa. Normalmente se dice en conversaciones de pareja y de familia.
A veces la partícula "llăa" va detrás de la palabra "cariño".

ที่ รัก จ๋า	THÎI.≈RÁĶ-LLĂA	¡Cariño!

Partícula:	จะ	LLa.

"LLa." es una partícula indicadora de que el verbo que le sigue (a "lla.") es en el tiempo verbal futuro.

Partícula:	ผู้	PPÛU

1- Ppûu" se utiliza como sinónimo de la persona a la que se refiere. Significa "quien/la que/el que", por ejemplo:
- El fiscal es **el que** presenta la demanda ante el juez = อัย การ เป็น ผู้ ยื่น คำ ฟ้อง ต่อ ศาล = ÄI,¥áCÄAÑ-PEN-PPÛU-YÛUN-KHAM-FÓoNG-TOo.SĂAn

2- Cuando la partícula "ppûu" se antepone a un sustantivo o a un verbo forma una nueva palabra. Suele ser una palabra que indica sexo, cargo o profesión. Ejemplos:

ผู้ ชาย	PPÛU≈ĊHÄAI	Hombre
ผู้ เขียน	PPÛU-QHĬAN	Escritor

Partícula:	ที่	THÎÌ.

La partícula "Thîì." es la más usada de todas, se puede poner en situaciones varias.

Como prefijo de los números ordinales

Cogió el segundo libro de la izquierda

เขา หยิบ หนังสือ เล่ม ที่ สอง จาก ซ้าย
Qháo-yhib.lhăng-nhăng≈sŭu-lêm.thîì.≈sŏong-llaaķ.šáai
Él coger (lhăng) libro el dos de/desde izquierda

* lhăng (clasificador)

Como pronombre relativo

El hombre al que ves es mi hermano (menor)

ผู้ ชาย คน ที่ คุณ เห็น เป็น น้อง ของ ฉัน
Ppûu≈ċhäai-khon-thîì.khuņ-jĕn-pen-nóong-qhŏong≈chán
Varón masculino (khon) al que tú ver ser hermano de yo

* khon (clasificador de personas)

Parecido a la preposición "en" (lugar)

Es un clasificador de lugares, sitios, asientos (está en el suelo, en la silla, etc). Viene a ser/actuar como la preposición "en".

Él estudia en Bangkok

เขา เรียน ที่ กรุงเทพ
Qháo-rïan-thîì.Crungthêep
Él/Ella estudiar en Bangkok

También es una partícula que sirve para cuando uno no sabe explicar cómo es una cosa. (lo que... / lo que sirve para...)

Partícula:	นัก	NÁḴ

"NÁḴ"(n.) se usa para indicar una profesión, especialidad o lo que hace una persona habitualmente en un periodo de tiempo. "Nák" debe ir delante de un verbo. Ejemplos:

นัก แสดง ชาย	NÁḴ-SaDÆËNG-ĊHÄAI	Actor
นัก ท่อง เที่ยว	NÁḴ-THÔoNG.≈THÎAŮ.	Turista

(adv.) "Nák" también significa "muy/mucho/intensamente/extremadamente/ demasiado". Por ejemplo: NHÄAŮ-NÁḴ = Extremadamente frío / Mucho frío.

Partícula:	คุณ	KHuŅ

"KHuŅ" significa "usted/tú", pero cuando va delante de un parentesco como "padre/madre" entonces sirve para expresar cortesía hacia dicha persona.

คุณ แม่	KHuŅ≈MÆÊ.	Madre

TEST
Leer y escribir estas palabras con nuestra transcripción *(soluciones en la pág.316)*

1	ตู้		13	ส้ม	
2	เตียง		14	กล้วย	
3	โคม ไฟ		15	แตง โม	
4	ห้อง น้ำ		16	ทุ เรียน	
5	กุญ แจ		17	พริก	
6	ประตู		18	มัน ฝรั่ง	
7	วิท ยุ		19	แตง กวา	
8	เก้า อี้		20	แค รอท	
9	โซ ฟา		21	เห็ด	
10	ผ้า เช็ด ตัว		22	ขิง	
11	พัด ลม		23	กระ เทียม	
12	ตู้ เย็น		24	ข้าว โพด	

TEST
Enlazar los números de la columna 1 con las letras que correspondan

1	Mensaje	=	A	หมด	MHOD.
2	Decir / Hablar / Informar	=	B	สาย	SĂAI
3	Mujer / Señora	=	C	แล้ว / แล้ว ก็	LǼEŮ / LǼEŮ≈CÔO
4	Transferir	=	D	รับ	RÁB
5	Recargar / LLenar / poner	=	E	เมีย น้อย	MÏA≈NÓoI
6	Dinero	=	F	ยืม	¥UUM
7	Transferir la llamada	=	G	ขอ โทษ	QHŎo≈THÔOT (T=ษ)
8	Luego	=	H	ภรรยา	ppAN,≈Rá¥ÄA
9	Prestar	=	I	โอน	OON
10	Hablar (por línea telefónica)	=	J	ใช่ ไหม	CHÂI.~MHÁI
11	Lo siento	=	K	เงิน	NGEN
12	Fuera	=	L	ข้อ ความ	QHÔo≈KHUÄAM
13	Acabarse / Agotarse	=	M	เติม	TEEM
14	Pasar la llamada	=	N	บอก	BOoĶ.
15	Amante (la)	=	Ñ	โอน สาย	OON≈SĂAI
16	¿Cierto? / ¿Verdad? / ¿A que sí?	=	O	ข้าง นอก	QHÂANG≈NÔoĶ
17	Coger / Recibir / Aceptar	=	P	นำ	NAM
	-	=	Q	เพิ่ง	PPÊENG.
	(soluciones en la pág.316)	=	R	ไว้	UÁI

TEST
Traducir las siguientes frases en nuestro idioma *(soluciones en la parte baja de la pág.316)*

1		ฉัน/ผม ดี ใจ มาก... CHÁN/PPŎM-DII≈LLÄÌ-MÂAĶ
2		ฉัน/ผม อยาก จะ ขอบ คุณ คุณ... CHÁN/PPŎM-¥AAĶ.LLa.QHOoB.≈KHuŅ-KHuŅ...
3		สวัสดี ที่ รัก SaUÄT.≈DII-THÎÌ.≈RÁĶ (T=ส)
4		ฉัน อยู่ ชั้น สี ที่ ตึก... CHÁN-¥UU.CHÁN≈SII.THÎÌ.T<u>U</u>Ķ. ...
5		ฉัน/ผม รัก คุณ CHÁN/PPŎM-RÁĶ-KHuŅ
6		ด้วย ความ เคา รพ อย่าง สูง DÛAI-KHUÄAM-KHÄO≈RÓP-¥AANG.SŬUNG
7		ขอบ คุณ QHOoB.≈KHuŅ
8		คุณ ทำ อะไร เมื่อ คุณ ตื่น นอน KHuN-THAM≈aRÄI-MH<u>ÛU</u>A.KHuN-T<u>UU</u>N. ≈NOoN
9		แสดง ความ รัก SaDÆËNG-KHUÄAM≈RÁĶ
10		ด้วย ความ ปรารถนา ดี อย่าง ที่ สุด DÛAI-KHUÄAM-PRAAŤs=ŤáNÄA-DII≈¥AANG. THÎÌ.≈SuD.
11		ฉัน/ผม ชอบ CHÁN/PPŎM-ĊHÔoB

Lección 16

Contenido:

CLASIFICADORES (por orden alfabético) / ลักษณะนาม

Todas las palabras que representen a una persona, animal, objeto o cosa, pueden estar en un grupo de los llamados "clasificadores". He aquí algunos:

อัน	AN	Algunos objetos pequeños sin clasificador, ceniceros, caramelos y objetos redondos
ใบ	BÄİ.	Hojas, tiquetes, billetes, frutas, platos, huevos, contenedores, bolsas, maletas, cajas, latas...
บาน	BAAN	Puertas, ventanas, espejos
ช่อ	ĊHÔo	Ramos de flores
ฉบับ	CHaBÄB.	Cartas, periódicos, documentos
ชั้น	ĊHÁN	Pisos de edificios, plantas, grado o clase de colegio, tipo de asiento de avión, clase de tren
ฉิ้น	CHÍN	Piezas/rodajas de comida, de pan, de limón, frutas, galletas
ชุด	ĊHúD	Vestidos, trajes, juegos de cosas
ก้อน	CÔoN	Terrones de azúcar, pastillas de jabón, piezas de dulces. caramelos, etc.
ด้าม	DÂAM	Bolígrafos, etc.
ดอก	DÔoĶ	Flores
ดวง	DÜANG	Estrellas, franqueos postales, luna
ห่อ	JOo.	Regalos, bolsas de snacks/dulces, cosas envueltas
ห้อง	JÔoNG	Habitaciones, salas
แก้ว	ĶÆEŮ	Vasos, copas con líquido
คำ	KHAM	Palabras, preguntas, promesas
คัน	KHAN	Vehículos que circulan en tierra, paragüas, cucharas, tenedores, cañas de pescar
คน	KHON	Personas, gentes...
ครั้ง	KRÁNG	Veces, número de veces
เครื่อง	KRŨUANG.	Máquinas, motores, ordenadores, televisores, radios, etc...

คู่	KHÛU.	Pareja de gente o de cosas
ลำ	LAM	Barcos, botes, aeroplanos
หลัง	LHĂNG	Casas, edificios, mosquiteras
ลูก	LÛUĶ	Frutas, pelotas, bolas, cosas redondas
เล่ม	LÊM.	Libros, agendas, velas, cuchillos, tijeras, agujas, cosas punteadas
จาน	LLAAN	Número de platos de arroz o de otra cosa
เม็ด	MÉD	Pepitas, semillas, botones, pastillas
มวน	MÜAN	Cigarros, Cigarrillos
ม้วน	MÚAN	Cintas de video, de películas, casette, etc.
องค์	ONGค์	Imágenes sagradas, monjes, Realeza
แผ่น	PÆEN.	Discos, piezas de papel, tablas, etc.
ผืน	PPUUN	Toallas, alfombras, sábanas
ผล	PPOn	Frutas
ขวด	QHÜAD.	Número de botellas, cerveza, vino, agua, etc.
เรือน	RÜUAN	Relojes
เรื่อง	RÛUANG.	Películas, juegos
รูป	RÛUP	Fotos
สาย	SĂAI	Carreteras, autopista, canales, ríos, vías, cuerdas, cinturones de deporte
เส้น	SÊEN	Brazaletes, corbatas, collares, etc.
แท่ง	THAEÊNG.	Lápices, piezas de tiza
ที่	THÎÌ.	Número de asiento, plazas, platos, etc.
ต้น	TÔN	Árboles y plantas
ตัว	TÜA	Letras del alfabeto, animales, camisetas, cigarrillos, sillas, mesas, muñecas...
ถ้วย	TÛAI	Número de tazas de café, té, caldo, sopa, etc.
วง	UÖNG	Anillos, círculos
อย่าง	¥AANG.	Número de cosas, tipo de cosas

A continuación veremos como se forman las frases con los clasificadores y mostraremos unos cuantos ejemplos con cada tipo.
Los clasificadores los subrayaremos para que se distingan claramente en el contexto de la frase.

Formación de frases con clasificador y adjetivo

Nombre/Sustantivo + Clasificador + Adjetivo

Mujer guapa

ผู้ หญิง คน สวย
Ppûu≈yhĭng-KHON-sŭai
Mujer + clasificador (persona) + guapa

La anguila es escurridiza

ปลา ไหล ตัว ลื่น
Plaa≈lhăi-TÜA-lûun.
(Pez) Anguila + clasificador (animales) + escurridiza

Televisor grande

โทรทัศน์ เครื่อง ใหญ่
Thoorathátน์-KRÛUANG.YHĂİ.
Televisión + clasificador (televisores) + grande

Cerveza pequeña

เบียร์ แก้ว เล็ก
Biaร์-ḴÆEŮ-lék̦
Cerveza + clasificador (vasos) + pequeña

El marido es viejo

สามี คน เก่า
Săa≈mii-KHON-cäo.
Marido + clasificador (persona) + viejo

Formación de frases con "KII." + clasificador

La palabra ḴII. (กี่) significa "¿cuánto(-ta)?/¿cuántos(-tas)?"
Formación = Nombre (sustantivo) + กี่ + Clasificador

1/ ¿Cuántas maletas?

กระเป๋า กี่ ใบ

Crapăo-ḴII.BÄI.

Maleta cuántas + clasificador (hojas)

2/ ¿Cuántas bombillas hay?

มี หลอด ไฟ กี่ หลอด

Mii-lhood.≈fäi-ḴII.LHOoD.

Haber tubo luz cuántos + clasificador (bombilla)

3/ ¿Cuántos coches están corriendo en la carretera?

มี รถ กี่ คัน วิ่ง บน ถนน

Mii-rót-ḴII.KHAN-uîng.bon≈thanŏn

Haber coches cuántos + clasific.(vehículos) + correr sobre calle/carretera

4/ ¿Cuántas personas han subido (al tren)?

มี กี่ คน ขึ้น (รถ ไฟ)

Mii-ḴII.≈KHON-qhûn-(rót≈fäi)

Haber cuántas + clasificador (personas) + subir vehículo-fuego (tren)

5/ ¿Cuántos bolígrafos?

ปาก กา กี่ ด้าม

Paaḵ≈caa-ḴII.DÂAM

Bolígrafos cuántos + clasificador (bolígrafos/lápices)

Formación de frases con หลาย + clasificador

La palabra LHĂAI (หลาย) significa "varios/muchos"
Nombre/Sustantivo + LHĂAI + clasificador

1/ Hay varios gatos encima del tejado

แมว หลาย ตัว อยู่ บน หลัง คา
Mæëû-LHĂAI-TÜA-yuu.bon-lhăng≈khaa
Gato varios + clasificador (animales) + estar encima tejado

2/ Varios coches están corriendo encima del puente

รถ หลาย คัน วิ่ง บน สะพาน
Rót-LHĂAI-KHAN-uîng.bon≈sappäan
Vehículo-varios + clasificador (vehículos) + correr sobre puente

3/ Varias maletas están encima del coche

กระเป๋า หลาย ใบ อยู่ บน รถ ยนต์
Crapăo-LHĂAI-BÄİ-yuu.bon-rót≈yon
Maleta-varias + clasificador (hojas) + estar encima coche

4/ Hay varios libros rojos

หนัง สือ สี แดง มี หลาย เล่ม
Nhăng≈sŭu-sìí≈dæeng-mii-LHĂAI-LÊM.
Libro color rojo haber varios + clasificador (libros)

- Los clasificadores son muy comunes en varios países de Asia Oriental. A los clasificadores en lingüística también se les llama "palabras de medida" o "especificativos". El clasificador es una palabra o morfema utilizado en determinadas lenguas y contextos para clasificar el referente de un sustantivo contable de acuerdo con su significado. En las lenguas que tienen clasificadores se usan cuando el sustantivo está siendo contado o especificado, es decir, cuando aparece con un numeral o un demostrativo.

FRASES Leer estas frases en tailandés

A- โรงแรม นี้ เหมาะ สำหรับ คน พิการ ไหม

¿El hotel está adecuado para (los) minusválidos?

B- ห้อง พัก ราคา คืน ละ เท่าไหร่

¿Cuánto cuesta (la habitación) por noche?

C- ฉัน/ผม มี ไข้

Tengo fiebre

D- ฉัน/ผม เจ็บ ตรงนี้

Me duele justo aquí

E- ฉัน/ผม ไม่ แพ้ อะไร เลย

(Yo) No soy alérgico(-ca) a nada

F- โรงแรม มี วิว ทะเล ไหม

¿El hotel tiene vistas al mar?

G- โรงแรม นี้ หลอกลวง ผู้ เข้า พัก เพราะ ทางเข้า สวย มาก แต่ ห้อง พัก....

Este hotel engaña porque la entrada es bonita pero las habitaciones....

H- ฉัน/ผม ขอ ดู ห้อง ได้ ไหม

¿Puedo ver la habitación?, por favor

I- ฉัน/ผม จะ มา ถึง ตอน 12 นาฬิกา ตรง

(Yo) Vendré a las 12 en punto

J- สวัสดี ครับ ผม ต้องการ พบ หมอ

Hola buenos días, quiero ver(encontrarme con) al doctor, por favor

K- มี หมอ คน ไหน พูด ภาษา สเปน ได้ บ้าง ครับ

¿Hay algún doctor que hable español?

L- มี อะไร ให้ หมอ ช่วย บ้าง ครับ/คะ

¿En qué puedo ayudarle? (habla el doctor)

M- ตอน นี้ กี่ โมง / ตอนนี้เวลาเท่าไหร่

¿Qué hora es ahora?

A- ไม่ มี (ประกัน) ครับ

No, no tengo seguro

B- ขอ ตรวจ ดู หน่อย นะ ครับ/คะ

¿Puedo echarle un vistazo?

C- คุณ มี อาการ มา นาน หรือ ยัง

¿Hace mucho tiempo que te(le) pasa? ¿Los síntomas son duraderos?

D- คุณ แพ้ อะไร ไหม

¿Es usted alérgico(-ca) a algo?

E- คุณ กำลัง ทาน ยา อะไร อยู่ หรือ ไม่

¿Está tomando algún medicamento, o no?

F- ฉัน/ผม รู้สึก แย่

(Yo) Me siento/encuentro mal

G- ผม เป็น ไข้ หนัก มาก

Tengo mucha fiebre (intensa)

• Recordamos nuevamente que una conversación más o menos formal debe acabar con la partícula Kráp (si la dice un hombre) o Khâ (si la dice una mujer).

H- ฉัน/ผม รู้สึก เหมือน หายใจ ไม่ ค่อย ออก

(Yo) Siento como si me ahogara

I- ทีม ฟุตบอล ทีม ไหน เป็น ทีม โปรด ของ คุณ

¿Cuál es tu equipo de fútbol favorito?

J- ฉัน/ผม ชอบ ไป บาร์ / ฉัน/ผม ชอบ ไป ผับ

(A mí/Yo gustar) Me gusta ir de bares/Me gusta ir a las discotecas/pubs

K- คุณ ไม่ ชอบ ผู้ หญิง สเปน หรือ

(A ti/Usted) ¿No te gustan las chicas españolas?

L- มี ห้อง ว่าง ไหม ครับ

¿Tiene alguna habitación libre?

M- คุณ ไป ทำ งาน กี่ โมง

¿A qué hora vas a trabajar?

M- ร้าน อยู่ เลย* สี่แยก ไป หน่อย

La tienda está un poco más allá/después del cruce

FRASES Leer estas frases en tailandés

A- ทุกๆ (หก) ชั่วโมง

Cada (seis) horas

B- เรา ต้อง ไป ถึง...ก่อน เวลา นาน เท่า ใด

¿Con qué antelación debemos (ir a) estar en...?

C- ตั๋ว แบบ...ราคา เท่าไหร่

¿Cuánto cuesta el billete...?

D- ห้อง ขาย ตั๋ว อยู่ ตรง ไหน

¿Dónde está la oficina de venta de billetes?

E- ฉัน/ผม จอง ตั๋ว ทาง อินเตอร์เน็ต มา แล้ว

He reservado mi billete por Internet

F- หมอ จะ ทำ อะไร ก็ได้ แต่ อย่า ฉีดยา เลย ผม กลัว

(Doctor) Recéteme lo que quiera, pero por favor no me pinche, le tengo pánico

G- ฉัน/ผม อยาก ให้ คุณ ช่วย ออก ใบ รับ รอง แพทย์ ให้ หน่อย

(Yo) Quisiera que me hiciera un justificante médico

H- คุณ จะ ทำ อะไร คืน นี้

¿Qué vas a hacer esta noche?

I- คุณ มี แผน อะไร สำ หรับ...หรือ ยัง

¿Tienes algún plan para ...o aún no?

J- คุณ อยาก จะ ออก ไป เที่ยว คืน นี้ ไหม

¿Te gustaría salir esta noche?

K- ฉัน มี งาน ต้อง ทำ เยอะ มาก

Tengo mucho trabajo por hacer

L- ตรง ทางเข้า ห้า...

En la entrada del centro comercial...

M- ฉัน/ผม รอ คุณ มา 20 นาที แล้ว

Te estoy esperando (desde) hace ya 20 minutos

N- ฉัน/ผม มา ถึง ได้ 2 นาที แล้ว

Acabo de llegar hace 2 minutos (ya)

O- ฉัน/ผม ขอ เปิด กระจก รถ ได้ ไหม

¿Le molesta si abro la ventanilla (de vehículo)?

A- ฉัน/ผม รู้สึก เมา รถ ช่วย หยุด รถ ด้วย ครับ/ค่ะ
Me estoy mareando, pare el coche (un momento) por favor
B- คุณ ออก ใบ เสร็จ ให้ ฉัน(ผม) ได้ไหม
¿(Tú/Usted) Me podría(-s) hacer un recibo?
C- ช่วย กด มิเตอร์ หน่อย ครับ/ค่ะ
Pon/Ponga el taxímetro por favor
D- คุณ มี หมาย เลข โทรศัพท์ ของ บริษัท รถ แท็กซี่ ไหม
¿Tiene el número (de teléfono) de alguna compañía de taxis?
E-ถ้า คุณ ไม่ กด มิเตอร์ (แท็กซี่ มิเตอร์) เรา จะ ไม่ ขึ้น รถ ของ คุณ
Si no pone el medidor (taxímetro) no nos subimos
F-ปั๊ม น้ำ มัน ที่ ใกล้ ที่ สุด อยู่ ตรง ไหน
¿Dónde está la gasolinera más cercana?
G- ช่วย เช็ค ความ ดัน ลม ยาง ให้ หน่อย ได้ ไหม ครับ/ค่ะ
¿Puede revisar la presión de los neumáticos?, por favor
H- รถ คัน นี้ ใช้ น้ำมัน ประเภท ไหน
¿Qué tipo de gasolina lleva este vehículo?
I- ใช้ น้ำ มัน ไร้สาร ตะกั่ว / ใช้ น้ำ มัน ออก เทน 91
Usa gasolina sin plomo/gasolina 91 octanos
J- สวัสดี ครับ ผม ขอ สาย คุณ ... หน่อย ครับ
Hola, ¿puedo hablar con el Sr./Srta. ...?
K- คุณ ช่วย ฝาก ข้อ ความ ไป ถึง เขา ให้ หน่อย ได้ ไหม
¿Le puede(-s) dejar un mensaje (a él)?
L- คุณ รู้ หมาย เลข โทรศัพท์ ของ ... ไหม
¿Sabe usted el número de teléfono de...?
M- คุณ ช่วย ขอ หมาย เลข โทรศัพท์ ของ เขา ให้ ฉัน/ผม หน่อย ได้ ไหม
¿Puede pedirte(-le) su número de teléfono?
N- ขอ โทษ จริง ๆ แต่ คุณ ไม่ ใช่ สเป็ค ฉัน/ผม เลย
Lo siento mucho (de verdad), pero tú no eres mi tipo
O- ฉัน/ผม คิด ถึง คุณ มาก
Te echo mucho de menos/Te extraño mucho
P- ฉัน/ผม รับ รอง ว่า พรุ่งนี้ ฉัน/ผม จะ ไป อยู่ ที่ นั่น เวลา...
Te confirmo (garantizo) que mañana estaré allí a las.... (horas)

* Si no se quiere ser timado al subir a un taxi es obligatorio pedir que conecten el taxímetro, siempre saldrá más barato que pactar. Si quiere llegar a un acuerdo en el precio, debe preguntarle al taxista "PÄI... THÂO.≈RHÄI (ไป... เท่า ไหร)", que significa "ir a... ¿cuánto vale?"

BANGKOK (su nombre completo) / กรุงเทพฯ

Capital de Tailandia y conocida por todos como Bangkok, aunque su nombre verdadero es más extenso. CRuNG≈THÊEP * (กรุงเทพฯ) que significa "Ciudad de los Ángeles", no es más que la correcta abreviatura del nombre completo.

Originariamente Bangkok se llamaba Bang Makok, que viene a significar "aldea de la ciruela silvestre". La capital pasó a llamarse Bangkok en 1782, cuando el rey Rama I construyó un palacio en su territorio y pasó a nombrarla "Ciudad de los Ángeles".

El nombre ceremonial completo de Bangkok es:

"La Ciudad de los Ángeles, la gran ciudad de la residencia del Buda de Esmeralda, la gran ciudad inexpugnable (de Ayutthaya) del Dios Indra, la gran capital del mundo dotada de nueve piedras preciosas, la ciudad feliz, abundante en un palacio real que se asemeja a la morada celestial donde reina el Buda encarnado, una ciudad hecha por Indra y construida por Vishnukarn".

Tailandés:

กรุงเทพมหานครอมรรัตนโกสินทร์มหินทรายุธยามหาดิลกภพนพรัตน
ราชธานีบุรีรมย์อุดมราชนิเวศน์มหาสถานอมรพิมานอวตารสถิตสักกะทัต
ติยวิษณุกรรมประสิทธิ์

Transcripción:

CRuNGTHÊEP-MáJĂA≈NáKHÖOŇ-aMÖOŇ-RÁT=TRaNá-COOSĬNทร์-MáJĬN-TRAA-a¥úŢ=ŢHá¥ÄA-MaJĂA-DILÖK.ppÓP-NOP=PPaRÄTน์-RÂAT=ĊHaŢÄANI-BuRIRÖMย-uDÖM-RÂAT=ĊHaNIUÊETน์-MaJĂA≈SaTHĂAN-aMÖOŇ-PPíMÄAN-aUáTÄAN-SaTHÏT.SÁK-CaTHÁT-TIYaUÍT=SaNúCÄM,PRaSÏT.

* Si no va bien de memoria, puede decir solamente "Crung≈thêep", o "Crung≈thêep-majăa≈nákhöoň", le van a entender igualmente.

TEST
Escribir el significado y al lado nuestra transcripción *(soluciones en la pág.317)*

-	Nombre	Significado	Transcripción
1	ปู	Cangrejo	PUU
2	เล็ก		
3	ควาย		
4	ผลไม้		
5	กุ้ง		
6	วิทยุ		
7	แดง		
8	เด็ก		
9	ใหม่		
10	ปลา		
11	ละ		
12	ลิง		
13	มด		
14	ลา		
15	บอส		
16	แมลง		
17	นก		
18	ยุโรป		
19	ส้ม		
20	ไม่มี		
21	ทำไม		

TEST

Escribir las palabras transcritas en tailandés *(soluciones a la derecha de la pág.316)*

1	Co. (isla)		12	QHĂAI (vender)	
2	PPÛAĶ≈QHÁO (ellos)		13	NÁAM≈MAN (aceite)	
3	TÏANG (cama)		14	PPLEENG (canción)	
4	THÎANG (mediodía) / THÎANG≈UÄN		15	ĶIŁAA (deporte)	
5	RÁĶ (amar / querer)		16	THIIM (equipo)	
6	RÓŤ≈BAT. / RÓŤ≈MEEส์ (autobús)		17	KHON≈SaPËEN (español-ola)	
7	RÜUA (barco)		18	ROONG≈¥IM (gimnasio)	
8	RÏAN (estudiar)		19	ppAAsĂA (idioma)	
9	UÄN≈THÎI. (fecha)		20	JAAD. (playa) / CHÄAI≈JAAD.	
10	SĂM≈RHAB. (para)		21	PPAB. (pub/discoteca)	
11	QHÛN (subir)		22	DISCÔO≈TEEK. (discoteca)	

* Cuando se habla de plantas de edificios, en Tailandia dicen una planta más que nosotros, o sea que para ellos la planta baja es la primera planta, la primera planta es la segunda, la segunda para ellos es la tercera, y así sucesivamente.

TEST Traducir las siguientes frases (todas ellas llevan "clasificador")		
1		เบียร์ แก้ว เล็ก BÏAŚ-ĶÆÊÛ.LÉĶ
2		ปาก กา กี่ ด้าม PAAĶ.≈CAA-ĶII.DÂAM
3		สา มี คน เก่า SĂA-MII-KHON-CÄO
4		ผู้ หญิง คน สวย PPÛU≈YHǏNG.KHON-SŬAI
5		มี เสือ หลาย ตัว ใน ป่า MII-SŬUA-LHĂAI≈TÜA-NĂİ≈PAA.
6		แมว หลาย ตัว อยู่ บน หลัง คา MÆEÛ-LHĂAI≈TÜA-ɎUU.BON-LHĂNG≈KHAA
7	(soluciones en la pág.317)	หนัง สือ สี แดง มี หลาย เล่ม NHĂNG≈SŬU-SİÍ≈DÆENG-MII-LHĂAI≈LÊM.

NOMBRES DE BANCOS TAILANDESES (los más importantes)

Ayutthaya Bank	ธนา คาร กรุงศรี อยุธยา	ŢHáNÄA≈KHAAŇ-CRuNG≈ŞİÍ-aYúŢ=ŢHáɎÄA
Bangkok Bank	ธนา คาร กรุง เทพ	ŢHáNÄA≈KHAAŇ-CRuNG≈THÊEP
Bank of Thailand	ธนา คาร ประเทศ ไทย	ŢHáNÄA≈KHAAŇ-PRaTHÊET-THÄAI,
Kasikorn Bank	ธนา คาร กสิกร ไทย	ŢHáNÄA≈KHAAŇ-CaSICÖŇ-THÄAI,
Siam Commercial B.	ธนา คาร ไทย พาณิชย์	ŢHáNÄA≈KHAAŇ--THÄAI, PPAA≈ŅÍTย์ (T=ช)
Thai Military Bank	ธนา คาร ทหาร ไทย	ŢHáNÄA≈KHAAŇ-THáJÄAN-THÄAI,

PARTE II

Contenido:

VOCABULARIO (ANIMALES)

Avestruz	กระจอก เทศ	CRaLLÖoĶ.THÊET (T=ศ)
Ballena	ปลา วาฬ	PLAA≈UÄAN (N=ฬ)
Caballo	ม้า	MÁA
Caimán	จระเข้ ตีน เป็ด	LLORáQHÊE-TIIN≈PED.
Camaleón	กิ้ง ก่า (ปลี่ยน สี)	ĶING.≈CÂA. (PLÏAN.≈SÌÍ)
Canguro	จิง โจ้	LLING≈LLÔO
Ciervo	กวาง	CUÄANG
Cocodrilo	จระ เข้	LLORáQHÊE
Delfín	ปลา โลมา	PLAA≈LOOMAA
Elefante	ช้าง	ĊHÁANG
Gato	แมว	MÆËŮ
Gorila	กอ ลิล่า	COO≈LILÂA.
Hormiga (insecto)	มด	MÓD
Jirafa	ยี ราฟ	¥II≈RÂAP (P=ฟ)
Lagarto	ตุ๊ก แก	TúĶ≈ĶÆE
León	สิง โต	SǏNG≈TOO
Leopardo	เสือ ดาว	SŬUA-DÄAŮ
Oso // Oso panda	หมี // หมี แพน ด้า	MHII // MHII-PPÆĔN≈DÂA
Perro	หมา // สุ นัข	MHĂA / SuNÁQ
Rinoceronte	แรด	RÆÊD
Tiburón	ปลา ฉลาม	PLAA-CHaLÄAM
Tigre	เสือ	SŬUA

VOCABULARIO (CASA / PISO / HOTEL)

Altavoz	ลำ โพง	LAM≈PPOONG
Aplique (de luz, pared)	โคม ไฟ ติด ผนัง	KHOOM≈FÄI-TID.≈PPaNÄNG
Armario	ตู้	TÛU
Armario de la ropa	ตู้ เสื้อ ผ้า	TÛU-SÛUA≈PPÂA
Balcón	ระเบียง	RaBÏANG
Bañera	อ่าง อาบ น้ำ	AANG.AAB.≈NÁAM
Cama	เตียง / เตียง นอน	TÏANG / TÏANG≈NOoN
Candil	ตะเกียง น้ำ มัน	TaĶÏANG-NÁAM≈MAN
Cocina	ห้อง ครัว	JÔoNG≈KRÜA
Cortina	ผ้า ม่าน	PPÂA≈MAAN.
Espejo	กระจก เงา/ กระจก	CRaLLÖĶ.NGÄO / CRaLLÖĶ.
Fregadero	ซิ้งค์ ล้าง จาน	ŠÍNGค์-LÁANG≈LLAAN
Garaje	โรง รถ	ROONG≈RÓŤ
Grifo	ก๊อก	CÓoĶ
Guardia de seguridad	ยาม	¥AAM
Habitación de dormir	ห้อง นอน	JÔoNG≈NOoN
Horno	เตา อบ	TÄO≈OB.
Interruptor	สวิตช์ (เปิด/ปิด)	SaUÍTช์ (PEED. / PID.)
Jardín (flores)	สวน ดอก ไม้	SŬAN-DOoĶ.≈MÁAI
Lámpara	โคม ไฟ	KHOOM≈FÄI
Lámpara de aceite	ตะเกียง น้ำ มัน	TaĶÏANG-NÁAM≈MAN
Lavabo	ห้อง น้ำ	JÔoNG≈NÁAM

Lavadora	เครื่อง ซัก ผ้า	KRÛUANG.ŠÁĶ≈PPÂA
Llave	กุญ แจ	CuN≈LLÆE
Manta	ผ้า ห่ม	PPÂA≈JÔM.
Máquina de aire acondicionado	เครื่อง ปรับ อากาศ	KRÛUANG.PRAB.≈AACAAT
Minibar	มินิ บาร์ (ตู้เย็นเล็ก)	MINI≈BAA (TÛU≈¥EN-LÉĶ)
Mosquitera	มุ้ง	MúNG
Mueble	เฟอร์ นิเจอร์	FŒŔNíLLŒŔ
Nevera	ตู้ เย็น	TÛU≈¥EN
Papel higiénico	กระดาษ ชำระ	CRaDÄAT.ĊHAMRá
Percha	ไม้ แขวน เสื้อ	MÁAI≈QHUĔEN-SÛUA
Portero	พนัก งาน เปิด ประตู	PPáNÁĶ≈NGAAN-PEED-PRaTÜU
Puerta	ประตู	PRaTÜU
Radio	วิท ยุ	UÍT=THá¥ú
Recepción	แผนก ต้อน รับ	PPáNËĶ-TOoN≈RÁB
Sala de estar	ห้อง นั่ง เล่น	JÔoNG-NÂNG.LÊN.
Silla	เก้า อี้	CÂO≈ÍÌ
Sofá	โซ ฟา	ŠOO≈FAA
Teléfono (en habitación)	โท รศัพท์ (ที่ ห้อง)	THOORáŞÄPท์. (THÍÌ.JÔoNG)
Televisión	โท รทัศน์ / ที วี	THOORá≈THÁTน์ / THII≈UÏI (T=ศ)
Toalla	ผ้า เช็ด ตัว	PPÂA-ĊHÉD≈TÜA
Vaso (de beber)	แก้ว (น้ำ)	ĶÆÊŮ (NÁAM)
Ventana	หน้า ต่าง	NHÂA≈TAANG.
Ventilador	พัดลม	PPÁD≈LOM

VOCABULARIO (CLIMA)

Aire	อากาศ	AACAAT. (T=ศ)
Bochorno (el)	ความ ร้อน อบอ้าว	KHUÄAM-RÓoN-OB.≈ÂAŮ
El calor // Hacer calor	ความ ร้อน // ร้อน	KHUÄAM-RÓoN // RÓoN
Calor húmedo	อากาศ ร้อน ชื้น	AACAAT.RÓoN≈ĊHU̲U̲N (T=ศ)
Caluroso	ร้อน	RÓoN
Chubascos	ฝน ไล่ ช้าง	FŎN-LÂI.≈ĊHÁANG
El frío // Hacer frío	ความ หนาว// หนาว	KHUÄAM-NHĂAŮ // NHĂAŮ
Grados	องศา	ONG≈sĂA
Húmedo	ชื้น	ĊHU̲U̲N
Llover	ฝน ตก	FŎN≈TOĶ.
Lluvia	ฝน	FŎN
Marea alta	น้ำ ขึ้น	NÁAM≈QHÛ̲N
Marea baja	น้ำ ลง	NÁAM≈LONG
Monzón (viento)	มร สุม	MORá≈SŭM
Niebla	หมอก	MHOoĶ
Nieve	หิมะ	JIMá
Nube	เมฆ	MÊEK
Nublado	มี เมฆ	MI-MÊEK
Ola de calor	คลื่น ร้อน	KLÛ̲U̲N-RÓoN
Rayo // Trueno	ฟ้า ผ่า // ฟ้า ร้อง	FÁA≈PPÂA // FÁA≈RÓoNG
Relámpago	ฟ้า แลบ	FÁA≈LÆÊB.
Sol (el)	พระ อาทิตย์	PRá≈AATHÍTย์
Temperatura	อุณ ห ภูมิ	uŅ=ŅaJa.≈ppUUM
Viento	ลม	LOM

VOCABULARIO (CUERPO HUMANO)

Barba	หนวด เครา	NHÜAD.≈KRÄAŮ
Bigote	หนวด	NHÜAD.
Boca	ปาก	PAAĶ.
Brazo	แขน	QHÆĔN
Cabeza	หัว / ศรี ษะ	JŬA / ȘÌÍ≈sá
Cara	หน้า / ใบ หน้า	MHÂA / BÄÌ≈NHÂA
Ceja	คิ้ว	KHÍŮ
Cerebro	สมอง	SaMŎoNG
Codo	ข้อ ศอก / ศอก	QHÔo≈SOoĶ / SOoĶ.
Corazón	หัว ใจ	JŬA≈LLÄÌ
Cuello	คอ /ลำ คอ	KHOo / LAM≈KHOo
Cuerpo	ร่าง กาย / ตัว	RÂANG≈CÄAI / TÜA
Culo	ตูด	TUUD.
Dedo	นิ้ว	NÍŮ
Dedo de la mano	นิ้วมือ	NÍŮ≈MUU
Dedo del pie	นิ้ว เท้า	NÍŮ≈THÁAO
Diente	ฟัน	FAN
Estómago	กระเพาะ อาหาร / ห้อง	CRaPPó-AAJĂAŇ / THÓoNG
Espalda	หลัง	LHĂNG
Frente	หน้า ผาก	NHÂA≈PPAAĶ.
Grano	สิว	SĬŮ
Grasa	ไข มัน	QHĂI≈MAN
Hígado	ตับ	TAB.
Hoyuelo	ลัก ยิ้ม	LAĶ≈¥ÍM

Hueso	กระดูก	CRaDÜUĶ.
Intestino	ลำ ไส้ / ไส้	LAM≈SÁI / SÁI
Labio	ริม ฝี ปาก	RIM≈FÌÍ≈PAAĶ.
Lágrima	น้ำ ตา	NÁAM≈TAA
Lengua	ลิ้น	LÍN
Lunar	ไฝ	FÄI
Mano	มือ	MUU
Nariz	จมูก	LLaMÜUĶ.
Ojo	ตา	TAA
Ombligo	สะดือ	SaDÜU
Oreja	หู	JUU
Pecho (mamas)	เต้า นม	TÂO≈NÔM
Peerse / Tirarse un pedo	ตด	TOD.
Pecho	หน้า อก / อก	NHÂA≈OoĶ. / OoĶ.
Pelo	ผม	PPŎM
Pene	อง คชาติ	ONG≈KHáĊHÂATฒิ
Pestaña	ขน ตา	QHŎN≈TAA
Pie	เท้า	THÁAO
Pierna	ขา	QHĂA
Riñón	ไต	TÄI
Rodilla	หัว เข่า / เข่า	JŬA≈QHÄO. / QHÄO.
Testículo	ลูก อัณฑะ	LÛUĶ≈ANTHá
Uña	เล็บ	LÉB (LÉP)
Vagina	ช่อง คลอด	ĊHÔoNG.≈KLÔoD
Vello	ขน	QHŎN

VOCABULARIO (EMOCIONES)		
Aburrido(-da)	เบื่อ	BÜUA.
Alegre	ดี ใจ	DII≈LLÄİ
Apenado(-da) (tener el corazón roto)	อก หัก	OĶ.≈JAĶ.
Avaricioso(-sa)	โลภ	LÔOp
Cabreado(-da)	โม โห	MOO≈JŎO
Celoso(-sa)	ขี้ หึง	QHÍÌ≈JŬNG
Confiado(-da) (Seguro)	มั่น ใจ	MAN.≈LLÄİ
Confundido(-da)	งง	NGONG
Contento(-ta)	ดี ใจ	DII≈LLÄİ
Corrupto(-ta)	ผู้ ทุจ ริต	PPÛU-THúT=LLaRÏT. (T=จ)
Cortés (tener buenas maneras)	สุ ภาพ	SuppÂAP
Decepcionado(-da)	ผิด หวัง	PPID.≈HŬANG
Discrepar (v.) / No estar de acuerdo	ไม่ เห็น ด้วย	MÂI.≈JĔN≈DÛAI
Encantado(-da) (contento)	ยิน ดี	ɎINDÏI
Enfadado(-da)	โกรธ	CROOT.
Envidioso(-sa)	ขี้ อิจ ฉา	QHÍÌ-IT.≈CHĂA
Excitado(-da) (emocionado-da)	ตื่น เต้น	TUUN.≈TÊEN
(Ser) Feliz	มี ความ สุข	MII-KHUÄAM≈SuQ.
Furioso(-sa)	โม โห จัด	MOO≈JŎO-LLAD.
Glotón(-ona)	ตะกละ / คน ตะกละ	TaCLa. / KHON-TaCLa.
Harto(-ta) (cansado de)	เอือม	ÜUAM
Impresionado(-da)	ประทับ ใจ	PRaTHÁB≈LLÄİ
Indiferente (frío)	เย็น ชา	ɎEN≈ĊHAA

Indiferente	เฉย ๆ	CHǑOI≈CHǑOI
Inseguro(-ra) / Incierto(-ta)	ไม่ แน่ นอน	MÂI.NÆÊ.≈NOoN
Inseguro(-ra) (inseguridad)	ไม่ ปลอด ภัย	MÂI.PLOoD.≈pÄI,
Insensato(-ta)	ไร้ สมอง	RÁI≈SaMǑoNG
Insensible (duro de corazón)	ใจ แข็ง	LLÄI≈QHÆNG˘
Interesado(-da)	สน ใจ	SǑN≈LLÄI
Molesto(-ta)	รำ คาญ	RAM≈KHAAŃ
Orgulloso(-sa) (contento)	ภูมิ ใจ	ppUUMมิ≈LLÄI
Orgulloso(-sa) (arrogante)	หยิ่ง	¥HING.
Preocupado(-da)	กัง วล	CANG≈UÖn
Seguro(-ra) (seguridad)	ปลอด ภัย	PLOoD.≈pÄI,
Solitario(-ria)	เหงา	NGHǍO
Sorprendido(-da)	ประหลาด ใจ	PRaLHÄAD.≈LLÄI
Triste	เศร้า	ŞÂO
No estar de acuerdo / Discrepar	ไม่ เห็น ด้วย	MÂI.≈JĔN≈DÛAI

ENFERMEDADES / MEDICINA

1- Cuando se quiere combatir una enfermedad se usa "ĶÆE." (แก้) que significa "corregir/reparar/rectificar", y también puede significar "desatar/deshacer".
La estructura para formar la frase "una medicina que cure..." es la siguiente:

¥AA (medicina) ยา	+ ĶÆE. (corregir) แก้	+ dolor o problema

2- Cuando se quiere decir que se ha mejorado o se está mejorando de una enfermedad o dolor, se debe usar "dii≈qhûn" que significa literalmente "bien-subir".

3- Para decir que se ha tomado alguna medicina se usa "kin≈yaa", significa literalmente comer-medicina". Estructura: Sujeto+ ĶIN+ Sustantivo

VOCABULARIO (ENFERMEDADES)

Alergia	อาการ แพ้	AACAAŇ-PPÆE
Almorrana	โรค ริด สี ดวง ทวาร	RÔOK-RÍD≈SÌÍ-DÜANG≈THáUÄAŇ
Angina / Amígdala	โรค ต่อม ทอน ซิลอัก เสบ	RÔOK-TOoM.THOoN≈ŠIn-AĶ.≈ SEEB.
Artritis	โรค ข้อ ต่อ อักเสบ	RÔOK-QHÔo-TOo.AĶ.≈SEEB.
Cáncer	มะเร็ง	MáRËNG
Catarro/Resfriado	การ เป็น หวัด	CAAŇ-PEN≈HUÄD.
Cirrosis	โรค ตับ แข็ง	RÔOK-TAB.≈QHÆNGˇ
Cólera	โรค อหิ วาต์	RÔOK-aJÏ.≈UÄAต์
Conjuntivitis	โรค ตา แดง จากไวรัส	RÔOK-TAA≈DÆENG-LLAAĶ.UÄI≈RÁT
Dermatitis	โรค ผิว หนัง	RÔOK-PPÏU≈NHĂNG-AĶ.≈SEEB.
Desnutrición	โรค ขาด สาร อาหาร	RÔOK-QHAAD.≈SĂAŇ-AAJĂAŇ
Desorden bipolar	โรค อารมณ์ แปร ปรวน สอง ขั้ว	RÔOK-AAROMณ์-PRÆE≈ PRÜAN-SŎoNG≈QHÛA
Desorden sexual	ความ ผิด ปก ติ ทาง เพศ	KHUÄAM-PPID.POK=CaTÏI.THAANG-PPÊET (T=ศ)
Diabetes	โรค เบา หวาน	RÔOK-BÄO≈HUĂAN
Diarrea	โรค ท้อง เสีย	RÔOK-THÓoNG≈SĬA
Enfermedad	โรค/ความ ไม่ สบาย	RÔOK / KHUÄAM-MÂI.≈SaBÄAI
Enferm. cardíaca	โรค หัว ใจ วาย	RÔOK-JŬA≈LLÄI-UÄAI
Enferm. crónica	โรค เรื้อ รัง	RÔOK-RÚUA≈RANG
Enferm.mental	โรค จิต	RÔOK-LLIT.
Enferm. ósea	โรค กระดูก	RÔOK-CRaDÜUĶ.
Enferm. pulmonar	โรค ปอด	RÔOK-POoD.
Enferm. venérea	โรค กาม รมย์	RÔOK-CAAM=MáRÔMย์

Fiebre	ไข้	QHÂI
Fiebre aftosa	โรค ปาก และ เท้า เปื่อย	RÔOK-PAAĶ.Læ-THÁAO-PÜUAI.
Fiebre amarilla	โรค ไข้ เหลือง	RÔOK-QHÂI≈LHŬUANG
Gastritis	โรค กระเพาะ อักเสบ	RÔOK-CRaPPó-AĶ.≈SEEB.
Gripe	ไข้ หวัด ใหญ่	QHÂI≈HUÄD.¥HÄI.
Hepatitis	โรค ตับ อักเสบ	RÔOK-TAB.AĶ.≈SEEB.
Infección	การ ติด เชื้อ	CAAŇ-TID.≈ĊHÚUA
Insomnio	โรค นอน ไม่ห ลับ	RÔOK-NOoN-MÂI.≈LHAB.
Malaria	ไข้ มา ลาเรีย	QHÂI-MAA≈LAARÏA
Neumonía	โรค ปอด บวม	RÔOK-POoD.≈BÜAM
Poliomelitis	โรค โป ลิโอ	RÔOK-POO≈LIÖO
Prostatitis	โรค ต่อม ลูก หมาก	RÔOK-TOoM.LÛUĶ-MHAAĶ.
Sarampión	โรค หัด	RÔOK≈JAD.
Sarna	โรค หิด	RÔOK≈JID.
Sida	โรค เอดส์	RÔOK≈EEDส์.
Sífilis	โรค ซิฟิลิส	RÔOK-ŠíFíLÍT (T=ส)
Tétano	โรค บาด ทะยัก	RÔOK-BAAD.THáYÁĶ
Tifus	โรค ไข้ ราก สาด ใหญ่	RÔOK-QHÂI-RÂAĶ-SAAD.YHÄI.
Tos	การ ไอ	CAAŇ≈ÄI
Tuberculosis	โรค วัณ โรค	RÔOK-UÄŅ=Ņá≈RÔOK
Úlcera	แผล พุพอง	PPLÆĚ-PPúPPÖoNG
Vértigo	โรค กลัว ความ สูง	CAAŇ-CLÜA-KHÜAAM≈SŬUNG
Viruela	โรค ไข้ ทรพิษ	RÔOK-QHÂI≈THORaPÏT (T=ษ)
Virus	ไว รัส	UÄI≈RÁT (T=ส)

VOCABULARIO (FAMILIARES Y OTROS)

Abuela (materna)	ยาย	¥ÄAI
Abuela (paterna)	ย่า	¥AA.
Abuelo (materno)	ตา	TAA
Abuelo (paterno)	ปู่	PUU.
Adulto(-a)	ผู้ ใหญ่	PPÛU≈¥HÄI.
Bisabuela (materna)	ยาย ทวด	¥ÄAI≈THÛAD
Bisabuela (paterna)	ย่า ทวด	¥ÂA.≈THÛAD
Bisabuelo (materno)	ตา ทวด	TAA≈THÛAD
Bisabuelo (paterno)	ปู่ ทวด	PUU.≈THÛAD
Amante (mujer)	เมีย น้อย	MÏA≈NÓoI
Amigo(-ga)//Amigos(-as)	เพื่อน // เพื่อนๆ	PPÛUAN.//PPÛUAN.≈PPÛUAN
Chica / Mujer	ผู้ หญิง	PPÛU≈YHĬNG
Cuñado	พี่ เขย	PPÍI.≈QHŎOI
Cuñada	พี่ สะใภ้	PPÍI.SappÁI
Hijo	ลูก ชาย / ลูก	LÛUĶ≈ĊHÄAI / LÛUĶ
Hija	ลูก สาว / ลูก	LÛUĶ≈SĂAŮ / LÛUĶ
Hermana menor	น้อง สาว	NÓoNG≈SĂAŮ
Hermana mayor	พี่ สาว	PPÍI.≈SĂAŮ
Hermano menor	น้อง ชาย	NÓoNG≈ĊHÄAI
Hermano mayor	พี่ ชาย	PPÍI.≈ĊHÄAI
Hombre / Varón	ผู้ ชาย	PPÛU≈ĊHÄAI
Madre	แม่	MÆÊ.

Marido	สา มี // ผัว	SĂA≈MII // PPŬA (coloquial)
Mujer / Esposa	ภรรยา // เมีย *	ppAN,=Rá¥ÄA (formal) // MÏA *
Mujer / Hembra	ผู้ หญิง	PPÛU≈YHĬNG
Niño(-ña)	เด็ก	DEĶ.
Novio	แฟน / แฟน ผู้ ชาย	FÆEN / FÆEN-PPÛU≈ĊHÄAI
Novia	แฟน / แฟน ผู้ หญิง	FÆEN / FÆEN PPÛU≈YHĬNG
Nuera	ลูก สะใภ้ / สะใภ้	LÛUĶ≈SappÁI / SappÁI
Padre	พ่อ	PPÔo.
Padres (padre y madre)	พ่อ แม่	PPÔo.≈MÆÊ.
Sobrina	หลาน สาว (ของ ลุง ป้า น้า อา)	LHĂAN≈SĂAŮ (QHŎoNG-LuNG-PÂA-NÁA-AA)
Sobrino	หลาน ชาย / หลาน น้า อา ผู้ ชาย	LHĂAN≈ĊHÄAI / LHĂAN≈NÁA-AA-PPÛU≈ĊHÄAI
Suegra (madre de la mujer)	แม่ เมีย / แม่ยาย	MÆÊ.≈MÏA / MÆÊ.≈¥ÄAI
Suegra (madre del marido)	แม่ ผัว	MÆÊ.≈PPŬA
Suegro (padre de la mujer)	พ่อ เมีย	PPÔo.≈MÏA
Suegro (padre del marido)	พ่อ ผัว	PPÔo.≈PPŬA
Tatarabuela	ย่า ทวด / ย่าย ทวด	¥AA.≈THÛAD / ¥ÄAI≈THÛAD
Tatarabuelo (materno)	ตา ทวด	TAA≈THÛAD
Tía	อา ผู้ หญิง / น้า ผู้ หญิง	AA-PPÛU≈YHĬNG / NÁA-PPÛU≈YHĬNG
Tío	ลุง / น้า ผู้ ชาย / อา	LuNG / NÁA-PPÛU≈ĊHÄAI
Yerno	เขย / ลูก เขย	QHŎOI / LÛUĶ≈QHŎOI

* MÏA es la forma coloquial de decir "mujer/esposa".

VOCABULARIO (FRUTAS)

Cereza	เชอร์ รี่/ผล เชอร์ รี่	ĊHŒร์≈RÍÌ. / PPŎn-ĊHŒร์≈RÍÌ.
Coco	มะ พร้าว	Má≈PRÁAŮ
Durián / Durión	ทุ เรียน	THú≈RÏAN
Fresa	สตรอ เบอร์รี่	SaTRÖoว์≈BŒร์RÍÌ.
Lichi	ลิ้น จี่	LíN≈LLII.
Lima	มะ นาว	MáNÄAŮ
Limón	มะ นาว เหลือง (มอก)	MáNÄAŮ-LHŬUANG (NÔoĶ)
Longán	ลำ ไย	LAM≈¥ÄI
Mandarina	ส้ม จีน/ส้ม เขียว หวาน	SÔM≈LLIIN / SÔM-QHĬAŮ≈HUĂAN
Mango	มะ ม่วง	Má≈MÛANG
Manzana	แอป เปิ้ล	ÆEP.≈PÊEn
Melón	แตง ไท/แคน ตาลูป	TÆENG≈THÄI / KHÆEN≈TALÜUP
Naranja	ส้ม	SÔM
Papaya	มะ ละกอ	MáLáCÖo
Pera	ลูก แพร์/ผล สาลี่ / แพร์	LÛUĶ≈PÆEร์ / PPŎn-SĂA≈LÍÌ./PÆEร์
Piña	สับ ปะรด	SAB.≈PaRÓD (SAP.≈PaLÓD)
Plátano	กล้วย	CLÛAI
Pomarosa	ชม พู่	ĊHOM≈PPÛU.
Pomelo	ส้ม โอ	SÔM≈OO
Rambután	(ลูก) เงาะ	NGó / LÛUĶ≈NGó
Sandía	แตง โม	TÆENG≈MOO
Tamarindo	มะ ขาม	Má≈QHĂAM
Uva	อ งุ่น	a.≈NGuN.

VOCABULARIO (OFICIOS)

Abogado(-da)	ทนาย ความ	NHĂAI≈KHUÄAM
Albañil / Paleta	ช่าง* ก่อ สร้าง/ ช่าง ปูน	ĊHÂNG.* COo.≈ŠÂANG / ĊHÂNG.≈PUUN
Ama de casa	แม่ บ้าน	MÆÊ.≈BÂAN
Autónomo(-ma) (ser/trabajar de)	ทำ งาน ส่วน ตัว/ ทำ งาน อิส ระ	THAM≈NGAAN-SÜAN≈TÜA / THAM≈NGAAN-IT.=SaRa. (Tส)
Barbero	ช่าง ตัด ผม ชาย	ĊHÂNG.TAD.≈PPŎM-ĊHÄAI
Camarera (de restaurante)	คน เสริฟ อาหาร ผู้ หญิง	KHON≈ŠĚEP-AAJĂAŇ- PPÛU≈¥HĬNG (P=ฟ)
Camionero	คน ขับ รถ บรร ทุก	KHON-QHAB.≈RÓŤ- BAN,≈THúĶ
Cantante	นัก ร้อง	NÁĶ≈RÓoNG
Carcelero	พนัก งาน คุม ประพฤติ เรือน จำ	PáNÁĶ≈NGAAN-KHuM- PRaPRúTติ-RÜUAN≈LLAM
Carpintero	ช่าง ไม้	ĊHÂNG.≈MÁAI
Comerciante (hombre)	พ่อ ค้า	PPÔo.≈KHÁA
Conductor(-ora)	คน ขับ รถ	KHON-QHAB.≈RÓŤ
Dentista	ทัน ตแพทย์/ หมอ ฟัน	THAN≈TaPPÆÊTย์ / MHŎo≈FAN
Detective	นัก สืบ	NÁĶ-SUUB
Diseñador(-ra) de moda	นัก ออก แบบ เสื้อ ผ้า	NÁĶ-OoĶ.≈BÆEB. SÛUA≈PPÂA
Diseñador(-ra) gráfico(-a)	กราฟิก ดีไซน์ เนอร์	CRAAFÍĶ-DIIŠÄIน์≈NŒร์
Doctor(-ra)	หมอ / แพทย์	MHŎo / PPÆÊTย์
Electricista	ช่าง ไฟ ฟ้า	ĊHÂNG.FÄI≈FÁA

* ĊHÂNG se escribe con vocal larga "า" (AA), pero se pronuncia con un nivel 4 o 5 aprox.

Empleado de compañía	พนัก งาน บริษัท	PPáNÁĶ≈NGAAN-BORísÄT.
Escritor(-ra)	นัก เขียน	NÁĶ≈QHĬAN
Enfermera	นาง พยา บาล	NAANG-PPá¥ÄA≈BAAn
Espía	สาย ลับ	SĂAI≈LÁB
Financiero(-ra)	พนักงาน การ เงิน	PPáNÁĶ≈NGAAN-CAAŇ-NGE̲N
Fontanero	ช่าง ประปา	ĊHÂNG.≈PRaPÄA
Frutero(-ra)	คน ขาย ผล ไม้	KHON-QHĂAI-PPOn=LaMÁAI
Granjero(-ra)	ชาว นา	ĊHÄAŮ≈NAA
Guerrero	นัก รบ	NÁĶ≈RÓB
Hombre de negocios	นัก ธุรกิจ	NÁĶ≈ŢúRáĶÏT. (T=จ)
Ingeniero(-ra)	วิศ ว กร	UÍT=ŞaUá≈COOŇ (T=ศ)
Jardinero(-ra)	คน ทำ สวน	KHON-THAM≈SŬAN
Jefe de cocina	พ่อ ครัว/ หัว หน้า ครัว	PPÔo.≈KRÜA / JŬA≈NHÂA-KRÜA
Joyero(-ra) (trabaja con piedras preciosas)	ช่าง เพชร	ĊHÂNG.≈PPÉETร (T=ช)
Joyero(-ra) (el que vende oro)	คน ขาย ทอง	KHON-QHĂAI-THOoNG
Joyero(-ra) (trabaja el oro)	ช่าง ทำ ทอง	ĊHÂNG.THAM≈THOoNG
Marinero	กะลา สี	CaLÄA≈SÌÍ (RÜ̲U̲A)
Mecánico(-ca)	ช่าง	ĊHÂNG.
Mecánico de automóviles	ช่าง ซ่อม รถ	ĊHÂNG.ŠÔoM.≈RÓŤ
Médico(-ca)	หมอ / แพทย์	MHŎo / PPÆÊTย์
Monje	พระ สงฆ์ / พระ	PRa≈SONGสงฆ์
Panadero(-ra)	คน ทำ ขนม ปัง	KHON-THAM-QHaNŎM≈PANG

Peletero(-ra)	ช่าง ทำ เครื่อง หนัง	ĊHÂNG.THAM-KRU͟U͟ANG. NHĂNG
Peluquera (corta)	ช่าง ตัด ผม ผู้ หญิง	ĊHÂNG.TAD.≈PPŎM-PPÛU≈YHĬNG
Peluquera (peina)	ช่าง ทำ ผม ผู้ หญิง	ĊHÂNG.THAM≈PPŎM-PPÛU≈YHĬNG
Pescadero(-ra)	คน ขาย ปลา	KHON-QHĂAI-PLAA
Piloto	นัก บิน	NÁĶ≈BIN
Platero(-ra)	ชาง เงิน	ĊHÂNG.≈NGE͟N
Policía	ตำ รวจ	TAM≈RÜAT. (T=จ)
Profesor(-ra)	ครู / อาจารย์	KRUU / AALLÄAÑย์
Relojero(-ra) (repara)	ช่าง ซ้อม นาฬิกา	ĊHÂNG.ŠÔoM≈NAAŁíCÄA
Reportero(-ra)	ผู้ สื่อ ข่าว/ ผู้ ประกาศ ข่าว	PPÛU-SU͟U͟.QHÄAŮ. / PPÛU-PRaCÄAT.QHÄAŮ.
Secretario(-ria)	เล ขา นุการ	LEE≈QHĂA-NúCÄAÑ
Siquiatra	จิต แพทย์	LLIT.≈PPÆÊTย์
Soldado	ท หาร	THáJĂAÑ
Taquillero	พนัก งาน จำ หน่าย ตั๋ว	PPáNÁĶ≈NGAAN-LLAM-NHÄAI.TŬA
Tendero(-ra) (dueño tienda)	เจ้า ของ ร้าน	LLÂO≈QHŎoNG-RÁAN
Terapeuta	นัก บำ บัด โรค	NÁĶ-BAM≈BAD.RÔOK
Tintorero(-ra)	ช่าง ย้อม ผ้า	ĊHÂNG.ɎÓoM≈PPÂA
Zapatero(-ra) (el que fabrica)	ช่าง ทำ รอง เท้า	ĊHÂNG.THAM-RÓoNG≈ THÁAO
Zapatero(-ra) (el que repara)	ช่าง ซ้อม ร้อง เท้า	ĊHÂNG.ŠÔoM-RÓoNG≈ THÁAO

VOCABULARIO (ROPA/VESTIMENTA)

Abrigo	เสื้อ โอเวอร์ โค๊ท	SÛUA-OOUŒร์≈KHÓOT
Blusa	เสื้อ สตรี / เสื้อ	SÛUA-SaTRÏI / SÛUA
Bolsillo (pantalón)	กระเป๋า (กาง เกง)	CRaPǍO (CAANG≈ĶEENG)
Bragas	กาง เกง ใน (ผู้ หญิง)	CAANG≈ĶEENG-NÄİ (PPÛU≈YHǏNG)
Calcetín	ถุง เท้า	ŤHŭNG≈THÁAO
Camisa	เสื้อ เชิ้ต	SÛUA≈ĊHÉET
Camiseta	เสื้อ / เสื้อ ยืด	SÛUA / SÛUA-YÛUD
Camisón	ชุด นอน	ĊHúD≈NOoN
Chaleco	เสื้อ กั๊ก	SÛUA≈CÁĶ
Chándal	ชุด กีฬา	ĊHúD≈ĶIIŁAA
Chaqueta	เสื้อ แจ๊ค เก็ต	SÛUA-LLǼEK≈ĶET.
Chaquetón	เสื้อ แจ๊ค เก็ต ยาว	SÛUA-LLǼEK≈ĶET.ɎÄAŮ
Corbata	เน็ค ไท	NÉK≈THÄI
Enagua	กระ โปรง ชั้น ใน	CRaPRÖONG-ĊHÁN≈NÄİ
Faja	ผ้า รัด เอว	PPÂA-RÁD≈ËEŮ
Falda	กระ โปรง	CRaPRÖONG
Falda-pantalón	กระ โปรง กาง เกง	CRaPRÖONG-CAANG≈ĶEENG
Media (corta)	ถุง น่อง (สั้น)	ŤHŭNG≈NÔoNG (SÂN)
Pantalón	กาง เกง	CAANG≈ĶEENG
Pijama	ชุด นอน	ĊHúD≈NOoN
Solapa	ปก คอ เสื้อ	POĶ.KHOo-SÛUA

Sostén	เสื้อ ชั้น ในห ญิง/ เสื้อ ยก ทรง	SÛUA-ĊHÁN≈NĂİ-YHǏNG / SÛUA-¥ÓĶ≈ŚONG
Tanga	จีส ตริง	LLIIT.=SaTRÏNG (T=ส)
Tirantes	สาย เอี้ยม ติด กาง เกง	SĂAI≈ÍAM-TID.CAANG≈ĶEENG
Traje	ชุด สูท / สูท	ĊHúD-SUUT. / SUUT.
Traje a medida	ชุด ตัด	ĊHúD≈TAD.
Traje de amianto	ชุด กัน ความ ร้อน	ĊHúD-CAN-KHUÄAM≈RÓoN
Traje de baño	ชุด ว่าย น้ำ	ĊHúD-UÂAI.≈NÁAM
Traje de buceo	ชุด ดำ น้ำ	ĊHúD-DAM≈NÁAM
Traje de caza	ชุด ล่า สัตว์	ĊHúD-LÂA.≈SATว์.
Traje de deporte	ชุด กี ฬา	ĊHúD-ĶIIŁAA
Traje de luces (torero)	ชุด ของ มา ตาดอร์	ĊHúD-QHŎoNG-MAA≈TAADOoร์
Traje de novia	ชุด เจ้า สาว	ĊHúD-LLÂO≈SĂAŮ
Vestido	ชุด / ชุด กระ โปรง	ĊHúD / ĊHúD-CRaPRÖONG
Vestido de noche	ชุด สำ หรับ กลาง คืน	ĊHúD-SĂM≈RHAB.CLAANG≈ KHUUN

* En Tailandia no están bien vistas las personas que visten camisas floreadas y pantalones cortos (sobre todo por la noche). Lo más probable es que no digan nada. Recuerde que los tailandeses prefieren decir una mentira antes que una verdad que duela.

VERBO "LAVAR"

Hay 3 formas de "lavar":

1- ŠÁĶ (ซัก) se usa para lavar ropa, tejidos, etc.

2- LÁANG (ล้าง) se usa para lavar el coche, moto, platos, manos, etc.

3- Sa.≈PPŎM (สระ ผม) se usa para lavar el pelo/cabello.

VOCABULARIO (VEHÍCULOS)

Aceite del motor	น้ำ มัน เครื่อง	NÁAM≈MAN-KRÛUANG.
Avería (la) / Fallo (el)	การ เสีย	CAAŇ-SĬA
Bocina / Claxon / Pito	แตร รถ ยนต์	TRÆE-RÓŤ≈¥ONต์
Bujía	หัว เทียน	JŬA-THÏAN
Cambiar (el aceite)	เปลี่ยน (น้ำมัน เครื่อง)	(PLÏAN)NÁAM≈MAN-KRÛUANG.
Cambio automático	เกียร์ อัต โน มัติ	ĶÏAร์-AT.=TaNÖO≈MÁTติ
Capó	กระ โปรง รถ ยนต์	CRaPRÖONG-RÓŤ≈¥ONต์
Cinturón de seguridad	เข็ม ขัด นิ รภัย	QHEM≈QHAD.Ní≈RáppÄI,
Circuíto eléctrico	วง จร ไฟ ฟ้า	UÖNG≈LLOOŇ-FÄI≈FÁA
Cuentakilómetros	เครื่อง วัด ความ เร็ว	KRÛUANG.UÁD-KHUÄAM≈RÊŮ
Depósito de la gasolina	ถัง น้ำ มัน	THĂNG-NÁAM≈MAN
Dinamo	ได นาโม/ เครื่อง กำ เนิด ไฟฟ้า	DÄI≈NAAMOO / KRÛUANG. CAM-NEED-FÄI≈FÁA
Disco de freno	จาน ห้าม ล้อ	KRÛUANG.JÂAM≈LÓo
Embrague	คลัตช์	KLÁTช์
Encendido (el)	การ ติด ไฟ	CAAŇ-TID.≈FÄI
Espejo retrovisor	กระจก ส่อง หลัง	CRaLLÖĶ.SÖoNG.≈LHĂNG
Faro // Faro antiniebla	ไฟ ฉาย // ไฟ หมอก	FÄI≈CHĂAI-FÄI≈MHOoĶ.
Filtro del aceite	เครื่อง กรอง น้ำ มัน	KRÛUANG.CROoNG-NÁAM≈ MAN
Filtro del aire	เครื่อง กรอง อากาศ	KRÛUANG.CROoNG-AACAAT.
Freno	เบรค/เครื่อง ห้าม ล้อ	BREEK. / KRÛUANG.JÂAM-LÓo
Freno de mano	เบรค มือ/ เครื่อง ห้าม ล้อ มือ	BREEK.MUU / KRÛUANG.JÂAM≈LÓo-MUU
Intermitente (luz)	ไฟ เลี้ยว	FÄI≈LÍAŮ
Limpiaparabrisas	ที่ ปัด น้ำ ฝน	THÍÌ.PAD.NÁAM≈FŎN
Líquido de frenos	น้ำ มัน เครื่อง ห้าม ล้อ	NÁAM≈MAN-KRÛUANG. JÂAM≈LÓo

Líquido de la batería	น้ำ กลั่น	NÁAM≈CLAN.
Llave del encendido	กุญ แจ สำ หรับ การ ติด ไฟ	CuN≈LLÆË-SĂM≈RHAB. CAAŇ-TID.≈FÄI
Lubricante	น้ำ มัน หล่อ ลื่น	NÁAM≈MAN-LOo.≈LHÛUN.
Luz corta	ไฟ ต่ำ	FÄI≈TAM.
Luz de carretera	ไฟ สูง	FÄI≈SŬUNG
Luz de freno	ไฟ เบรค	FÄI≈BREEK.
Luz de marcha atrás	ไฟ ถอย หลัง	FÄI-ŤHŎoI≈LHĂNG
Luz de posición	ไฟ ข้าง	FÄI≈QHÂANG
Luz larga	ไฟ สูง	FÄI≈SŬUNG
Maletero	กระ โปรง หลัง	CRaPRÖONG-LHĂNG
Marcha (la)	เกียร์ / เกียร์ รถ	ĶÏAŚ / ĶÏAŚ≈RÓŤ
Marcha atrás	เกียร์ ต่ำ ถอย หลัง	ĶÏAŚ-TAM.ŤHŎoI≈LHĂNG
Motor	เครื่อง ยนต์ / มอเตอร์	KRÛUANG.≈¥ON-MOoTŒŚ
Motor de arranque	เครื่อง สตาร์ท	KRÛUANG.SaTÄATŚ
Neumático	ยาง รถ	¥AANG≈RÓŤ
Neumático de recambio	ยาง อะไหล่	¥AANG-≈aLHÄI.
Neumático pinchado	ยาง แบน	¥AANG≈BÆEN
Nudo (unidad de velocidad)	น็อต	NÓT
Pedal del freno	แป้น เบรค	PÆÊN-BREEK.
Punto muerto	เกียร์ ว่าง	ĶÏAŚ≈UÂANG.
Radiador	หม้อ น้ำ (รถ ยนต์)	MHÔo≈NÁAM (RÓŤ≈¥ONต์)
Rueda	ล้อ	LÓo
Tubo de escape	ท่อ ไอ เสีย	THÔo.ÄI≈SĬA
Velocidad (la)	ความ เร็ว	KHUÄAM≈RËŮ
Velocidad (la) (marcha)	เกียร์ / เกียร์รถ	ĶÏAŚ≈RÓŤ

VOCABULARIO (VERDURAS)

Ajo	กระ เทียม	CRaTHÏAM
Albahaca	ใบ กะเพรา	BÄI≈CaPRÄO
Bambú	ไม้ ไผ่	MÁAI-PPÄI
Berenjena	มะเขือ ม่วง	MaQHŬUA-MÛANG.
Berza	กะหล่ำ ปลี	CaLHÄM.≈PLII
Brécol	บร็อก โคลี่	BROĶ.≈KHOOLII.
Brotes de soja	ถั่ว งอก	THÜA.≈NGÔoĶ
Cebolla	หัว หอม	JŬA≈JŎoM
Chile / Chili	พริก	PRÍĶ
Col	กะหล่ำ ปลี	CaLHÄM.≈PLII
Coliflor	กะหล่ำ ดอก	CaLHÄM.≈DOoĶ.
Espinaca	ผัก โขม	PPAĶ≈QHOOM
Guisante	ถั่ว ลัน เตา	ŤHÜA.LAN≈TÄO
Jenjibre	ขิง	QHĬNG
Judía (blanca) // J. negra	ถั่ว ขาว // ถั่ว ดำ	ŤHÜA.≈QHÂAŮ / ŤHÜA.≈DAM
Maíz	ข้าว โพด	QHÂAŮ≈PPÔOD
Patata	มัน ฝรั่ง	MAN.≈FaRÄNG.
Perejil	ผัก ชี ฝรั่ง	PPAĶ.≈ĊHII-FaRÄNG.
Pimiento // P. picante	พริก // พริก เผ็ด	PRÍĶ // PRÍĶ≈PPED.
Pimiento rojo (dulce)	พริก หยวก แดง (หวาน)	PRÍĶ-YHÜAĶ-DÆENG (HUĂAN)
Pepino	แตง กวา	TÆENG≈CUÄA
Repollo	กะหล่ำ ปลี	CaLHÄM.≈PLII
Seta	เห็ด	JED.
Tomate	มะเขือ เทศ	MáQHŬUA≈THEET (T=ศ)
Zanahoria	แค รอท	KHÆE≈RÔoT

PROVINCIAS TAILANDESAS (Y CIUDADES E ISLAS IMPORTANTES) / จังหวัดประเทศไทย

Amnat Charoen	อำนาจ เจริญ	AMNÂAT-LLaREEŃ
Ang Thong	อ่าง ทอง	AANG.≈TOoNG
Ayutthaya	อยุธยา	a¥úŢ=ŢHa¥ÄA
Bangkok	กรุง เทพ	CRuNG≈THÊEP
Buriram	บุรีรัมย์	BuRIIRÄMย์
Chachoengsao	ฉะเชิง เทรา	CHaĊHEENG≈ŚÄO
Chai Nat	ชัย นาท	CHÄI≈NÂAT
Chaiyaphum	ชัย ภูมิ	ĊHÄI,≈¥aPÜUMมิ
Chantaburi	จันท บุรี	LLaNTHá≈BuRÏI
Chiang Mai	เชียง ใหม่	CHÏANG≈MÄI.
Chiang Rai	เชียง ราย	CHÏANG≈RÄAI
Chonburi	ชล บุรี	CHOn≈BURÏI
Chumphon	ชุม พร	CHuM≈PPÖOŇ
Hua Hin	หัว หิน	JÛA≈JĬN
Kalasin	กา ฬสินธุ์	CAA≈ŁáSĬNธุ์
Kamphaeng Phet	กำ แพง เพชร	CAM≈PPÆENG≈PPÉET
Kanchanaburi	กาญ จน บุรี	CAAŃ≈LLaNá≈BuRÏI
Khon Kaen	ขอน แก่น	QHŎoN≈KHÆN.
Koh Chang	เกาะ ช้าง	Co.≈ĊHÁANG
Koh Pha-Ngan	เกาะ พงัน	Co.≈PPáNGÄN
Koh Phi Phi	เกาะ พีพี	Co.PPII≈PPII
Koh Samet	เกาะ เสเม็ด	Co.≈SaMÉD

Koh Samui	เกาะ สมุย	Co.≈SAMŭI
Koh Tao	เกาะ เต่า	Co.≈TÄO
Krabi	กระบี่	CRaBÏI.
Lampang	ลำ ปาง	LAM≈PÄANG
Lamphun	ลำ พูน	LAM≈PPÜUN
Loei	เลย	LÖOI
Lopburi	ลพ บุรี	LÓB≈BuRÏI
Mae Hong Son	แม่ ฮ่อง สอน	MÆÊ.≈JÔoNG≈SŎoN
Maha Sarakham	มหา สาร คาม	MáJĂA≈SĂARá≈KHÄAM
Mukdahan	มุกดา หาร	MúĶDÄA≈JĂAŅ
Nakhon Nayok	นคร นายก	NáKHÖOŇ-NAA¥ÓĶ
Nakhon Phanom	นคร พนม	NáKHÖOŇ≈PPáNÖM
Nakhon Phatom	นคร ปฐม	NáKHÖOŇ-PáŦHŎM
Nakhon Ratchasima	นคร ราชสี มา	NáKHÖOŇ-RÂAT=CHáSÌÍ≈MAA
Nakhon Sawan	นคร สวรรค์	NáKHÖOŇ-SaUÄNค์,
Nakhon Sri Thammarat	นคร ศรี ธรรมรัตน์	NáKHÖOŇ-ŞÌÍ≈ŢHAM=MáRÂATน์
Nan	น่าน	NÂAN.
Narathiwat	นรา ธิวาส	NáRÄA≈ŢHÍUÂAT (T=ส)
Nong Khai	หนอ งคาย	NHŎoNG≈KHÄAI
Nong Bua Lam Phu	หนอง บัวลำภู	NHŎoNG≈BÜA≈LAMppÜU
Nonthaburi	นนท บุรี	NONTHá≈BuRÏI
Pathum Thani	ปทุม ธานี	PaTHÜM≈ŢHANII

Pattani	ปัต ตานี	PÁT.≈TAANII
Pattaya	พัทยา	PPÁT=THa¥ÄA
Phang Nga	พัง งา	PPANG≈NGAA
Phattalung	พัทลุง	PPÁT=THáLüNG
Phayao	พะเยา	PPá¥ÄO
Pichit	พิจิตร	PPíLLÏTร
Phetchabun	เพชร บูรณ์	PPÉETร=CHáBÜUNณ์
Phetchaburi	เพชร บุรี	PPÉETร≈BuRÏI
Phitsanulok	พิษณุ โลก	PPÍTsaNú≈LÔOĶ
Phuket	ภูเก็ต	ppUUĶET.
Prachinburi	ปราจีน บุรี	PRAALLIIN≈BuRÏI
Prachuap Khiri Khan	ประจวบ คีรี ขันธ์	PRaLLÜAB.KHIIRII≈QHĂNธ์
Phrae	แพร่	PRÆÊ.
Ranong	ระนอง	RáNÖoNG
Rayong	ระยอง	Rá¥ÖoNG
Ratchaburi	ราชบุรี	RÂAT=CHáBuRÏI
Roi Et	ร้อย เอ็ด	RÓoI≈ET.
Sakhon Nakhon	สกล นคร	SaCÖn≈NáKHÖOŇ
Samut Prakan	สมุท รปราการ	SaMuT.≈PRAACAAŇ
Samut Sakhon	สมุท รสาคร	SaMuT.≈ŚAAKHOOŇ
Samut Songkram	สมุทรสงคราม	SaMuT.SŎNG≈KRAAM
Sa Kaew	สระ แก้ว	Sa≈ĶÆÊŮ
Saraburi	สระ บุรี	SaRa.≈BuRÏI

Satun	สตูล	SaTÜUn
Si Sa Ket	ศรี สะเกษ	ŞÌÍ≈SaĶËET. (T=ษ)
Singburi	สิงห์ บุรี	SĬNGห์≈BuRÏI
Songkla	สง ขลา	SŎNG≈QLĂA
Sukhothai	สุโข ทัย	SuQHŎO≈THÄI,
Suphanburi	สุพรรณ บุรี	SuPPÄN,≈BuRÏI
Surat Thani	สุราษฎร์ ธานี	SuRÄATร์≈ŢHAANII
Surin	สุรินทร์	SURINทร์
Tak	ตาก	TAAĶ.
Trat	ตราด	TRAAT.
Trang	ตรัง	TRANG
Ubon Ratchathani	อุบล ราชธานี	uBÖn-RÂAT=CHáŢHAANII
Udon Thani	อุดร ธานี	uDÖOŇ≈ŢHAANII
Uthai Thani	อุทัย ธานี	uTHÄI,≈ŢHAANII
Uttaradit	อุตรดิตถ์	UTaRáDÏTถ์
Yala	ยะลา	¥áLÄA
Yasothon	ยโส ธร	¥áSŎO≈ŢHOOŇ

ESTAMOS EN TAILANDIA, ¡HABLEMOS DE PIMIENTOS!

Guindilla	พริก ขี้ หนู	PRÎK̡-QHÍÌ≈NHŬU
Pimienta	พริก ไทย	PRÎK̡≈THÄAI,
Pimienta seca	พริก แห้ง	PRÎK̡≈JÆÊN
Pimiento mediano picante	พริก ชี้ ฟ้า	PRÎK̡-ĊHÍÍ≈FÁA
Pimiento (dulce) amarillo*	พริก หวาน เหลือง (หวาน)	PRÎK̡≈YHÜAK̡.LHŬUANG (HUĂAN)
Pimiento (dulce) rojo*	พริก หวาน สี แดง (หวาน)	PRÎK̡≈YHÜAK̡.DÆENG (HUĂAN)
Pimiento (dulce) verde*	พริก หวาน สี เขียว (หวาน)	PRÎK̡≈YHÜAK̡.QHĬAŮ (HUĂAN)
Pimentón molido	พริก ป่น	PRÎK̡≈PON
Pimientos asados	พริก เผา	PRÎK̡≈PPĂO
Pimienta en grano	เมล็ด พริก ไทย	MáLÉD-PRÎK̡≈THÄAI,
Pimienta negra molida	พริก ไทย ดำ ป่น	PRÎK̡≈THÄAI,DAM-PON.
Pimiento picante	พริก เผ็ด	PRÎK̡≈PPED.

TEST (ANIMALES)
Enlazar los números de la columna 1 con las palabras que correspondan

1	Cocodrilo	=	A	¥IIRÂAP (P=พ)	ยี ราฟ
2	Delfín	=	B	CHÁANG	ช้าง
3	Elefante	=	C	PLAA-CHaLĂAM	ปลา ฉลาม
4	Gato	=	D	LILÂA.	ลิล่า
5	Hormiga	=	E	MÓD	มด
6	Jirafa	=	F	LLORáQHÊE	จระ เข้
7	Tiburón	=	G	MÆEŮ	แมว
	(soluciones en la pág.317)	=	H	PLAA-LOOMAA	ปลา โลมา

TEST (CASA)
Enlazar los números de la columna 1 con las palabras que correspondan

1	Teléfono	=	A	ตู้	TÛU
2	Armario	=	B	เตียง	TÏANG
3	Nevera	=	C	ห้อง น้ำ	JÔoNG≈NÁAM
4	Piso / Planta	=	D	ยาม	¥AAM
5	Guardia de seguridad	=	E	ผ้า ม่าน	PPÂA≈MÂAN.
6	Cortina	=	F	โคม ไฟ	KHOOM-FÄI
7	Puerta	=	G	ตู้ เสื้อ ผ้า	TÛU-S<u>ÛU</u>A≈PPÂA
8	Ventana	=	H	สวิตช์	SaUÍTช์
9	Silla	=	I	ผ้า เช็ด ตัว	PPÂA-ĊHÉD≈TÜA
10	Sofá	=	J	กุญ แจ	CuŃ≈LLÆË
11	Ventilador	=	K	ตู้ เย็น	TÛU≈¥EN
12	Cama	=	L	ห้อง ครัว	JÔoNG≈KRÜA
13	Cocina	=	M	พัด ลม	PPÁD≈LOM
14	Lavabo	=	N	หน้า ต่าง	NHÂA≈TAANG.
15	Interruptor	=	Ñ	ประตู	PRaTÜU
16	Lámpara	=	O	โซ ฟา	ŠOO≈FAA
17	Llave	=	P	ที วี	THII≈UÏI
18	Tele	=	Q	ห้อง นอน	JÔoNG≈NOoN
19	Toalla	=	R	โท รศัพท์	THOORá≈ŞÄPท์.
	-	=	S	แก้ว	ĶÆÊŮ
	-	=	T	เก้า อี้	CÂO≈ÎÌ
	(soluciones en la pág.317)	=	U	ชั้น	ĊHÁN

TEST (CLIMA)
Enlazar los números de la columna 1 con las palabras que correspondan

1	Grados	=	A	KHUÄAM-RÓoN-OB.≈ÂAŮ	ความ ร้อน อบ อ้าว
2	Hacer frío	=	B	NHĂAŮ	หนาว
3	Temperatura	=	C	FŎN≈TOĶ.	ฝน ตก
4	Aire	=	D	AACAAT. (T=ศ)	อากาศ
5	Marea alta	=	E	MHOoĶ.	หมอก
6	Caluroso	=	F	NÁAM≈QHÛN	น้ำ ขึ้น
7	Monzón	=	G	LOM	ลม
8	Sol	=	H	uŅ=ŅaJa.≈ppUUMม	อุณ ห ภูมิ
9	Rayo	=	I	ĊHÚUN	ชื้น
10	Relámpago	=	J	ONG≈ŞĂA	องศา
11	Lluvia	=	K	FÁA≈RÓoNG	ฟ้า ร้อง
12	Bochorno	=	L	FŎN	ฝน
13	Nube	=	M	FÂA≈PPAA.	ฟ้า ผ่า
14	Nieve	=	N	NÁAM≈LONG	น้ำ ลง
15	Marea baja	=	Ñ	FÁA≈LÆÊB	ฟ้า แลบ
16	Hacer calor	=	O	RÓoN	ร้อน
17	Viento	=	P	PRá≈AATHÍTย์	พระ อาทิตย์
18	Trueno	=	Q	MORá≈SŭM	มร สุม
19	Llover	=	R	MÊEK	เมฆ
	-	=	S	FŎN-LÂI.≈ĊHÁANG	ฝน ไล่ ช้าง
	-	=	T	JIMá	หิมะ
	(soluciones, pág.317)	=	U	ŤHÜA.≈DAM	ถั่ว ดำ

TEST (CUERPO HUMANO)
Enlazar los números de la columna 1 con las palabras que correspondan

1	Pelo (cabeza)	=	A	LÍN	ลิ้น
2	Nariz	=	B	MUU	มือ
3	Boca	=	C	LLaMÜUĶ.	จมูก
4	Cara (la)	=	D	TAA	ตา
5	Dedo	=	E	JŬU	หู
6	Hígado	=	F	PPŎM	ผม
7	Culo	=	G	PAAĶ.	ปาก
8	Hueso	=	H	JŬA / ȘÌÍ≈sa.	หัว / ศรี ษะ
9	Cuerpo	=	I	KHÍŮ	คิ้ว
10	Ceja	=	J	NHÂA / BÄÍ≈NHÂA	หน้า / ใบ หน้า
11	Grano	=	K	NÍŮ	นิ้ว
12	Cabeza	=	L	TAB. (TAP.)	ตับ
13	Cuello	=	M	SĬŮ	สิว
14	Ojo	=	N	KHOo / LAM≈KHOo	คอ / ลำ คอ
15	Oreja	=	Ñ	TUUD. (TUUT.)	ตูด
16	Pierna	=	O	CRaDÜUĶ.	กระ ดูก
17	Pie	=	P	RÂANG.≈CÄAI /TÜA	ร่าง กาย / ตัว
18	Mano	=	Q	JŬA≈LLÄÍ	หัว ใจ
19	Uña	=	R	QHŎN	ขน
	-	=	S	LÉB (LÉP)	เล็บ
	-	=	T	QHĂA	ขา
	(soluciones en la pág.317)	=	U	THÁAO	เท้า

TEST (EMOCIONES)
Enlazar los números de la columna 1 con las palabras que correspondan

1	Avaricioso(-sa)	=	A	OĶ.≈JAĶ.	อก หัก
2	Celoso(-sa)	=	B	QHÎÌ-IT.≈CHĂA	ขี้ อิจ ฉา
3	Encantado(-da)	=	C	BÂA	บ้า
4	Orgulloso(-sa) (arrogante)	=	D	ŞÂO	เศร้า
5	Discrepar	=	E	SŎN≈LLÄI	สน ใจ
6	Sorprendido(-da)	=	F	PRaLHÄAD.≈LLÄI	ประหลาด ใจ
7	Orgulloso(-sa) (contento)	=	G	ppUUMฏิ-LLÄI	ภูมิ ใจ
8	Tener el corazón partido	=	H	¥HÎNG.	หยิ่ง
9	Solitario(-ria)	=	I	¥IN≈DII	ยิน ดี
10	Seguro(-ra) (seguridad)	=	J	LÔOp	โลภ
11	Envidioso(-sa)	=	K	QHÎÌ≈JṲ̆NG	ขี้ หึง
12	Triste	=	L	LLÄI≈QHÆNGˇ	ใจ แข็ง
13	Interesado(-da)	=	M	MÂI.≈JĔN≈DÛAI	ไม่ เห็น ด้วย
14	Cortés	=	N	PLOoD.≈ppÄI,	ปลอด ภัย
15	Loco(-ca)	=	Ñ	NGHĂO	เหงา
16	Decepcionado(-da)	=	O	PPÛU-THúT=LLaRÏT. (T=จ)	ผู้ ทุจ ริต
17	Enfadado(-da)	=	P	DII≈LLÄI	ดี ใจ
18	Corrupto(-ta)	=	Q	PPID.≈HŬANG	ผิด หวัง
	-	=	R	SuppÂAP	สุ ภาพ
	(soluciones en la pág.318)	=	S	CROOŢ.	โกรธ

TEST (ENFERMEDADES)
Enlazar los números de la columna 1 con las palabras que correspondan

1	Diarrea	=	A	RÔOK-BÄO≈HUĂAN	โรค เบา หวาน
2	Enfermedad ósea	=	B	QHÂI-HUÄD.≈YHÄI.	ไข้ หวัด ใหญ่
3	Neumonía	=	C	RÔOK-POoK≈BÜAM	โรค ปอด บวม
4	Insomnio	=	D	RÔOK-CAAM=MáRÔMย์	โรค กาม รมย์
5	Tos	=	E	RÔOK-TOoM.LÛUĶ-MHÂAĶ.	โรค ต่อม ลูกหมาก
6	Virus	=	F	RÔOK-CRaPó-AĶ.≈SEEB.	โรค กระเพาะ อักเสบ
7	Sida	=	G	RÔOK-ŠíFíLÍT (T=ส)	โรค ซิฟิลิส
8	Enfermedad venérea	=	H	QHÂI-MAA≈LAARÏA	ไข้ มา ลาเรีย
9	Fiebre	=	I	RÔOK-JÄD.	โรค หัด
10	Hepatitis	=	J	PPLÆE-PPuPPÔoNG	แผล พุพอง
11	Úlcera	=	K	RÔOK-TAB.AĶ.≈SEEB.	โรค ตับ อักเสบ
12	Gastritis	=	L	RÔOK-CRaDÜUĶ.	โรค กระดูก
13	Gripe	=	M	UÄI≈RÁT (T=ส)	ไว รัส
14	Malaria	=	N	CAAŇ≈ÄI	การ ไอ
15	Sarampión	=	Ñ	RÔOK-THÔoNG≈SĬA	โรค ท้อง เสีย
16	Sífilis	=	O	RÔOK-EEDส์.	โรค เอดส์
17	Prostatitis	=	P	RÔOK-NOoN-MÂI.≈LHAB	โรค นอน ไม่ หลับ
18	Diabetes	=	Q	QHÂI	ไข้
	-	=	R	RÔOK≈JID.	โรค หิด
	-	=	S	RÔOK-CLÜA-KHUĂAM SŬUNG	โรค กลัว ความ สูง
	(soluciones en pág. 318)	=	T	RÔOK-UĂŅ≈RÔOK	โรค วัณ โรค
	-	=	U	RÔOK-POoK	โรค ปอด

TEST (FAMILIARES)
Enlazar los números de la columna 1 con las palabras que correspondan

1	Amante (mujer)	=	A	PPÛU≈ĊHÄAI	ผู้ ชาย
2	Madre	=	B	PPÛU≈YHÄİ.	ผู้ ใหญ่
3	Adulto(-a)	=	C	LÛUĶ≈SĂAŮ	ลูก สาว
4	Mujer/Esp.(formal)	=	D	SAĂ≈MII	สา มี
5	Chica / Mujer	=	E	PPÔo.	พ่อ
6	Hijo(-ja)/Niño(ña)	=	F	ppAN,=Rá¥ÄA	ภรรยา
7	Marido	=	G	LÛUĶ *	ลูก
8	Mujer/Esp.(coloq.)	=	H	PPÛU≈YHĬNG	ผู้ หญิง
9	Hija	=	I	MÆÊ.	แม่
10	Marido (coloquial)	=	J	FÆEN (PPÛU≈ĊHÄAI)	แฟน (ผู้ ชาย)
11	Padre	=	K	MÏA	เมีย
12	Hombre / Varón	=	L	MÏA≈NÓoI	เมีย น้อย
13	Novio	=	M	PPŬA	ผัว
14	Novia	=	N	MÆÊ.≈MÏA	แม่ เมีย
	-		Ñ	FÆEN (PPÛU≈YHĬNG)	แฟน (ผู้ หญิง)
	(soluciones en la pág. 318)		O	LÛUĶ≈ĊHÄAI	ลูก ชาย

* Para decir "niño(-ña)" lo normal es usar "DEĶ.", pero cuando nos referimos a un hijo (niño) nuestro o de alguien en concreto, entonces se debe decir "LÛUĶ".

TEST (FRUTAS)
Enlazar los números de la columna 1 con las palabras que correspondan

1	Mango	=	A	CLÛAI	กล้วย
2	Manzana	=	B	SAB.≈PaRÓD (SAB.≈PaLÓD)	สับ ปะรด
3	Rambután	=	C	SaTRÖoว์≈BŒร์RÍÌ.	สตรอ เบอร์รี่
4	Fresa	=	D	MáNÄAŮ-LHŬUANG	มะนาว เหลือง
5	Sandía	=	E	ÆEP.≈PÊEn (n=ล)	แอป เปิ้ล
6	Naranja	=	F	SÔM	ส้ม
7	Papaya	=	G	MáLáCÖo	มะละกอ
8	Coco	=	H	ĊHOM≈PPÛU.	ชม พู่
9	Lima	=	I	LÛUĶ≈PPÆEร์	ลูก แพร์
10	Mandarina	=	J	(LÛUĶ) NGó	(ลูก) เงาะ
11	Pomelo	=	K	TÆENG≈THÄI	แตง ไท
12	Pera	=	L	a.≈NGuN.	องุ่น
13	Uva	=	M	LAM≈¥ÄI	ลำ ไย
14	Piña	=	N	SÔM≈LLIIN	ส้ม จีน
15	Limón	=	Ñ	SÔM≈OO	ส้ม โอ
16	Plátano	=	O	MáNÄAŮ	มะ นาว
17	Melón	=	P	MáPRÁAŮ	มะ พร้าว
18	Pomarosa	=	Q	TÆENG≈MOO	แตง โม
19	Mangostán	=	R	MANG≈KHúD	มัง คุด
	-	=	S	MáMÛANG	มะ ม่วง
	-	=	T	CÅO≈ÍÌ	เก้า อี้
	(soluciones en la pág. 318)	=	U	ĊHÁN	ชั้น

TEST (OFICIOS)
Enlazar los números de la columna 1 con las palabras que correspondan

1	Conductor(-ora)	=	A	ĊHÂNG.TAD.≈PPŎM-ĊHÄAI	ช่าง ตัด ผม ชาย
2	Tintorero(-ra)	=	B	KHON-QHAB.≈RÓŤ	คน ขับ รถ
3	Siquiatra / Psiq.	=	C	THAN≈TaPPÆÊTย์ // MHŎo≈FAN	ทัน ตแพทย์ / หมอ ฟัน
4	Enfermera	=	D	TAM≈RÜAT. (T=จ)	ตำ รวจ
5	Hombre de negocios	=	E	ĊHÂNG.¥ÓoM-PPÂA	ช่าง ย้อม ผ้า
6	Secretario(-ria)	=	F	ĊHÂNG.ŠÔoM.≈ NAAŁíCÄA	ช่าง ซ้อม นาฬิ กา
7	Terapeuta	=	G	ĊHÂNG.ŠÔoM.≈RÓŤ	ช่าง ซ่อม รถ
8	Relojero(-ra)	=	H	KRUU / AALLAAŇย์	ครู / อาจารย์
9	Mecánico / Técnico	=	I	LLIT.≈PPÆÊTย์	จิต แพทย์
10	Tendero(-ra)	=	J	ĊHÂNG.≈NGE̲N	ช่าง เงิน
11	Doctor(-ra)	=	K	NÁĶ≈BIN	นัก บิน
12	Policía	=	L	KHON-QHĂAI≈PLAA	คน ขาย ปลา
13	Mecánico de automóviles	=	M	LLÂO≈QHŎoNG-RÁAN	เจ้า ของ ร้าน
14	Profesor(-ra)	=	N	NÁĶ≈ŢúRáĶÏT. (T=จ)	นัก ธุรกิจ
15	Barbero	=	Ñ	NÁĶ-BAM≈BAD.RÔOK	นัก บำ บัด โรค
16	Dentista	=	O	LEE≈QHĂA-NúCÄAŇ	เล ขา นุการ
	-	=	P	ĊHÂNG.	ช่าง
	-	=	Q	NAANG-PPá¥ÄA≈BAAn	นาง พยา บาล
	(soluciones en la pág. 318)	=	R	MHŎo / PPÆÊTย์	หมอ / แพทย์

TEST (VERDURAS)
Enlazar los números de la columna 1 con las palabras que correspondan

1	Albahaca	=	A	CRaTHAM	กระเทียม
2	Bambú	=	B	BROĶ.≈KHOOLII.	บร็อก โคลี่
3	Berenjena	=	C	ŤHÜA.≈NGÔoĶ	ถั่ว งอก
4	Berza	=	D	PPRÍĶ	พริก
5	Guisante	=	E	CaLHÄM.≈PLII	กะหล่ำ ปลี
6	Maíz	=	F	ŤHÜA.LAN≈TÄO	ถั่ว ลัน เตา
7	Judía (blanca)	=	G	JŬA≈JŎoM	หัว หอม
8	Pimiento picante	=	H	ŤHÜA.≈QHĂAŮ	ถั่ว ขาว
9	Pepino	=	I	MAN≈FaRÄNG.	มัน ฝรั่ง
10	Judía negra	=	J	BÄI≈CaPRĂO	ใบ กะเพรา
11	Ajo	=	K	QHÂAŮ≈PÔOD	ข้าว โพด
12	Patata	=	L	PRÎĶ≈PPED.	พริก เผ็ด
13	Col	=	M	TÆENG≈CUÄA	แตง กวา
14	Brotes de soja	=	N	JED.	เห็ด
15	Brécol	=	Ñ	MÁAI≈PPÄI.	ไม้ ไผ่
16	Repollo	=	O	MáQŬUA≈THÊET (T=ศ)	มะเขือ เทศ
17	Pimiento	=	P	KHÆE≈RÔoT	แครอท
18	Cebolla	=	Q	ŤHÜA.≈DAM	ถั่ว ดำ
	-	=	R	MaQŬUA-MÛANG.	มะเขือ ม่วง
	-	=	S	CaLHÄM.≈DOoĶ.	กะหล่ำ ดอก
	-	=	T	PPAĶ.≈QHOOM	ผัก โขม
	(soluciones en la pág. 318)	=	U	CaLHÄM.≈PLII	กะหล่ำ ปลี

TEST 1- Leer y escribir estas palabras en tailandés *(soluciones en la pág. 318)*

1	SÔM		7	TÆENG≈CUÄA	
2	CLÛAI		8	KHÆE≈RÔoT	
3	TÆENG≈MOO		9	JED.	
4	THúRÏAN		10	QHĬNG	
5	PRÍĶ		11	CRaTÏAM	
6	MAN≈FaRÄNG.		12	QHÂAŮ≈PPÔOD	

TEST 2- Leer y escribir estas palabras en tailandés *(soluciones en la parte baja de pág. 318)*

1	TÛU		7	UÍT=THáYú	
2	TÏANG		8	CÂO≈ÍÌ	
3	KHOOM≈FÄI		9	SOO≈FAA	
4	JÔoNG≈NÁAM		10	PPÂA-ĊHÉD≈TÜA	
5	CuŃ≈LLÆË		11	PÁD≈LOM	
6	PRaTÜU		12	TÛU≈¥EN	

TEST 3- Leer y escribir estas palabras en tailandés *(soluciones en la parte baja de pág. 318)*

1	RÁĶ		7	THIIM	
2	RÓŤ≈FÄI		8	PPID.	
3	TÔNG≈CAAŇ		9	NHĂAŮ	
4	LLAAĶ.		10	QHĬAN	
5	SaNuĶ.		11	RÓoN	
6	SONG.		12	SĂA≈MII	

ESTACIONES DEL BTS // ESTACIONES DEL MRT (METRO) / รถไฟฟ้าบีทีเอส//รถไฟใต้ดิน

Aquí os mostramos la correcta pronunciación de las estaciones del BTS Skytrain y del Metro (MRT).

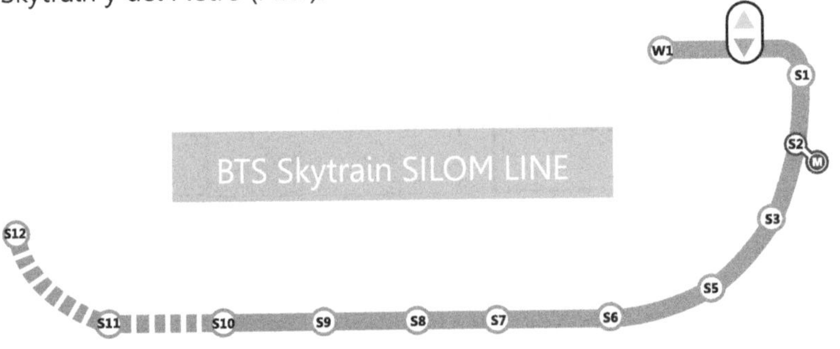

W1	สนามกีฬาแห่งชาติ	SaNĂAM≈ĶIIŁAA-JÆENG.≈ĊHÂATติ	National Stadium
INT	สยาม	Sa≈IĂAM	Siam (Estación de enlace)
S1	ราชดำริ	RÂAT=ĊHaDÄM≈RI	Ratchadamri
S2	ศาลาแดง	ŞĂA≈LAA-DÆENG	Sala Daeng
S3	ช่องนนทรี	ĊHÔoNG.NONŚÏI	Chong Nonsi
S5	สุรศักดิ์	SuRaŞĂĶดิ์.	Surasak
S6	สะพานตากสิน	SaPPÄAN-TAAĶ.≈SĬN	Saphan Taksin
S7	กรุงธนบุรี	CRuNG-ŢHONBuRÏI	Krung Thon Buri
S8	วงเวียนใหญ่	UÖNG≈UÏAN≈¥HÄI.	Wongwian Yai
S9	โพธิ์นิมิตร	PPOOธิ์-NíMÍTร	Pho Nimit
S10	ตลาดพลู	TaLÄAD.PLUU	Talat Phlu
S11	วุฒากาศ	UúDtÄA-CAAT. (T=ศ)	Wutthakat
S12	บางหว้า	BAANG-HUÂA	Bang Wa

N1	ราชเทวี	RÂAT=ĊHáTHËE≈UÏI	Ratchathewi
N2	พญาไท	PPá¥ÄA≈THÄI	Phaya Thai
N3	อนุสาวรีย์ชัยสมรภูมิ	aNúSĂA≈UáRÏIย์-ĊHÄI,SaMŎ≈RáppÜUMมิ	Victory Monument
N4	สนามเป้า	SaNĂAM≈PÂO	Sanam Pao
N5	อารีย์	AARIIย์	Ari
N7	สะพานควาย	SaPPÄAN-KHUÄAI	Saphan Khwai
N8	หมอชิต	MHŎo-ĊHÍT	Mo Chit
INT	สยาม	Sa¥ĂAM	Siam (Estación de enlace)

E1	ชิดลม	ĊHÍD≈LOM	Chit Lom
E2	เพลินจิต	PLEEN≈LLIT.	Phloen Chit
E3	นานา	ṄAA≈NAA	Nana
E4	อโศก	aŞÖOĶ.	Asok
E5	พร้อมพงษ์	PRÓoM-PPONGษ์	Phrom Phong
E6	ทองหล่อ	THOoNG-LHOo.	Thong Lo
E7	เอกมัย	EEĶ.=CaMÄI,	Ekkamai
E8	พระโขนง	PRá≈QHaNŎONG	Phra Khanong
E9	อ่อนนุช	OoN.≈NúT (T=ช)	On Nut
E10	บางจาก	BAANG-LLAAĶ.	Bang Chak
E11	ปุณณวิถี	PuŅ≈ŅaUíŤHÌÍ	Punnawithi
E12	อุดมสุข	uDÖM≈SuQ.	Udom Suk
E13	บางนา	BAANG≈NAA	Bang Na
E14	แบริ่ง	BÆERING.	Bearing

BTS Skytrain SUKHUMVIT LINE

(MRT) METRO LINE

M N8

1	บางซื่อ	BAANG-ŜÛU.	Bang Sue
2	กำแพงเพชร	CAM≈PPÆËNG-PPÉETร (T=ช)	Kamphaeng Phet
3	สวนจตุจักร	SŬAN≈LLaTuLLĂĶร.	Chatuchak Park
4	พหลโยธิน	PPáJŎOn-¥OOŢHIN	Phahon Yothin
5	ลาดพร้าว	LÂAD≈PRÁAŮ	Lat Phrao
6	รัชดาภิเษก	RÁT=ĊHáDÄA≈ppísËEĶ.	Ratchadaphisek
7	สุทธิสาร	SuT.≈ŢHíSĂAŇ	Suthisan
8	ห้วยขวาง	JÛAI≈QHUĂANG	Huai Khwang
9	ศูนย์วัฒนธรรมแห่งชาติประเทศไทย	ŞŬUNย์-UÁDt=DtáNáŢHÄM-JÆENG.≈ĊHÂATติ-PRaTHÊET≈THÄAI,	Thailand Cultural Center
10	พระราม 9	PRá≈RAAM-CÂAO	Phra Ram 9
11	เพชรบุรี	PPÉETร≈BuRÏI (T=ช)	Phetchaburi
12	สุขุมวิท	SuQHŭM≈UÍT	Sukhumvit
13	ศูนย์การประชุมแห่งชาติสิริกิติ	ŞŬUNย์-CAAŇ≈PRaĊHuM-JÆENG.≈ĊHÂATติ-SiRíĶITติ.	Queen Sirikit National Convention C.
14	คลองเตย	KLOoNG-TÖOI	Klong Toei
15	ลุมพินี	LuMPíNÏI	Lumphini
16	สีลม	SIILOM	Si Lom
17	สามย่าน	SĂAM-¥ÂAN.	Sam Yan
18	หัวลำโพง	JŬA≈LAMPÖONG	Hua Lamphong

E4 M

S2 M

SOLUCIONES DE LOS TEST

Lección 1. Enlazar Pág.40

1	A
2	J
3	V
4	H
5	D
6	Q
7	S
8	P
9	E
10	M
11	R
12	C
13	F
14	N
15	B
16	K
17	O
18	I

Lección 3 Leer, escribir en tailandés. Pág. 61

1	ไก่
2	ไข่
3	จาน
4	ช้าง
5	งู
6	เณร
7	เด็ก
8	เต่า
9	ธง
10	ฉิง
11	ปลา
12	พาน
13	ฟัน
14	ม้า
15	เรือ
16	ลิง
17	ข่าว
18	ขาว
19	ข้าว
20	ใบไม้

Lección 3. Enlazar los "números". Pág.72

1	N
2	C
3	M
4	K
5	E
6	G
7	H
8	D
9	I
10	O
11	P
12	B
13	J
14	Ñ
15	F
16	A
17	B
18	W
19	V
20	A

Lección 3. Escribir los "números latinos" Pág.81

A		B	
1	104	1	974
2	695	2	589
3	867	3	547
4	709	4	743
5	742	5	358
6	269	6	676
7	354	7	479
8	169	8	912
9	236	9	278
10	450	10	594
11	478	11	884
12	459	12	925
13	476	13	476
14	355	14	486
15	311	15	410
16	321	16	321
17	853	17	853
18	543	18	271

Lección 4. Enlazar "adjetivos" Pág.82

1	J
2	N
3	B
4	A
5	E
6	I
7	K
8	R
9	U
10	Ñ
11	H
12	O
13	D
14	M
15	Q
16	G
17	F
18	T

Lecc. 6 A y B Escribir palabras en tailand. Pág.104

A		B	
1	คุณ	1	บ่า
2	สี่	2	มา
3	ใคร	3	ไมล์
4	คน	4	คาว
5	ไป	5	ไซ
6	ไข่	6	ยา
7	ไก่	7	อย่า
8	วัด	8	ข่าว
9	เต็ม	9	เข่า
10	อายุ	10	ไหม่
11	อยู่	11	บาร์
12	ปี	12	ผ้า
13	นาน	13	เค้า
14	อีเมล์	14	ม้า
15	ที่นี่	15	ฟ้า
16	บาร์	16	ผ่า
17	ใกล้	17	เด็ก
18	ใกล	18	เต่า
19	พา	19	ชะฎา
20	จาน	20	ปฏัก
21	สิบ	21	ปลา
22	อ่าง	22	เด็กๆ

Lección 6. Traducir frases Pág.108

1	A mí no me gusta
2	(Yo) Vengo de turismo
3	¿Por qué has venido a Tailandia?
4	(Está abierto(-ta) Hasta las 3 de la mañana
5	¿A qué hora vas a trabajar?
6	¿Qué hora es ahora?
7	Son casi las 12 del mediodía

Lección 3 Enlazar números Pág.74

1	N
2	C
3	M
4	K
5	E
6	G
7	H
8	D
9	I
10	O
11	P
12	B
13	J
14	Ñ
15	F
16	A

Lección 6 Escribir voc. Pág.105, a la izquierda		
1	ะ	ั
2	เ-ะ	
3	ิ	
4	โ-ะ	
5	ุ	
6	า	
7	เ	
8	ึ	
9	โ	
10	อ	
11	ู	
12	อื	ื
13	เ-ียะ	
14	เ-ีย	
15	เ-ือยะ	
16	เ-ือย	
17	วา	
18	เ-อ	

Lección 6. Escribir las consonantes en tailandés Pág.105, parte derecha.				
1	บ			
2	ก			
3	ช	ฉ		
4	ด	ฎ		
5	ฟ	ฝ		
6	ก	ฆ		
7	ห			
8	ฆ	ฮ		
9	ค			
10	ล	ฬ		
11	จ	ย		
12	ม			
13	น	ณ		
14	ป	พ	ผ	ภ
15	ข			
16	ร			
17	ซ	ส	ศ	ษ
18	ต	ท	ถ	ธ
19	ญ	ย		

Enlazar "Meses y días". Pág.106	
1	Q
2	P
3	Ñ
4	N
5	L
6	R
7	I
8	H
9	F
10	E
11	B
12	C
13	A
14	D
15	G
16	J
17	M
18	U
19	V

Lección 7. Escribir en español. Pág.119	
1	Año
2	Mucho(-cha)/ Muy
3	Gracias
4	Edad
5	No
6	Número
7	Más / Otro
8	Guapa
9	Aquí
10	Apuntar / Anotar

Lección 7 Enlazar "discot." Pág.120	
1	D
2	F
3	L
4	I
5	H
6	J
7	G
8	K
9	M
10	N
11	P
12	B
13	E
14	Ñ
15	U
16	C
17	A

Lección 7. Escribir en tailandés. Pág.121 "A", izquierda	
1	คอนโด
2	ใน
3	ดี
4	ชอบ
5	ประเทษ
6	คิด
7	ทำไม
8	ถ้า
9	เจ็ด
10	กล้า
11	เก้า
12	สิบ
13	ที่
14	อาหาร
15	หนึ่ง
16	ห้า
17	แต่

Lección 9 Enlazar días/sem Pág.150	1	2	3	4	5	6	7	8	9	10	11	12	13	14	15	16	17
	S	Q	C	B	E	M	L	H	I	Ñ	R	A	D	O	R	K	J

Lección 7 Escribir los números Pág.122																
	50	54	65	70	76	87	95	98	100	140	200	211	300	456	520	667

Lección 5 Enlazar Pág.94	1	2	3	4	5	6	7	8	9	10	11	12	13	14	15	16	17	18
	R	Q	P	U	T	S	J	N	J	A	B	C	G	I	E	F	K	M

Diccionarios, Libros de frases y Libros de bolsillo Español-Tailandés

Lección 7. Escribir en tailandés. Pág.121 "B", derecha

1	คือ
2	โอเค
3	จ่าย
4	ร้าน
5	เพราะ
6	ด้วย
7	เปิด
8	รวม
9	สด
10	เรา
11	วันเสาร์
12	จะ
13	เลย
14	ไม่รู้
15	ที่สุด
16	บาท
17	บ้าง

Lección 9. Escribir en tailandés Pág.151

1	เดา
2	เป่า
3	เก่า
4	ใบ
5	ไก่
6	ได
7	ตู
8	บุ
9	กี่
10	บาย
11	ตาย
12	บาร์
13	โก
14	เตา
15	เผ่า
16	เคา
17	ไป
18	ไข่
19	ไต
20	ทู
21	ปุ
22	ขี่
23	ปาย
24	หาย
25	ปา
26	คอ

Lección 9. Traducir frases Pág.152

1	(Ahora) Son las 07.20 a.m.
2	¿En qué planta está el....?
3	¿Cuánto cuesta el billete (clase/tipo)...?
4	¿Dónde debo hacer transbordo para ir a....?
5	¿Podría por favor parar en....?
6	¿A qué hora sales de trabajar?
7	¿A qué hora llegaremos a...?
8	¿A qué hora comes?
9	¿Qué estás haciendo?
10	¿Qué haces?

Lección 9. Enlazar "aficion". Pág.153

1	K
2	S
3	L
4	N
5	M
6	J
7	H
8	S
9	B
10	I
11	Q
12	G
13	F
14	C
15	A
16	U
17	Ñ

Lección 10. Traducir frases Pág.172

1	¿Qué es eso?
2	Esto es un huevo, ¿cierto?
3	¿Esto es un tren o un avión?
4	Este es el color gris
5	(Yo) Me estoy medicando
6	¿A qué hora cierran?
7	No, este no es el color negro
8	¿Qué has comido?
9	¿Dónde has ido? / ¿Dónde has estado?
10	Vendré a las 12 en punto
11	Estar durmiendo

Lección10. Escribir los 4 tonos Pág.164

2	พ่อ แม่
4	อื่น
7	ซื่อ

Lección 8. Escribir las frases en español. Pág. 133

1	¿Cómo te llamas? / ¿Cuál es tu nombre?
2	Eres muy guapa
3	¿Dónde vives?
4	Mi número de teléfono es....
5	Muchas gracias (mujer)
6	Este(-ta) es mi amigo(-ga)
7	Hoy estoy libre/ disponible
8	Te gusta, ¿verdad?
9	He venido aquí a buscar trabajo
10	¿Con quién vives?
11	¿Cuántos años tienes?
12	No tengo ni idea

Lección10 Enlazar Colores. Pág.173	
1	Q
2	P
3	B
4	M
5	N
6	C
7	D
8	R
9	E
10	G
11	F
12	I
13	H
14	K
15	Ñ
16	O
17	A
18	R

Lección10 Enlazar Pág.174	
1	N
2	O
3	P
4	Q
5	F
6	G
7	K
8	D
9	R
10	S
11	Ñ
12	T
13	B
14	J
15	I
16	L
17	U
18	H

Lección 11 Escribir del tailandés Pág.187	
1	De // Cosa
2	Con
3	Estar
4	Persona
5	Quién
6	Poder
7	Probar / Catar
8	Saber
9	Qué
10	Piso / Planta
11	¿De verdad?
12	Doctor
13	Intentar
14	Alérgico
15	Paquete / Cajetilla

Lección 11, Test-A Escribir en tailandés Pág.188	
1	บาร์
2	อย่า
3	เข่า
4	ม้า
5	ไม่
6	ใส
7	หมา
8	บ้า
9	เขา
10	ฝ่า
11	ไหม่
12	มา
13	ฝา
14	ยา
15	ย่า
16	เสือ
17	ฟ้า

Lección 11, Test-B Escribir en tailandés Pág.188	
1	ให้
2	กัน
3	ขอ
4	อย่าก
5	ไข่
6	หาน
7	ขวด
8	เพื่อน
9	ผึ้ง
10	นี่
11	ฉิ่ง
12	ไป
13	ที่
14	จะ
15	เรา
16	ทำ
17	วันนี้

Lección 11. Enlazar "Médico" Pág.189	
1	F
2	J
3	G
4	B
5	N
6	R
7	M
8	K
9	H
10	A
11	P
12	Ñ
13	I
14	E
15	L
16	D
17	C

Lección 11. Transcribir Pág.190 A	
1	PII
2	¥ANG
3	CAB.
4	ĶII.
5	QHŎoNG
6	AA¥ú
7	¥UU.
8	MÂAĶ
9	IIĶ.
10	LÖOI
11	KHON
12	DÏAŮ
13	THOORáSÄPй
14	NHUNG.
15	KHuN
16	PPŎM
17	CHÁN
18	ĊHÁN
19	DÂAI
20	KRÄI
21	aRÄI
22	PEED.

Diccionarios, Libros de frases y Libros de bolsillo Español-Tailandés

Lección 11. Transcribir Pág.190 B	
1	MHÄI.
2	BAA§
3	BÂA
4	PPÂA
5	¥AA
6	MAA
7	CLÄI
8	CLÂI
9	PPÛUAN.
10	ĶIN
11	JÂI
12	UÄN≈NÍI
13	PÄI
14	QHŎo
15	DÂAI≈MHÁI
16	THAM≈NGAAN
17	KHOoNDOO
18	KHUUN
19	MÛUANG
20	KHÍD
21	RÜAM
22	RÁAN

Lección 12. Enlazar verbos.Pág. 206	
1	H
2	Q
3	P
4	I
5	G
6	J
7	L
8	O
9	B
10	K
11	U
12	S
13	A
14	R
15	D
16	C
17	E
18	F
19	T

Lección 13. Traducir en nuestro idioma. Pág. 217	
1	Quédese con el cambio / No hace falta que me dé el cambio
2	Si no pone el medidor (taxímetro) no nos subimos
3	Me encanta la comida española
4	¿Qué vas a hacer esta noche?
5	¿Se puede fumar aquí (encima/ sobre) en el taxi?
6	Nos vemos a las 7 de la tarde
7	¿Tiene el número (de teléfono) de alguna compañía de taxis?
8	¿A qué hora has llegado?
9	¿Te gustaría salir esta noche?
10	¿Qué tipo de masaje te gusta?

Lección 13-A. Escribir en tailandés. Pág. 218		Lección 13-B. Escribir en tailandés. Pág. 218
เพื่อน	1	แฟน
ได้ สิ	2	เล็ก
ทาน	3	นาฬิกา
โรงแรม	4	ราคา
ทำ	5	กว่า
เบอร์โทร	6	ต้องการ
อยาก	7	เพียง
ทำงาน	8	มี
ควร	9	พามา
มาถึง	10	ตอน
เหมาะ	11	วิวทะเล
น้ำ	12	ตรวจดู
ถูก	13	ไข้
เตียง	14	ภายใน
หางาน	15	ให้
นิดหน่อย	16	กำลัง
ตกลง	17	--

Lección12 Escribir Pág. 209	
1	Un poco
2	Comida
3	Divertirse
4	Bueno (-na)
5	En
6	Conocer
7	Botella
8	Venir

Lección 12 Leer y escribir. Pág. 201

1	2	3	4	5	6	7	8	9	10
Ser	Usted / Tú	Amigo(-ga)	Comer / Beber	Pedir	Sí	Trabajar	Hotel	Yo (masc.)	Solo(-la)

Lección 14. Escribir el significado y la transcripción. Pág. 239

	Significado	*Transcripc.*
1	Cama	TÏANG
2	Comer	ĶIN≈QHÂAŮ
3	Después de..	LHĂNG...
4	Y	Lǽ
5	Caliente	RÓoN
6	Gordo(-da)	ÛAN
7	Largo(-ga)	¥ÄAŮ
8	Ligero(-ra)	BÄO
9	Satisfecho	PPOo LLÄI
10	Oscuro	MUUD
11	Poco(-ca)	NÓol
12	Pobre	LLON
13	Confortable	SaBÄAI
14	Fino(-na)	BAANG
15	Impaciente	LLÄI RÓoN
16	Año	PII

Lección 14. Enlazar Pág.240

1	E
2	F
3	G
4	Q
5	N
6	P
7	J
8	O
9	L
10	M
11	A
12	R
13	Ñ
14	H
15	K
16	I

Lección 15. Enlazar Pág. 254

1	TÛU
2	TÏANG
3	KHOOM≈FÄI
4	JÔoNG≈NÁAM
5	CuŃLLÆË
6	PRaTÜU
7	UÍT=THáYú
8	CÂO≈ÎÌ
9	ŠOO≈FAA
10	PPÂA-ĊHÉD≈TÜA
11	PPÁD≈LOM
12	TÛU≈¥EN
13	SÔM
14	CLÛAI
15	TÆENG≈MOO
16	THúRÏAN
17	PRÍĶ
18	MAN≈FaRÄNG.
19	TÆENG≈CUÄA
20	KÆE≈RÔoT
21	JED.
22	QHĬNG
23	CRaTHÏAM
24	QHÂAŮ≈PPÔOD

Lección 15 Enlazar Pág.255

1	L
2	N
3	H
4	I
5	M
6	K
7	Ñ
8	C
9	F
10	B
11	G
12	O
13	A
14	Ñ
15	E
16	J
17	D

Lección 16 Escribir en tailandés. Pág. 269

1	เกาะ
2	พวกเขา
3	เตียง
4	เที่ยง (วัน)
5	รัก
6	รถเมล์ / รถบัส
7	เรือ
8	เรียน
9	วันที่
10	สำหรับ
11	ขึ้น
12	ขาย
13	น้ำมัน
14	เพลง
15	กีฬา
16	ทีม
17	คนสเปน
18	โรงยิม
19	ภาษา
20	หาด
21	ผับ
22	ดิสโก้เธค

Lección 15 Escribir del tailandés. Pág. 256

1/ Me alegro mucho
2/ Quiero agradecerte / Quisiera agradecerte
3/ Hola querida(-do) / Hola amor
4/ Yo vivo en la tercera planta del edificio...
5/ (Yo) Te quiero
6/ (Recibe) Un saludo cordial
7/ Dar las gracias // Gracias
8/¿Qué haces cuando te levantas?
9/ Demostrar amor / Mostrar amor
10/ Con mis mejores deseos
11/ A mí me gusta

Lección 16. Escribir el signific. y la transcripción Pág. 268

	Significado	***Transcripc.***
1	Cangrejo	Puu
2	Pequeño (-ña)	Lék̦
3	Búfalo	Khuäai
4	Fruta	PpŎn= lamáai
5	Gamba	Cûng
6	Radio	Uít=tháyú
7	Rojo	Dæeng
8	Niño(-ña)	Dek̦.
9	Nuevo(-va)	Mhäi.
10	Pescado / Pez	Plaa
11	Cada / Por cada	Lá
12	Mono	Ling
13	Hormiga	Mód
14	Burro / Asno	Laa
15	Jefe	Boos(-t).
16	Insecto	Malæëng
17	Pájaro	Nók̦
18	Europa	¥ú≈rôop
19	Naranja	Sôm
20	No tener / No haber	Mâi.≈mii
21	¿Por qué?	Tham≈mäi

Lección 16. Frases con clasificador. Pág. 270

1. Cerveza pequeña
2. ¿Cuántos bolígrafos?
3. El marido es viejo
4. Mujer guapa
5. Hay varios tigres en el bosque
6.Hay varios gatos encima del tejado
7. Hay varios libros rojos

Parte 2. Enlazar Animales Pág. 297

1	F
2	H
3	B
4	G
5	E
6	A
7	C

Parte 2. Enlazar Casa Pág.298

1	R
2	A
3	K
4	U
5	D
6	E
7	Ñ
8	N
9	T
10	O
11	M
12	B
13	L
14	C
15	H
16	F
17	J
18	P
19	I

Parte 2. Enlazar Clima Pág.299

1	J
2	B
3	H
4	D
5	F
6	O
7	Q
8	P
9	M
10	Ñ
11	L
12	A
13	R
14	T
15	N
16	O
17	G
18	K
19	C

Parte 2. Enlazar Cuerpo Pág.300

1	F
2	C
3	G
4	J
5	K
6	L
7	Ñ
8	O
9	P
10	I
11	M
12	H
13	M
14	D
15	E
16	T
17	U
18	B
19	S

Parte 2. Enlazar Emociones Pág.301	
1	J
2	K
3	I
4	H
5	M
6	F
7	G
8	A
9	Ñ
10	N
11	B
12	D
13	E
14	R
15	C
16	Q
17	S
18	O

Parte 2. Enlazar Enferm. Pág.302	
1	Ñ
2	L
3	C
4	P
5	N
6	M
7	O
8	D
9	Q
10	K
11	J
12	F
13	B
14	H
15	I
16	G
17	E
18	A

Parte 2. Enlazar Familiar. Pág.303	
1	L
2	I
3	B
4	F
5	H
6	G
7	D
8	K
9	C
10	M
11	E
12	A
13	J
14	Ñ

Parte 2. Enlazar Frutas Pág.304	
1	S
2	E
3	J
4	C
5	Q
6	F
7	G
8	P
9	O
10	N
11	Ñ
12	I
13	L
14	B
15	D
16	A
17	K
18	H
19	R

Parte 2. Enlazar Oficios Pág.305	
1	B
2	E
3	I
4	Q
5	N
6	O
7	Ñ
8	F
9	P
10	M
11	R
12	D
13	G
14	H
15	A
16	C

Parte 2. Enlazar Verdura Pág.306	
1	J
2	Ñ
3	R
4	U
5	F
6	K
7	H
8	L
9	M
10	Q
11	A
12	I
13	E
14	C
15	B
16	U
17	D
18	G

(1) Escribir en tailandés Pág.307-1	
1	ส้ม
2	กล้วย
3	แตง โม
4	ทุ เรียน
5	พริก
6	มัน ฝรั่ง
7	แตง กวา
8	แค รอท
9	เห็ด
10	ขิง
11	กระ เทียม
12	ข้าว โพด

(2) Escribir en tailandés Pág. 307-2	
1	ตู้
2	เตียง
3	โคม ไฟ
4	ห้อง น้ำ
5	กุญ แจ
6	ประตู
7	วิท ยุ
8	เก้า อี้
9	โซ ฟา
10	ผ้า เช็ด ตัว
11	พัด ลม
12	ตู้ เย็น

(3) Escribir en tailandés Pág.307-3	
1	รัก
2	รถ ไฟ
3	ต้อง การ
4	จาก
5	สนุก
6	ส่ง
7	ทีม
8	ผิด
9	หนาว
10	เขียน
11	ร้อน
12	สามี

ÍNDICE DE PALABRAS (y algunas frases cortas usadas en este libro)

A altas horas de la madrugada 118
A diario 118
A eso de las... 118
A esta hora 118
A finales de... 118
A la hora que sea 118
A las... (hora), más o menos 118
A menudo 118
A partir de ahora 118
A primera hora de la manana 118
A primera hora del anochecer 118
A última hora del atardecer 118
¿A qué día estamos hoy? 118
¿A qué hora? 91
¿A qué hora abren? 118
¿A qué hora acabas de trabajar hoy? 118
¿A qué hora empieza el partido? 118
¿A qué hora se come normalmente? 118
¿A qué hora sirven el desayuno? 118
¿A qué hora tengo que dejar la habitación? 118
¿A qué hora vendrá el...? 118
¿A qué hora más o menos? 118
¿A qué día estamos hoy? 118
A todas horas 118
A veces 118
Antes de hora 118
Aquí lo tienes 208

Abeja 12 ผึ้ง
Abogado 285 หนายความ
Abrazar 245 กอด
Abrigo 288 เสื้อโอเวอร์โค้ท
Abril 98 พฤษภาคม
Abrir 84 เปิด
Abuela (materna) 282 ยาย
Abuela (paterna) 282 ย่า
Abuelo (materno) 282 ตา
Abuelo (paterno) 282 ปู่
Aburrirse// Aburrido 208 เบื่อ// 78 น่าเบื่อ
Acabar de 220 เพิ่ง
Acabarse 220 หมด
Aceite 143 น้ำมัน
Aceite del motor 290 น้ำมันเครื่อง
Acompañar 156 ตาม....มา
Acordar(-se) 37 จำ
Adecuado(-da) 156 เหมาะ
Adulto(-a) 282 ผู้ใหญ่
Agosto 98 สิงหาคม
Agotarse 220 หมด
Agradecer 245 ขอบคุณ
Agua 156 น้ำ/น้ำเปล่า
Ahora 91 ตอนนี้
Ahora son...(horas) 108 ตอนนี้...
Aire 275 อากาศ
Aire acondicion. (aparato) 156 เครื่องปรับอากาศ
Ajo 292 กระเทียม
Al atardecer 116 ตอนเย็น
Albahaca 292 ใบกะเพรา
Albañil 285 ช่างก่อสร้า
Alcohol / Licor 180 เหล้า
Alegrarse 245 ดีใจ
Alegre 278 ดีใจ
Alergia 280 อาการแพ้
Alérgico(-ca) 178 แพ้
Algo / Poquito 69 นิดน้อย
Algún/Alguno 84 บ้าง
Almeja 165 หอย
Almorrana 280 โรคริดสี...
Alojarse 26 พัก
Alquilar 208 เช่า/ให้เช่า
Alrededor de 91 ประมาณ
Altavoz 273 ลำโพ
Alto(-ta) 76 สูง
Ama de casa 285 แม่บ้าน
Amante (la) 220 เมียน้อย
Amante (mujer) 282 เมียน้อย
Amar 115 รัก
Amarillo 138 สีเหลือง
Amarillo-marrón 138 สีกรัก
Ámbar (color) 138 สีอำพัน
Amígdala 280 โรคต่อมทอน.
Amigo(-ga) (282) 48 เพื่อน
Amigos(-as) 282 เพื่อนๆ
Amor (el) 245 ความรัก
¡Amor mío! 245 ที่รัก
Ancho(-cha) 76 กว้าง
Angina / Amigdala 280 โรคต่อมทอนซิล

Año 26 ปี
Anoche 116 เมื่อคืนนี้
Anotar / Apuntar 26 จด
Anteayer 116 สองวันที่แล้ว
Antes (de) 91 ก่อน
Antibiótico 178 ยาปฏิชีวนะ
Aparato 212 เครื่อง
Apartado(-da) 212 ห่าง
Apartamento 60 คอนโด
Apenado(-da) 278 อกหัก
Apenas 69 ไม่ค่อยจะ
Aplique (de luz) 273 โคมไฟติดผนัง
Apreciado(-da) 245 เรียน
Apretar 199 กด
Aproximadamente 26 ประมาณ
Apuntar / Anotar 26 จด
Aquí 26 ที่นี่ / ตรงนี้
Aquí lo tiene(-s) 208 นี่ครับ/นี่ค่ะ
Arena (color) 138 สีทราย
Armario 273 ตู้
Armario de la ropa 273 ตู้เสื้อผ้า
Artículo / Cosa 245 สิ่ง
Artritis 280 โรคข้อต่ออักเสบ
Asegurar / Certif. 245 รับรอง
Asunto / Tema 156 เรื่อง
Atardecer 116 เย็น
Atentamente 245 ขอแสดงความ
Aterrador(-ra) 79 นับถือ
Atractiva 79 มีเสน่ห์
Atractivo / Guapo 79 หล่อ
Atravesar / Cruzar 115 ข้าม/ ข้าม ฟาก
Atreverse 60 กล้า
Aún 26 ยัง
Autobús 115 รถเมล์ / รถบัส
Automático(-ca) 208 อัตโนมัติ
Autónomo 285 ทำงานส่วนตัว
Avaricioso(-sa) 278 โลภ
Avería / Fallo 290 การเสีย
Avestruz 272 กระจอกเทศ
Avión 124 เครื่องบิน
Avisar 124 เตือน
Ayer 116 เมื่อวานนี้
Ayuda (la) 245 ความช่วยเหลือ
Ayudar 124 ช่วย
Ayutthaya 293 อยุธยา
Ayudhya Bank (Ayutthaya Bank) 270 ธนาคารกรุงศรีอยุธยา
Azafrán (color) 138 (สี) หญ้าฝรั่ง
Azul del mar 138 สีฟ้า (น้ำทะเล)
Azul negruzco 138 สีน้ำเงินปนดำ
Azul oscuro 138 สีน้ำเงิน
Azul turquesa 138 สีฟ้าพลอย
Baht 84 บาท
Bailar 143 เต้นรำ
Bajar / Abrir 199 เปิด
Bajar / Reducir 178 ลด
Bajo(-ja) (altura) 76 เตี้ย
Bajo(-ja) (inferior) 76 ต่ำ
Balcón 273 ระเบียง
Ballena 272 ปลาวาฬ
Bambú 292 ไม้ไผ่
Banco 270 ธนาคาร/แบงค์
Bañera 273 อ่างอาบน้ำ
Bangkok 265 กรุงเทพ

Español	Pág.	Tailandés
Bangkok Bank Of Thailand	270	กรุงเทพมหานคร ธนาคารแห่งประเท
Bar	38	บาร์
Barato(-ta)	156	ถูก
Barba	276	หนวดเครา
Barbero	285	ช่างตัดผมชาย
Barcelona	143	บาร์เซโลน่า
Barco	124	เรือ
Barrigón(-udo)	80	พุงพลุ้ย
Base	12	ฐาน
Bastante	69	ค่อนข้าง
Beber	84	ดื่ม
Bebida	84	เครื่องดื่ม
Bebida alcohólica	178	เหล้า
Berenjena	292	มะเขือม่วง
Berenjena (color)	138	สีมะเขือม่วง
Berza	292	กะหล่ำปลี
Besar	245	จูบ
Bicicleta	143	จักรยาน
Bien / Bueno(-na)	78	ดี
Bigote	276	หนวด
Billete	124	ตั๋ว
Bisabuela (materna)	282	ยายทวด
Bisabuela (paterna)	282	ย่าทวด
Bisabuelo (materno)	282	ตาทวด
Bisabuelo (paterno)	282	ปู่ทวด
Blanco (color)	138	สีขาว
Blanco perla (color)	138	สีขาวมุก
Blusa	288	เสื้อสตรี
Boca	276	ปาก
Bochorno	275	ความร้อนอบอ้าว
Bocina / Claxon	290	แตรรถยนต์
Bolsa	12	ถุง
Bolsillo	288	กระเปากางเกง
Bonita / Guapa	30	สวย
Botella	11	ขวด
Botón / Tecla	208	กด
Bragas	288	กางเกงใน(ผู้หญิง)
Brazo	276	แขน
Brécol	292	บร็อกโคลี่
Brotes de Soja	292	ถั่วงอก
¡Buen viaje!	208	ขอให้เดินทางโดย
Bueno / Ok / Vale	78	โอเค
Bueno(-na)	78	ดี
Bueno(a)(comida)	78	อร่อย // แซ่บ
Buenos días	49	สวัสดี (ครับ/ค่ะ)
Buho	13	นกหูก
Bujía	290	หัวเทียน
Buriram	293	บุรีรัมย์
Buscar	48	หา
Buscar trabajo	48	หางาน
Caballo	165	ม้า
Cabeza	276	หัว/ศรีษะ
Cabreado(-da)	278	โมโห
Cada / Por cada	178	ต่อ
Cada / Todo(-da)	124	ทุก
Cada noche	116	ทุกคืน
Caimán	272	จระเข้ตีนเป็ด
Cajetilla / Sobre	180	ซอง
Calcetín	288	ถุงเท้า
Caliente (76)	156	ร้อน
Calle	192	ถนน
Calor (el) // Hacer calor	275	ความร้อน// ร้อน
Calor húmedo	275	อากาศร้อนชื้น
Caluroso	275	ร้อน
Cama	91	เตียง
Camaleón	272	กิ้งก่า
Camarera (de restaurante)	285	คนเสริฟอาหาร ผู้หญิง
Cambiar	290	เปลี่ยน / แลก
Cambiar el aceite	290	เปลี่ยนน้ำมัน
Cambio automát.	290	เกียร์อัตโนมัติ
Caminar (el)	242	การเดิน
Caminar / Andar	242	เดิน
Camionero	285	คนขับรถบรรทุก
Camisa	288	เสื้อเชิ้ต
Camiseta	288	เสื้อ/เสื้อยืด
Camisón	288	ชุดนอน
Caña de azúcar	165	อ้อย
Cáncer	280	มะเร็ง
Canción	144	เพลง
Candil	273	ตะเกียงน้ำมัน
Cangrejo	165	ปู
Canguro	272	จิงโจ้
Cansado(-da)	37	เหนื่อย
Cantante/Cantar(285)	143	นักร้อง
Capó	290	กระโปรงรถยนต์
Caqui (color)	138	สีกากี
Cara	179	หน้า/ใบหน้า
Caravana / Tráfico	192	รถติด
Carcelero	285	พนักงานคุม ประพฤติเรือนจำ
Carnet de conducir	208	ใบขับขี่
Carpintero	285	ช่างไม้
Carta	245	จดหมาย
Casa	37	บ้าน
Casar(-se)	242	แต่งงาน
Casi	91	เกือบ
Catarro	280	การเป็นหวัด
Catorce	44	สิบสี่
Cautivador(-ra)	242	เย้ายวน
Cebolla	292	หัวหอม
Ceja	276	คิ้ว
Celoso(-sa)	278	ขี้หึง
Cenar	192	ทานอาหารเย็น
Centro comercial	192	ห้าง(สรรพสินค้า)
Cepillar(-se)	91	แปรง (สีฟัน)
Cerca	91	ใกล้
Cerdo	165	หมู
Cerebro	276	สมอง
Cereza	284	เชอร์รี่
Certificar	245	รับรอง
Chachoengsao	293	ฉะเชิงเทรา
Chainat	293	ชัยนาท
Chaiyaphum	293	ชัยภูมิ
Chaleco	288	เสื้อกั๊ก
Chándal	288	ชุดกีฬา
Chantaburi	293	จันทบุรี
Chaqueta	288	เสื้อแจ๊คเก็ต
Chaquetón	288	เสื้อแจ๊คเก็ตยาว
Charlar / Platicar	245	พูดคุย
Chiang Mai	293	เชียงใหม่
Chiang Rai	293	เชียงราย
Chica / Mujer	282	ผู้หญิง
Chile / Chili	292	พริก
Chonburi	293	ชลบุรี
Chubascos	275	ฝนไล่ช้าง
Chumpon	293	ชุมพร
¿Cierto?	140	ใช่ไหม
Ciervo	272	กวาง
Cinco	44	ห้า
Cinturón de seg.	290	เข็มขัดนิรภัย
Circuíto eléctrico	290	วงจรไฟฟ้า
Cirrosis	280	โรคตับแข็ง
Citarse	176	นัด
Ciudad	84	เมือง
Claro(235)//Claro que sí	48	ได้สิ
Clase // Tipo	124	ชั้น // แบบ
Cliente(-la)	84	ลูกค้า
Clima	60	สภาพอากาศ
Coche	208	รถยนต์
Cocinar	143	ปรุงอาหาร
Cocina	273	ห้องครัว
Coco	284	มะพร้าว
Cocodrilo	272	จระเข้
Codo	276	ข้อศอก/ศอก
Coger	179	จับ
Coger / Recibir	220	รับ
Coger / Tomar	220	ถือ
Col	292	กะหล่ำปลี
Cólera	280	โรคอหิวาต์
Coliflor	292	กะหล่ำดอก
Color	138	สี
Color claro /suave	138	สีอ่อน
Comer (coloquial)) 179	91	กิน/กินข้าว
Comer / Tomar	48	กิน
Comerciante	285	พ่อค้า
Comida	60	อาหาร
Comida española	192	อาหารสเปน
Comida tailandesa	192	อาหารไทย
Como / Como si	179	เหมือน
¿Cómo te va?	32	เป็นไง
¿Cómo...?	179	...อย่างไร
Compañero de trabajo	48	เพื่อนร่วมงาน
Compañía / Empresa	176	บริษัท
Comprar	124	ซื้อ
Comprobar / Revisar	212	เช็ค
Con	26	กับ
Con mis mejores dese-os	250	ด้วยความ ปรา...
Conducir	208	ขับรถ/ขับขี่
Conductor	285	คนขับรถ
Confiado(-da) (seguro)	278	มั่นใจ
Confirmar / Afirmar	245	ยืน
Confirmar / Garantizar	245	รับรอง
Confortable	79	สบาย
Confundido(-da)	278	งง
Conjuntivitis	280	โรคตาแดงจาก ไวรัส
Conocer (alguien)	60	รู้จัก
Contento(-ta)	79	ดีใจ
Contestar / Responder	245	ตอบ
Conveniente	79	สะดวก
Copa / Bebida	84	เครื่องดื่ม
Copa / Vaso	179	แก้ว
Corazón	235	หัวใจ
Corbata	288	เน็คไท
Cordialmente	245	ขอแสดงความ นับถือ
¿Correcto? / ¿Cierto?	220	ใช่ไหม
Correo electrónico	26	อีเมล์
Correr en / Montarse en	143	ขี่
Corrupto(-ta)	278	ผู้ทุจริต
Cortar / Dividir / Separar	199	ตัด
Cortarse / Entrecortarse	220	สายมันตัด
Corte (herida)	179	รอยแผลบาด
Cortés	278	สุภาพ
Cortina	273	ผ้าม่าน
Corto(-ta)	77	สั้น
Cosa	245	สิ่ง (ของ)
Coser	179	เย็บ

Extrañar 242 คิดถึง
Extranjeros 84 ชาวต่างชาติ
Faja 288 ผ้ารัดเอว
Falda 288 กระโปรง
Falda-pantalón 288 กระโปรงกางเกง
Faltan.. para... 91 อีก
Famoso(-sa) 79 ดัง / มีชื่อเสียง
Faro 290 ไฟฉาย
Favorito 143 โปรด
Febrero 98 กุมภาพันธ์
Fecha / Día 125 วันที่
Feliz 278 มีความสุข
Feliz/Contento 246 ดีใจ
Feo(-a) 76 ไม่สวย/ขี้เหร่
Fiarse 60 เชื่อใจ
Fiebre 179 ไข้
Fiebre aftosa 281 โรคปากและเท้าเปื่อย
Fiebre amarilla 281 โรคไข้เหลือง
F. Tifus 281 โรคไข้รากสาดใหญ่
Filtro del aceite 281 เครื่องกรองน้ำมัน
Filtro del aire 290 เครื่องกรองอากาศ
Fin de semana pr.192 สุดสัปดาห์หน้า
Financiero 287 พนักงานการเงิน
Fino(-na) 79 บาง
Fontanero 286 ช่างประปา
Forma 242 ท่าทาง
Forma caminar 242 ท่าทางการเดิน
Fotografía (la) 143 การรูปถ่าย
Fotografía (una) 143 รูปถ่าย
Fotografiar 143 ถ่ายรูป
Frecuentemente 125 บ่อย
Fregadero 273 ซิ้งค์ล้างจาน
Freno//F mano 290 เบรค//เบรคมือ
Frente 276 หน้าผาก
Fresa 284 สตรอเบอร์รี่
Fresco(-ca) 84 สด
Frío 76 เย็น
Frío //Hacer frío 275 หนาว
Frío (el) 275 ความหนาว
Frío / Fría 76 เย็น
Frutero 286 คนขายผลไม้
Fucsia (color) 138 สีบานเย็น
Fuera/Parte afu. 220 ข้างนอก
Fuerte 76 แข็งแรง
Fumar 179 สูบบุหรี่
Funky 84 ฟังกี้
Furioso(-sa) 278 โมโหจัด
Fútbol 143 ฟุตบอล
Gamba 165 กุ้ง
Garaje 273 โรงรถ
Gasolina (212) 206 น้ำมัน(เบนซิน)
Gasolinera 212 ปั๊มน้ำมัน
Gastritis 281 โรคกระเพาะ...
Generoso(-sa) 79 มีน้ำใจ / ใจกว้าง
Genial 60 เยี่ยมมาก
Gente 60 ผู้คน
Gimnasio 143 โรงยิม
Girar 208 เลี้ยว
Glotón(-ona) 278 ตะกละ
Golf 41 กอล์ฟ
Gordo(-da) 76 อ้วน
Gorila 272 กอลิล่า
Gracias 30 ขอบคุณ
Grados 275 องศา
Gradual/Poco a 180 ค่อย
Garaje 273 อู่รถ/โรงรถ
Granate (color) 138 สีโกเมน
Grande (156) 77 ใหญ่

Granjero 286 ชาวนา
Grano 276 สิว
Grasa 276 ไขมัน
Grifo 273 ก๊อก
Gripe 281 ไข้หวัดใหญ่
Gris (color) 138 สีเทา
Grueso(-sa) 79 หนา
Grupo 180 พวก
Guapa 26 สวย
Guapísima 242 สวยมาก
Guapo(-pa) (76) 79 สวย
Guardar / Dejar 157 ไว้
Guardar / Depos. 156 ฝาก
Guardia de segur. 273 ยาม
Guerrero 286 นักรบ
Guindilla 297 พริกขี้หนู
Guisante 292 ถั่วลันเตา
Gustar 60 ชอบ
Habitación (156) 157 ห้องนอน
Habitación (sala) 125 ห้อง
Hablar 176 พูด
Hablar (l.telefónica) 220 สาย
Hacer//Hacer bien 37 ทำ // ทำดี
Hacer deporte 143 เล่นกีฬา
Hacer fotografías 143 ถ่ายรูป
Hacer natación 143 ว่ายน้ำ
Harto(-ta) (cansado) 278 เอือม
Hasta 84 ถึง
Nos vemos / Estamos en contacto 224 ไว้คุยกัน
Hemorroide (almorr.) 280 โรคริดสีดวงทวาร
Hepatitis 281 โรคตับอักเสบ
Hermana mayor(282) 26 พี่สาว
Hermana menor 282 น้องสาว
Hermano mayor 282 พี่ชาย
Hermano menor 282 น้องชาย
Hígado 276 ตับ
Hija // Hijo 282 ลูกสาว//ชาย
Hoja 212 ใบ
Hola 26 สวัสดีครับ
Holgazán/Perezoso 77 ขี้เกียจ
Hombre / Varón 282 ผู้ชาย
Hombre de negocios 286 นักธุรกิจ
Hondo / Profundo 180 ลึก
Hora 125 ชั่วโมง
Hora // Reloj 157 นาฬิกา
Hormiga 272 มด
Horno 273 เตาอบ
Horrible / Malo(-la) 79 น่ากลัว
Hotel 48 โรงแรม
Hoy 48 วันนี้
Hoyuelo 276 ลักยิ้ม
Hua Hin 293 กระดูก
Hueso 277 หัวหิน
Huevo 11 ไข่
Húmedo 275 ชื้น
Ida y vuelta 125 ไปกลับ
Idioma 144 ภาษา
Imagen / Cuadro 157 ภาพ
Impaciente 79 ใจร้อน
Importante 79 สำคัญ
Impresionado(-da) 278 ประทับใจ
Incluir 84 รวมอยู่
Increíble 76 ไม่น่าเชื่อ
Incrementar 157 เพิ่ม
Indiferente (frío) 278 เย็นชา
Indiferente 279 เฉยๆ

Infección 281 การติดเชื้อ
Información / Dato 246 ข้อมูล
Ingeniero 286 วิศวกร
Inglés (idioma) 176 ภาษาอังกฤษ
Insatisfecho(-cha) 78 ไม่พอใจ
Inseguro(-ra) 279 ไม่แน่นอน
Insensato(-ta) 279 ไร้สมอง
Insensible 279 ใจแข็ง
Insomnio 281 โรคนอนไม่หลับ
Inteligente 77 ฉลาด
Intenso/Fuerte 180 จัด
Intentar 180 พยายาม
Interesado(-da) 279 สนใจ
Interesante 78 น่าสนใจ
Interesarse 144 สนใจ
Intermitente (290) 208 สวิตซ์สัญญาณ...
Interruptor (273) 208 สวิตซ์
Internet 144 อินเตอร์เน็ต
Interruptor 206 สวิตซ์ (เปิด-ปิด)
Intestino 277 ลำไส้/ไส้
Invitar 176 เชิญ
Inyectar 180 ฉีดยา
Ir 37 ไป
Ir de paseo/fiesta 108 ไปเที่ยว
Ir de viaje 192 ไปเที่ยว
Iridiscente (color) 138 สีเหลือบ
Isla 60 เกาะ
Italiano (idioma) 176 ภาษาอิตาลี
Italiano // Mejicano 192 อิตาเลียน//เม็กซิกัน
Izquierda 208 ซ้าย
Jarabe 180 ยาน้ำ
Jardín (flores) 273 สวนดอกไม้
Jardinero 286 คนทำสวน
Jefe de cocina 286 พ่อครัว
Jenjibre 292 ขิง
Jirafa 272 ยีราฟ
Joven 77 อายุน้อย
Joven / Adolescente 84 วัยรุ่น
Joyero(-ra) (trabaja) 286 ช่างทำทอง
Judía (blanca) 292 ถั่วขาว
Jueves 98 วันพฤหัส
Jugar 144 เล่น
Julio 98 กรกฎาคม
Junio 98 มิถุนายน
Juntos / Mutuam. 60 กัน
Juntos 242 ร่วมกัน
Justo aquí 180 ตรงนี้
Justo(-ta) 192 ตรง
Khâ. (partícula fem.) 26 ค่ะ
Kalasin 293 กาฬสินธุ์
Kamphaeng Phet 293 กำแพงเพชร
Kanchanaburi 293 กาญจนบุรี
Karaoke 144 คาราโอเกะ
Kasikorn Bank 270 ธนาคารกสิกรไทย
Khon Kaen 293 ขอนแก่น
Koh Chang 293 เกาะช้าง
Kilómetro 212 กิโลเมตร
Koh Phi Phi/Samet 293 เกาะพีพี
Koh Samui/Koh Tao 294 เกาะเสม็ด
Kráb (partícula) 26 ครับ
Krabi 294 กระบี่
La más cercana 212 ที่ใกล้ที่สุด
La mayor parte 84 ส่วนใหญ่
Labio 277 ริมฝีปาก
Lagarto 272 ตุ๊กแก
Lágrima 277 น้ำตา
Lampang 294 ลำปาง
Lámpara 273 โคมไฟ

Español	Pág.	Tailandés
Lámpara de aceite	273	ตะเกียงน้ำมัน
Lamphun	294	ลำพูน
Largo(-ga)	77	ยาว
Lavabo	273	ห้องน้ำ
Lavadora	274	เครื่องซักผ้า
Leer	144	อ่าน
Lejano(-na)	212	ห่าง
Lejos	76	ไกล
Lengua	277	ลิ้น
Lengua / Idioma	144	ภาษา
Lentamente	242	ช้าๆ
León	272	สิงโต
Leopardo	272	เสือดาว
Levantarse (dormir)	91	ตื่นนอน
Libre / Vacío	77	ว่าง
Libro	144	หนังสือ
Lichi	284	ลิ้นจี่
Licor / Alcohol	180	เหล้า
Ligero(-ra)	77	เบา
Lila (color)	138	สีม่วง
Lila claro (color)	138	สีม่วงอ่อน
Lima	284	มะนาว
Limón	284	มะนาวเหลือง
Limpiaparabrisas	290	ที่ปัดน้ำฝน
Limpio(-pia)	77	สะอาด
Lindo(-da) / Mono	79	น่ารัก
Línea	144	แนว
Líquido de frenos	212	น้ำมันเบรค
Líquido de la batería	291	น้ำกลั่น
Litro	212	ลิตร
Lla. (partícula)	37	จะ
Llamar más tarde	220	โทรกลับมาใหม่
Llave	274	กุญแจ
Llave del encendido	291	กุญแจสำหรับ
Llegar / Venir	48	มาถึง
Llegar tarde	192	มาสาย
Llenar	206	เติม
Lleno / Completo	207	เต็ม
Llevar	199	พา
Llevar // Traer	220	นำ
Llover	275	ฝนตก
Lluvia	275	ฝน
Lo más / La más	246	ที่สุด
Lo que más / El más	60	ที่สุด
Lo siento	220	ขอโทษ
Lo siento / Perdón	192	ขอโทษ
Lo siento mucho	242	ขอโทษจริงๆ
Loco(-ca)	242	บ้า
Longán	284	ลำไย
Lööi (part. enfatiz.)	27	เลย
Loei / Lopburi	294	เลย/ลพบุรี
Lubricante	291	น้ำมันหล่อลื่น
Luego	220	แล้ว
Lugar // Puesto	48	ที่
Luminoso(-sa)	78	สว่าง
Lunar	277	ไฝ
Lunes	98	วันศุกร์
Luz corta//carretera	291	ไฟต่ำ//ไฟสูง
Luz de freno	291	ไฟเบรค
L.de marcha atrás	291	ไฟถอยหลัง
Luz de posición	291	ไฟข้าง
Luz larga	291	ไฟสูง
Madre	282	แม่
Mae Hong Son	294	แม่ฮ่องสอน
Maha Sarakham	294	มหาสารคาม
Maíz	292	ข้าวโพด
Mal	180	แย่
Malaria	281	ไข้มาลาเรีย
Maleta	157	กระเป๋า
Maletero	291	กระโปรงหลัง
Malo(-la) (estropea.)	78	เสีย
Malo (no bueno)	78	ไม่ดี
Malo (enfermo-ma)	78	ไม่สบาย / ป่วย
Malo (malvado-da)	78	เลว / ร้าย / ชั่ว
Malo (pésimo-ma)	78	แย่
Mañana	60	พรุ่งนี้
Mañana (la)	91	เช้า
Manchester United	144	แมนเชสเตอร์
Mandarina	284	ยูไนเต็ด
Manera / Forma	242	ท่าทาง
Mango	284	มะม่วง
Mano	277	มือ
Manta	274	ผ้าห่ม
Manual (vehículo)	209	เกียร์ธรรมดา
Manzana	284	แอปเปิ้ล
Máquina	212	เครื่อง
Máq. de aire acond.	156	เครื่องปรับอากาศ
Marcha (la)	291	เกียร์/เกียร์รถ
Marcha atrás	291	เกียร์ต่ำถอยหลัง
Marea alta	275	น้ำขึ้น
Marea baja	275	น้ำลง
Marearse (vehículo)	199	เมารถ
Marido	283	สามี/ผัว
Marinero	286	กะลาสี
Marrón (color)	138	สีน้ำตาล
Marrón claro (color)	138	สีน้ำตาลอ่อน
Martes	98	วันอังคาร
Marzo	98	มีนาคม
Más // Otro	69	อีก
Más que / Más de	180	มากกว่า
Masaje / H. masaje	144	นวด
Mayo	98	พฤษภาคม
Mayor brevedad pos.	246	อย่างเร็วที่สุด
Mecánico / Técnico	286	ช่าง
Mec. de automóviles	286	ช่างซ่อมรถ
Media (de vestir)	288	ถุงน่อง
Medianoche	91	เที่ยงคืน
Medicina	180	ยา
Médico	285	หมอ/แพทย์
Medidor	199	มิเตอร์
Mediodía	91	เที่ยง/เที่ยงวัน
Medio / Mitad	69	ครึ่ง
Medir // Templo	157	วัด
Mejor	60	ดีกว่า
Melodie	171	เมโลดี
Melón	284	แตงไท
Mensaje	221	ข้อความ
Mentir	37	โกหก
Merecer	180	สมควร
Mes (116)	108	เดือน
Mhái (partícula)	60	ไหม
Mi / Mío	26	ของผม
Mía (de ella)	92	ของฉัน
Miércoles	98	วันพุธ
Minibar	274	มินิบาร์(ตู้เย็นเล็ก)
Minusválido(-da)	157	พิการ
Minuto	91	นาที
Mismo(-ma)	126	เอง
Molesto(-ta)	279	รำคาญ
Monje	286	พระสงฆ์/พระ
Mono(-na)	165	ลิง
Mono / Bonito	79	น่ารัก
Monocolor	138	สีเดียว
Montar(-se)	125	ขี่
Monzón (viento)	275	มรสุม
Morado (color)	138	สีม่วง
Morir	192	ตาย
Mosquitera	274	มุ้ง
Mostrar / Enseñar	246	แสดง
Moto	207	รถจักรยานยนต์
Motor	291	เครื่องยนต์
Motor de arranque	291	เครื่องสตาร์ท
Móvil / Teléfono m.	221	มือถือ
Mucho(-cha) (69)	26	มาก
Mucho(-cha)/Cantidad	180	เยอะ
Mueble	274	เฟอร์นิเจอร์
Mujer / Esposa	221	ภรรยา/เมีย
Mujer / Señora (221)	144	ผู้หญิง
Mukdahan	294	มุกดาหาร
Multicolor	138	หลากสี
Muñeca	165	ตุ๊กตา
Música en vivo	84	ดนตรีสด
Muy	26	มาก
Nación	37	ประเทศ
Nada	69	
Nadar / H. natación	144	ว่ายน้ำ
Nakhon Nayok	294	นครนายก
Nakhon Pathom	294	นครปฐม
Nakhon Phanom	294	นครพนม
Nakhon Ratchasima	294	นครราชสีมา
Nakhon Sawan	294	นครสวรรค์
Nakhon Si Thammarat	294	นครศรีธรรมราช
Nan	294	น่าน
Naranja	165	ส้ม
Naranja (color)	138	สีส้ม
Narathiwat	294	นราธิวาส
Nariz	277	จมูก
Náuseas	180	คลื่นไส้
Necesitar / Tardar	125	ใช้เวลา
Negocio / Tienda	84	ร้าน
Negro (color)	138	สีดำ
Neumático	291	ยางรถ
Neumático de recam.	291	ยางอะไหล่
Neumático pinchado	291	ยางแบน
Neumonía	281	โรคปอดบวม
Nevera	274	ตู้เย็น
Ni idea	27	ไม่รู้
Niebla	275	หมอก
Nieve	275	หิมะ
Niño(-ña) (283)	26	เด็ก
No (176/180)	26	ไม่ / ไม่ใช่
No estar disponible	221	ยุ่ง
No haber problema	180	ไม่มีปัญหา
No importa	37	ไม่เป็นไร
No lo sé	27	(ฉัน) ไม่รู้
No pasa nada	37	ไม่เป็นไร
No poder	37	ไม่ได้
No saber/No conocer	84	ไม่รู้
No tener	176	ไม่มี
No... (de prohibición)	180	อย่า
Noche	60	คืน
Nombre	27	ชื่อ
Nong Khai	294	หนองคาย
Nonthaburi	294	นนทบุรี
Nosotros (60)	63	เรา
Noticias	246	ข่าวคราว
Novela	144	นิยาย
Noveno(-na)	46	ที่เก้า
Novio(-a) / Pareja	157	แฟน
Novia	157	แฟน (ผู้หญิง)
Noviembre	98	พฤศจิกายน
Novio	27	แฟน(ผู้ชาย)
Nube	275	เมฆ
Nublado	275	มีเมฆ

Radiografía 181 (ภาพ) เอ็กซเรย์
Rambután 284 (ลูก) เงาะ
Ranong 295 ระนอง
Rápido(-da) 247 เร็ว
Rata 35 หนู
Ratchaburi 295 ราชบุรี
Rayo 275 ฟ้าผ่า
Rayong 295 ระยอง
Realmente 37 จริงๆ
Recargar (dinero) 221 เติมเงิน
Recepción 274 แผนกต้อนรับ
Recetar (medicina) 181 สั่งยา
Recibir 247 ได้รับ
Recibir (coger) 220 รับ
Recibo 199 ใบเสร็จ
Recoger / Ir a r. 192 ไปรับ
Recordar 207 จำ
Recorrer / Viajar 126 ท่องเที่ยว
Recto / Derecho 125 ตรง
Reducir / Bajar 181 ลด
Refugio / Pavellón 13 ศาลา
Regalo 247 ของขวัญ
Regresar 126 กลับมา / กลับ
Relámpago 275 ฟ้าแลบ
Relojero 287 ช่างซ้อมนาฬิกา
Repartir // Pagar 76 จ่าย
Repollo 292 กะหล่ำปลี
Reportero 287 ผู้สื่อข่าว
Reservar 126 จอง
Resfriado 181 หวัด/ไข้หวัด
Residir 26 พักอาศัย
Respirar 181 หายใจ
Responder/Cont. 247 ตอบ
Respuesta 247 คำตอบ
Restaurante 192 ร้านอาหาร
Revisar 212 เช็ค
Rico(-ca) (pers.) 79 รวย / คนรวย
Rinoceronte 272 แรด
Riñón 277 ไต
Roca / Piedra 51 หิน
Rodilla 277 หัวเข่า
Roi Et 295 ร้อยเอ็ด
Rojo (color) 138 สีแดง
Rojo oscuro (color) 138 สีแดงเข้ม
Rojo-amarillento 138 สีแดงเหลือง
Rosado (color) 138 สีชมพู
Rubí (color) 138 สีทับทิม
Rueda 291 ล้อ
Rueda (neumático) 291 ยาง (รถ)
Sa Kaeo 295 สระแก้ว
Sábado 85 วันเสาร์
Saber / Conocer 27 รู้ / ทราบ
Sabor 181 รส / รสชาติ
Sakon Nakhon 295 สกลนคร
Sala de estar 274 ห้องนั่งเล่น
Saldo en teléfono 221 เงินในโทรศัพท์
Salir (de) /Dejar de 181 เลิก
Salir/Irse//Expedir 181 ออก
Salir / Marchar 91 ออกไป
Salud 176 สุขภาพ
Saludar 247 ทักทาย
Samut Prakan 295 สมุทรปราการ
Samut Sakhon 295 สมุทรสาคร
Samut Songkhram 295 สมุทรสงคราม
Sandía 284 แตงโม
Sangrar 181 เลือดออก
Sangre 181 เลือด
Sanitario/De salud 176 สุขภาพ
Saraburi 295 สระบุรี
Sarampión 281 โรคหัด
Sarna 281 โรคหิด
Satisfecho(-cha) 78 พอใจ
Satun 296 สตูล
¿Se puede...? 48 ได้ไหม
Secretario(-ria) 287 เลขานุการ
Seguir / Acompañar 157 ตาม....มา
Seguir / Perseguir 199 ตาม
Segundo(-da) 46 ที่สอง
Seguramente 242 คง
Seguro (vehíc. etc.) 176 ประกัน
Seguro (hoja) (212) 176 ใบประกัน
Seguro a terceros 207 ประกันแบบประ...
Seguro a todo riesgo 207 ประกันแบบประ...
Seguro(-ra) (seguridad 78 ปลอดภัย
Seis 46 หก
Semana 108 อาทิตย์
Sencillo / Normal 126 ธรรมดา
Sentarse 176 นั่ง
Sentir(-se) 181 รู้สึก
Senal 207 สัญญาณ
Septiembre 98 กันยายน
Séptimo(-ma) 46 ที่เจ็ด
Ser 37 เป็น / คือ
Ser atractiva 242 มีเสน่ห์
Seta 292 เห็ด
Sexto(-ta) 46 ที่หก
Sexy 242 เซ็กซี่
Sí 48 ใช่
Si...(condicional) 61 ถ้า...
Si Sa Ket 294 ธนาคารไทย..
Siam Comercial Bank 270 ศรีสะเกษ
Sida 281 โรคเอดส์
Siete 44 เจ็ด
Sífilis 281 โรคซิฟิลิส
Sigulente / Próximo 181 ต่อไป/ถัดไป
Silla 274 เก้าอี้
Sinceramente 242 จริงๆ
Singburi 294 สิงห์บุรี
Síntoma 181 อาการ
Siquiatra 287 จิตแพทย์
Sobre / Cajetilla 181 ซอง
Sobre / Encima 126 บน
Sobre las / Aproxim. 91 ประมาณ
Sobrina 283 หลานสาว
Sofá 274 โซฟา
Sol 275 พระอาทิตย์
Solo(-la) 27 เดียว
Solamente 85 เฉพาะ
Solamente / Sólo 157 เพียง
Solapa 288 ปกคอเสื้อ
Soldado 12 ทหาร
Solicitar / Pedir 37 ขอ
Solitario(-ria) 279 เหงา
Sólo / Exclusivamente 76 เฉพาะ
Sombrero (Danza tail.) 11 ชฎา
Songkla 294 สงขลา
Sonrisa 242 รอยยิ้ม
Sorprendido(-da) 279 ประหลาดใจ
Sorpresa 247 การเซอร์ไพรส์
Sostén 289 เสื้อชั้นในหญิง
Sostener / Coger 221 ถือ
Suave / Ligero(-ra) 77 เบา
Subir//Montarse 126 ขึ้น//ขี่
Subir al vehículo 199 ขึ้นรถ
Sucio(-cia) 77 สกปรก / เปื้อน
Suegra (madre mujer) 283 แม่เมีย
Suegra (mad. marido) 283 แม่ผัว
Suegro (padre mujer) 283 พ่อเมีย
Suegro (padre marido) 283 พ่อผัว
Suficientemente 61 (ดี) พอ
Sukhothai 294 สุโขทัย
Sumar / Incrementar 157 เพิ่ม
Suphanburi 294 สุพรรณบุรี
Surat Thani 294 สุราษฎร์ธานี
Surin 294 สุรินทร์
Tabaco 181 บุหรี่/ยาสูบ
Tacaño(-ña) 79 ขี้เหนียว
Tailandia 48 ประเทศไทย
Tak 294 ตาก
Tamarindo 284 มะขาม
También 37 ด้วย
Tanga 289 จีสตริง
Tanque / Depósito 207 ถัง
Tapa / Tapón 207 ฝา
Taquillero 287 พนักงานจำ...
Tardar/Necesitar 126 ใช้เวลา
Tarde 116 บ่าย
Tarjeta de crédito 207 บัตรเครดิต
Tatarabuela 283 ย่าทวด
Tatarabuelo 283 ตาทวด
Taxi 199 แท็กซี่
Taxímetro 199 แท็กซี่มิเตอร์
Te quiero 247 ฉันรักคุณ
Telaraña 235 ใย
Teléfono 27 โทรศัพท์
Teléfono de habit. 277 โทรศัพท์ที่ห้อง
Teléfono móvil 221 โทรศัพท์มือถือ
Televisión (274) 126 โทรทัศน์ / ทีวี
Tema / Asunto 157 เรื่อง
Temer 181 กลัว
Temperatura 275 อุณหภูมิ
Templo // Medir 157 วัด
Tendero (dueño) 287 เจ้าของร้าน
Tenedor 37 ส้อม
Tener 27 มี
Tener ganas de.. 84 ยังคึกคะนอง
Tener miedo 181 กลัว
Tener que 124 ต้อง
Tener encanto 242 มีเสน่ห์
Tener una cita 176 นัด
Terapeuta 287 นักบำบัดโรค
Tercero(-ra) 46 ที่สาม
Terminarse / Agotarse 221 หมด
Testículo 277 ลูกอัณฑะ
Tétano 281 โรคบาดทะยัก
Thai Farmers Bank 270 ธนาคารกสิกร...
Thai Military Bank 270 ธนาคารทหาร...
Tiburón 272 ปลาฉลาม
Tiempo (hora) 144 เวลา
Tiempo libre 126 ยามว่าง
Tienda / Negocio 85 ร้าน
Tifus 281 โรคไข้รากสา...
Tigre (13) 56 เสือ
Tina / Pila 33 อ่าง
Tintorero 287 ช่างย้อมผ้า
Tío // Tía 283 ลุง//อาผู้หญิง
Tipo / Clase / Estilo 126 แบบ
Tipo / Grupo 212 ประเภท
Tipo / Línea (de libro) 144 แนว
Tipo / Prototipo 242 สเป็ค
Tirantes 289 สายเอี้ยมติด...
Tirarse un pedo 277 ตด
Toalla 274 ผ้าเช็ดตัว
Tocar (aparato musical) 126 เล่น

LIBROS PUBLICADOS / รายชื่อหนังสือที่ได้รับการตีพิมพ์

1-**LIBRO DE BOLSILLO FONÉTICO** ESPAÑOL-TAILANDÉS (Color verde pistacho)
10.5 x 14.5 cm. /168 páginas
พจนานุกรมฉบับพกพา สเปน-ไทย Libro para hispanohablantes
Libro físico 6 €/250 baht // Versión electrónica (eBook) en PDF 2 €/125 Baht

2-**LIBRO DE FRASES DE BOLSILLO** ESPAÑOL-TAILANDÉS Y VICEVERSA (Rojo intenso)
หนังสือรวบรวมประโยคและการออกเสียงพร้อมคำแปลภาษา
ฉบับพกพา (สเปน-ไทย) //ไทย-สเปน) 272 páginas de 10.5 x 14.5 cm.
Libro físico 9 €/350 baht // Versión electrónica en PDF 3 €/120 Baht

3-**DICCIONARIO ESPAÑOL-TAILANDÉS** พจนานุกรม สเปน-ไทย
Para hispanohablantes. 11.4 x 17.4 c. /628 pág. (Color amarillo)
Libro físico 19 €/750 baht // Versión electrónica (eBook) en PDF 9.5 €/375 Baht

4-**LIBRO DE FRASES ESPAÑOL-TAILANDÉS**
11.4 x 17.4 cm. /612 páginas (Color rojo)
หนังสือรวบรวมประโยคและการออกเสียงพร้อมคำแปลภาษา (สเปน-ไทย)
Libro físico 19 €/750 baht// Versión electrónica (eBook) en PDF 9.5 €/375 Baht

5-**พจนานุกรม ไทย-สเปน** DICCIONARIO TAILANDÉS-ESPAÑOL
Libro para tailandeses 11.4 x 17.4 cm./472 pág. (Color blanco)
Libro físico 16 €/600 baht//Versión electrónica (eBook) en PDF 7.5 €/300 Baht

6-**หนังสือรวบรวมประโยคและการออกเสียงพร้อมคำแปลภาษา**
(ไทย-สเปน)
Libro de frases para tailandeses 11.4 x 17.4 cm. /384 páginas (Color azul)
Libro físico 16 €/600 baht // Versión electrónica (eBook) PDF 7.5 €/300 Baht

7-**TAILANDÉS PARA HISPANOHABLANTES**
หนังสือเรียนภาษาไทยสำหรับผู้พูดภาษาสเปน (สเปน-ไทย)
Libro para empezar a aprender tailandés (Color naranja)
330 páginas en tamaño 14.5 x 20.5 cm.
Libro físico 18 €/700 baht // Versión electrónica (eBook) en PDF 9 €/350 Baht

8-LIBRO DE FRASES ESPAÑOL-INGLÉS
Más de 25.000 frases ordenadas por orden alfabético.
Tamaño DIN A-4 / 526 pág. (Color gris)
Versión electrónica (eBook) en PDF 9 €/350 Baht

CD DE PRONUNCIACIÓN (consultar en el correo electrónico)

Correo electrónico: espanolentailandia@hotmail.com

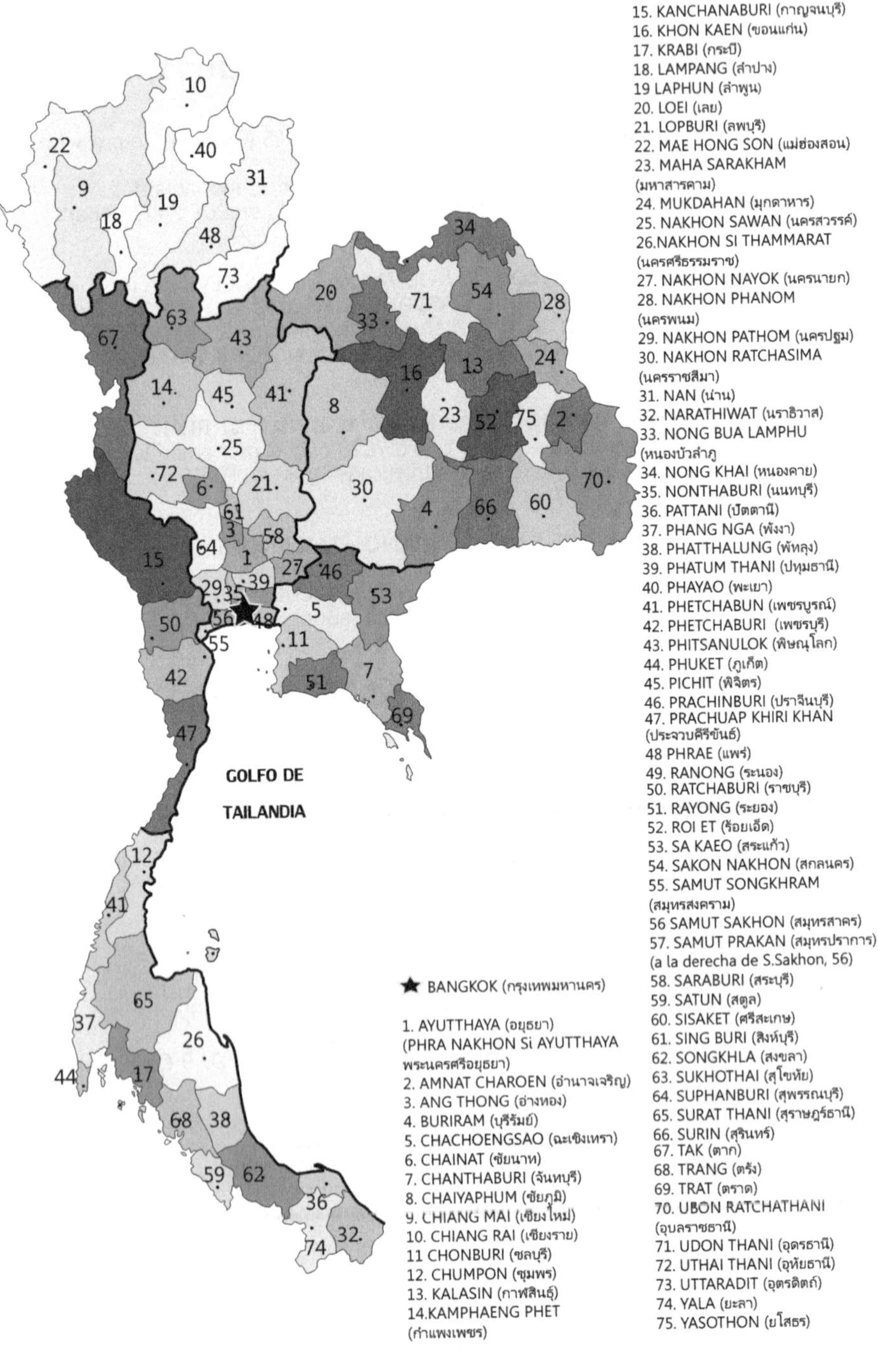
GOLFO DE
TAILANDIA
★ BANGKOK (กรุงเทพมหานคร)
1. AYUTTHAYA (อยุธยา)
(PHRA NAKHON Si AYUTTHAYA
พระนครศรีอยุธยา)
2. AMNAT CHAROEN (อำนาจเจริญ)
3. ANG THONG (อ่างทอง)
4. BURIRAM (บุรีรัมย์)
5. CHACHOENGSAO (ฉะเชิงเทรา)
6. CHAINAT (ชัยนาท)
7. CHANTHABURI (จันทบุรี)
8. CHAIYAPHUM (ชัยภูมิ)
9. CHIANG MAI (เชียงใหม่)
10. CHIANG RAI (เชียงราย)
11 CHONBURI (ชลบุรี)
12. CHUMPON (ชุมพร)
13. KALASIN (กาฬสินธุ์)
14.KAMPHAENG PHET
(กำแพงเพชร)
15. KANCHANABURI (กาญจนบุรี)
16. KHON KAEN (ขอนแก่น)
17. KRABI (กระบี่)
18. LAMPANG (ลำปาง)
19 LAPHUN (ลำพูน)
20. LOEI (เลย)
21. LOPBURI (ลพบุรี)
22. MAE HONG SON (แม่ฮ่องสอน)
23. MAHA SARAKHAM
(มหาสารคาม)
24. MUKDAHAN (มุกดาหาร)
25. NAKHON SAWAN (นครสวรรค์)
26.NAKHON SI THAMMARAT
(นครศรีธรรมราช)
27. NAKHON NAYOK (นครนายก)
28. NAKHON PHANOM
(นครพนม)
29. NAKHON PATHOM (นครปฐม)
30. NAKHON RATCHASIMA
(นครราชสีมา)
31. NAN (น่าน)
32. NARATHIWAT (นราธิวาส)
33. NONG BUA LAMPHU
(หนองบัวลำภู
34. NONG KHAI (หนองคาย)
35. NONTHABURI (นนทบุรี)
36. PATTANI (ปัตตานี)
37. PHANG NGA (พังงา)
38. PHATTHALUNG (พัทลุง)
39. PHATUM THANI (ปทุมธานี)
40. PHAYAO (พะเยา)
41. PHETCHABUN (เพชรบูรณ์)
42. PHETCHABURI (เพชรบุรี)
43. PHITSANULOK (พิษณุโลก)
44. PHUKET (ภูเก็ต)
45. PICHIT (พิจิตร)
46. PRACHINBURI (ปราจีนบุรี)
47. PRACHUAP KHIRI KHAN
(ประจวบคีรีขันธ์)
48 PHRAE (แพร่)
49. RANONG (ระนอง)
50. RATCHABURI (ราชบุรี)
51. RAYONG (ระยอง)
52. ROI ET (ร้อยเอ็ด)
53. SA KAEO (สระแก้ว)
54. SAKON NAKHON (สกลนคร)
55. SAMUT SONGKHRAM
(สมุทรสงคราม)
56 SAMUT SAKHON (สมุทรสาคร)
57. SAMUT PRAKAN (สมุทรปราการ)
(a la derecha de S.Sakhon, 56)
58. SARABURI (สระบุรี)
59. SATUN (สตูล)
60. SISAKET (ศรีสะเกษ)
61. SING BURI (สิงห์บุรี)
62. SONGKHLA (สงขลา)
63. SUKHOTHAI (สุโขทัย)
64. SUPHANBURI (สุพรรณบุรี)
65. SURAT THANI (สุราษฎร์ธานี)
66. SURIN (สุรินทร์)
67. TAK (ตาก)
68. TRANG (ตรัง)
69. TRAT (ตราด)
70. UBON RATCHATHANI
(อุบลราชธานี)
71. UDON THANI (อุดรธานี)
72. UTHAI THANI (อุทัยธานี)
73. UTTARADIT (อุตรดิตถ์)
74. YALA (ยะลา)
75. YASOTHON (ยโสธร)

NOTAS

NOTAS

NOTAS

NOTAS

NOTAS

PORTADAS DE LOS 7 LIBROS / ปก 7 เล่ม

Libro físico:
6.8 $ / 6 € /
250 บาท (Baht)

eBook: 2.25 $ / 2 € / 125 บาท (Baht)

Libro físico:
9.99 $ / 8.88 € /
350 บาท (Baht)

eBook: 3.4 $ / 3 € /
135 บาท (Baht)

Libro físico:
21.5 $ / 19 € /
750 บาท (Baht)

eBook: 9.99 $ /
8.88 € /375 บาท
(Baht)

Libro físico:
21.5 $ / 19 € /
750 บาท (Baht)

eBook: 9.99 $ /
8.88 € /
375 บาท (Baht)

Libro físico:
18 $ / 16 € /
600 บาท (Baht)

eBook: 8.5 $ / 7.5 € / 300 บาท (Baht)

Libro físico:
18 $ / 16 € /
600 บาท (Baht)

eBook: 8.5 $ / 7.5 € /
300 บาท (Baht)

Libro físico:
21.5 $ / 18 € /
700 บาท (Baht)

eBook: 9.99 $ /
8.88 € /
350 บาท (Baht)

eBook: 9.99 $ /
8.88 € /
350 บาท (Baht)

La traducción de este libro ha sido revisada por el Sr. Pichet Auppajan (Universidad Complutense, Madrid) y por la Srta. Thanita Sirinit licenciada en la Universidad de Chulalongkorn, Bangkok.

Made in the USA
Middletown, DE
07 November 2023

42099214R00186